軍隊と言論

米国占領下沖縄における
メディア管理政策

吉本 秀子

明石書店

はしがき

本書が刊行される二〇二五年は、太平洋戦争終結から八〇年にあたる節目の年である。米軍が沖縄本島に上陸した後、熾烈な地上戦となった沖縄戦からも、すでに八〇年の年月が経とうとしている。戦争を実体験として語れる人も少なくなり、戦争をどのように語り継ぐかが課題となっている。しかし、その一方で、今も沖縄には、米軍上陸と同時に建設が開始された米軍基地があり、米兵の犯罪が、周辺の住民とさまざまな軋轢を引き起こしている現状がある。戦争終結から八〇年が経った今も、「戦後」が、どこまでも続いていると言えよう。

沖縄は一九四五年から一九七二年まで、米国の施政権下に置かれていた。外国の軍隊が主導権を掌握した「軍政下」で、米軍の指令で統制された言論とは、どのようなものだったのか。本書は、米国が沖縄で実施した「軍法」による言論管理政策の実態を、主として米国側の公文書に依拠しながら、できる限り実証的に明らかにしようとする試みである。戦争を目的に派遣され、駐屯を続ける軍隊が、どのようにメディアと人々の言論を規制したのか。本書は、沖縄の日本復帰から五〇年以上が経過した現在の視点から、冷戦期に米国がおこなった言論統制を振り返り、検証する。

今、世界を見渡してみると、戦争における軍隊と言論の問題は、残念ながら過去形になっていない。

たとえば、二〇二二年二月、ロシアがウクライナに侵攻した。ロシア軍に占領されたウクライナ東部では、外国の軍隊が、現地の行政・教育・メディアなどを通じて住民の言論を統制し、住民投票まで実施して、そこが「ロシア領である」と主張するような動きがみられる。その意味で、本書が扱う軍隊と言論の問題は、単に沖縄だけの問題ではない。

軍隊が「占領」という形で、ある地域を掌握するとき、そこに住む人々は、どのように言論の自由を抑圧されるのか。本書は、沖縄の事例をもとに、このような軍隊と言論の関係を考えるものである。

軍隊と言論――米国占領下沖縄におけるメディア管理政策◎目次

序章　軍事植民地の言論

一九五二年四月二八日、サンフランシスコで調印された「日本国との平和条約（Treaty of Peace with Japan）」が発効すると、七年間に及んだ本土占領が終わり、日本は独立を回復した。しかし、この平和条約第三条に基づき、沖縄県は本土と分離され、米国の施政権下に置かれることになった。一九七二年五月一五日、日本に復帰するまでの二七年間、沖縄における為政者は、日本の首相でもなく、米国の大統領でもなかった。アメリカ陸軍の軍服を着た「戦域司令官（theater commander）」が、為政者として君臨した。こうして、沖縄では、戦域米軍司令官が、同時に「軍政長官」「高等弁務官」という行政官としてのもうひとつの顔を持ち、軍の命令を住民に対して出し続けることになった。

その意味で、沖縄は「軍政下」にあった。外国の軍隊が主導権を掌握した「軍政下」における言論状況とは、はたして、どのようなものだったのか。そこで、言論とメディアは、どのような抑圧を強いられたのか。本書は、米国が占領統治下の沖縄で実施した言論管理政策の実態を、主として米国側の史料に依拠しながら、できる限り実証的に明らかにするものである。そのうえで、戦争を本務とする軍隊が、どのように言論の自由を規制するのか、という問題を考えてみたい。

米国の沖縄占領史については、すでに多くの優れた先行研究がある。本書は、これらの研究で得られた知見を、まずは序章で概観する。そのうえで、軍事植民地・沖縄を事例として、軍隊と言論の問題を考える。

1　アメリカの声で伝えられた敗戦

沖縄の戦後は、本土とはまったく異なる形で始まった。

那覇市には日本放送協会の沖縄放送局があり、地方新聞社があった。しかし、米軍が上陸前におこなった一九四五年三月下旬の空襲で、放送局と新聞社の社屋が破壊されてしまった。米国は沖縄を本土決戦の拠点として利用する計画だったため、まずは空からの爆撃で通信施設などの重要拠点を破壊したのである。

行政も機能不全となった。一九四四年一〇月一〇日の空襲で、沖縄県庁がすでに焼失していたが、一九四五年四月、米軍が沖縄本島に上陸すると、県庁と警察は地下壕に拠点を移した。沖縄守備軍司令部の牛島満中将と、沖縄新報社の人々は、首里城の下にあった壕に、印刷機と同盟通信電が受信できる機材を持ち込み、「壕内新聞」の発行を続けていた。しかし、五月下旬、米軍の攻撃で、その地下壕からも撤退し、離散することになった。

このような戦火のなかで、歴史を記録する公文書の多くが焼失し、本来なら日々の出来事を記録する役割をはたすはずのマス・メディアが不在となった。そのため、一九四五年四月から七月までの四か月間、沖縄戦の渦中で起きた出来事は、日付が少し曖昧である。そして、そこから始まった沖縄の戦後史は、人々の記憶と証言をたどりながら、占領者であった米国側の記録と照合するなどして、後から丹念に収集するするしかない状況に陥った。

情報から隔絶され、逃げ惑った人々はいったい、どのようにして戦争の終結を知ったのか。住民たちは、命を守ることだけに必死で、今日が何月何日であるかもわからない、そんな極限状態であった。沖縄戦では、米軍も多くの死傷者を出したが、住民も戦闘に巻き込まれて命を落とした。死者数は推定で二〇万人以上、住民の四分の一が犠牲になったと言われている。正確な数字はわからない。死者数の不詳が、地上戦の厳しさを伝えている(1)。

このような状況下で、沖縄の人々に日本の敗戦を伝えたのが、ガリ版刷りのビラ『ウルマ新報』である。そこには、手書きで以下のように書かれていた。

渇望の平和　愈々（いよいよ）到来!!
日本条件を受理す
◎八月一五日　ワシントン発
今朝八時、ツルーマン（ママ）大統領は
「日本政府が連合国の再回答を受理した」旨と同時に

「手続完了後、日本の軍事管理はマッカーサー元帥によって行われる」と発表した。(2)

このように、『ウルマ新報』は、米国の視点で敗戦を伝えた。

一九四五年八月一五日、日本本土の人々は、日本放送協会のラジオを通して、昭和天皇が読み上げるメッセージで日本の敗戦を知った。これに対して、沖縄本島の人々の多くは、敵国であった米国からの情報源をもとに作成された粗末な宣伝ビラで、敗戦を知ったのである。

ニュースは米国の首都「ワシントン発」、主語はトルーマン大統領だった。待ちに待った平和がいよいよ到来した、という喜びの言葉で綴られたヘッドラインは、ただ単に戦争が終わるという安堵感を表現していただけではなく、占領者の視点だった。それに続く「軍事管理」が開始されるというニュースの主語も、米国のトルーマン大統領であった。

本書が扱う「言論管理」は、この「軍事管理」の一部として実施されたものである。行政とメディアの双方が同時に機能を停止し、その後、二七年もの間、占領者に「軍事管理」された地域社会における言論とは、どのようなものであったか。沖縄の人々が、数か月間ではあるが、経験してしまったマス・メディアの不在。このようなメディアの空白状態は、ひとつの後遺症のような形で、その後も沖縄社会に多大な影響を与えたと考えられる。(3)

2　戦争の記憶とメディア

日本各地も空襲の被害を受け、首都・東京も焼け野原となった。だが、本土占領で、行政とメディアの機能が同時に失われるという事態は発生しなかった。これは、米国が行政とマス・メディアの機能を最低限、確保しておかなければ、国民に敗戦の事実を伝達できないと、沖縄戦の経験で思い知ったためである、とも言われている。

メディアは、人間の「認識（cognition）」に強い影響を与えると言われている。つまり、世の中で何が起こっているか、という人間の「頭の中のイメージ」を形づくる。戦争が終わったという「認識」も、ここで形成されていく。さまざまな「認識」があるが、過去に対する歴史的認識もそのひとつである。

第二次世界大戦が終わって八〇年が経とうとしているが、同じ戦争に対する歴史的認識が、日本、中国、韓国、米国など、関係国の間で違っている事実がたびたび明らかになっている。なぜ、国家間で同じ戦争に対する認識が異なっているのだろうか。もちろん、認識は個人によって異なり、一概に、国家間の認識の差異とは言い切れない部分もある。しかし、個人間での認識の差異はありながら、国家という集団の単位で、同じ戦争に対する歴史的認識が大きく異なる理由については、その原因を改めて考える必要がある。なぜなら、このような国家単位での認識のズレは、時に政治に利用され、国家間の和解を阻害する要因になっていると思われるからである。

国家間で同じ戦争に対する認識のズレが生じる原因のひとつは、当時のメディア報道が、同じ事件でも国によって違っていたことにある、と考えられる。たとえば、一九四一年一二月の日本軍の真珠湾攻撃は、日本の新聞では、華々しい先制攻撃としてポジティブに報じられたが、米国の新聞では、「屈辱の日」としてネガティブに報じられた。さらに、この日の記憶は、「真珠湾を忘れるな(Remember Pearl Harbor)」の合言葉となり、戦争中の流行歌となり、何度も繰り返された。

このように、同じ事件の報道が、もともと異なっていたことに加えて、当時のニュースから受けた原体験のイメージが、その国のなかで再生産され、世代を超えて受け継がれていく。それが、戦争の記憶となる。戦争の記憶が、国家の内部だけで共有される限りでは、摩擦は生じない。しかし、戦争が終わって、このような戦争に関する事件のイメージが、国際社会に出て、他国の人々と遭遇すると き、そこで、さまざまな問題を引き起こすことになる。

メディアが戦争の記憶をどのように生み出すかについては、さまざまな領域の研究者が学際的な検討をおこなっている。記憶に関する先行研究は第2章で詳述するが、序章では、結論だけを短く紹介しておくことにしよう。

通常、直接的体験に基づく個人の記憶は、正確な日時に関する記憶を含まない。つまり、個人が日記等で日時を正確に文字化している場合を除き、個人の記憶は、その内容がどんなに鮮明でも、日時などのデータは忘れ去られる傾向にある。ところが、一九世紀末以降、新聞等のメディアが登場したことで、それまで曖昧だった個人的体験が、日時を伴う記憶として、それまでとは異なる形で、記憶されるようになった[4]。

たとえば、八月一五日に天皇のメッセージをラジオで聞いた記憶について言えば、「事前に先生から連絡をもらって、学校の校庭に集められて、皆でラジオを聞いた」などと、そのときの自分の周囲の状況を八月一五日の記憶として認識している人が多いと言われる。これは、そのときの個人の体験が日付を伴って記憶されたというよりも、新聞等のマス・メディアが、毎年のように八月一五日の「記念日報道」を繰り返すことで、のちに個人的記憶に日時が追加されていくため、と考えられる。このようなメディアの記念日報道を通して、国家の記憶などの「集合的記憶（collective memory）」が誕生する。このような集合的記憶が、第二次世界大戦では、国によって異なっている。

同じように、日本本土と沖縄では、戦争の記憶が異なっている。厳密に言えば、同じ日本人でも、日本軍の一員として出征した経験を持つ者、満洲国や南太平洋などの外地にいた者、内地にいた者など、実は戦争の記憶は個人間で異なっている。ところが、戦後、日本という同一のメディア空間で共有される戦争のイメージが、個人の記憶に追加され、ある一定の集団的記憶となった。沖縄は、地上戦を経験したことが、本土と原体験においても異なっていたが、さらに、二七年間も本土と分離されたことで、そこに独自のメディア空間が誕生した。この沖縄独自のメディア空間で、本土とは異なる独自の記憶が培養されたと考えられる。

3　沖縄占領史の視点

米国の沖縄占領は、本土とは別の指令で実施されたものである。一九四五年四月、米軍の沖縄上陸後、米軍司令官チェスター・ニミッツは「ニミッツ布告」を発令した。この指令は、米軍司令官から南西諸島の住民に直接、呼びかける文言で書かれたもので、米軍が直接、住民を統治する形態がここから開始された。本土占領で、米軍は日本政府を通した間接統治をするが、この住民に対する直接指令は、その後の沖縄占領を象徴する形だった。

沖縄戦は、日本軍の司令官だった牛島満中将が自決したとされる六月二三日をもって、組織的戦闘の終結とされている。しかし、実際には、日本軍がその後もゲリラ戦を継続するように指令を出していた。そして、その事実を把握していた米軍は、日本軍敗残兵に対する掃討作戦を実施していた。その結果、沖縄において日本軍の代表が、米国と無条件降伏文書を交換したのは、戦艦ミズーリ号で日本政府が降伏文書に調印した日よりも遅い、九月七日のことであった[5]。

これに先立ち、投降した住民は、米軍の設置した収容所に集められていた。これは、日本がポツダム宣言を受諾するまで、沖縄が対日戦争の基地として位置づけられていたからであり、戦前の皇国教育を受けた住民が、米軍の邪魔をしないよう隔離する目的があった。米軍は、住民に食糧を与えて保護する一方で、住民に対する監視をここから開始したのである。

米国占領統治下における政治体制（1957-1972）

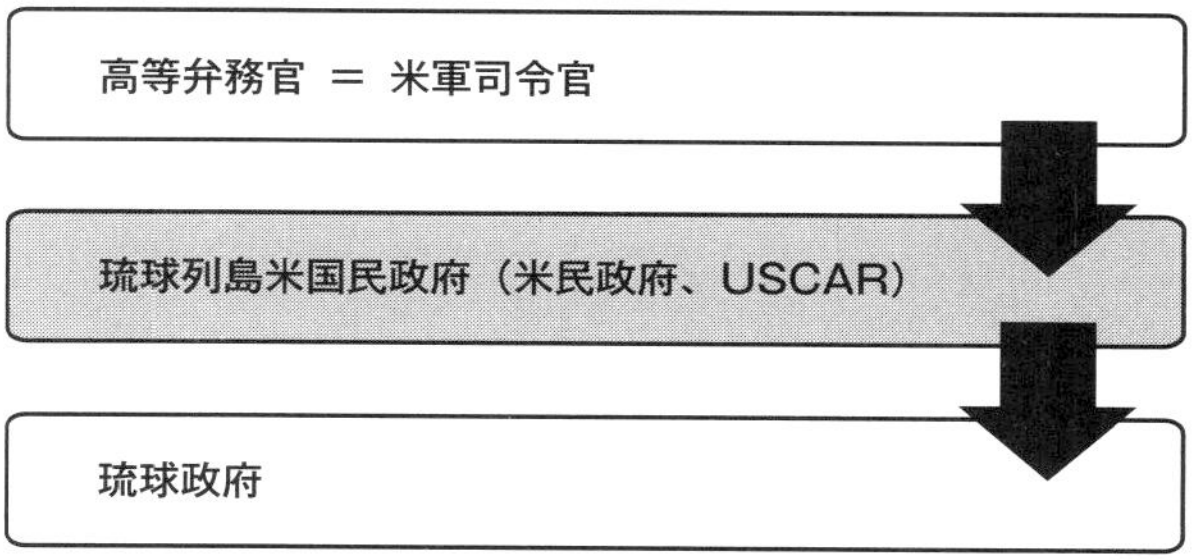

日本がポツダム宣言を受諾し、無条件降伏を受け入れると、八月一五日、収容所において、住民の代表者が集められ、沖縄諮詢会の前身となる組織が結成された。この組織が、占領開始と同時に設置された「米軍政府」の管理下で、収容所の運営にあたった。前述の『ウルマ新報』は、この収容所で発行された。

この沖縄諮詢会から戦後沖縄の地方政治が始まった[6]。諮詢会は翌年、米軍政府のもとに設置される沖縄民政府の原型となる。さらに、一九五〇年、米軍政府が「琉球列島米国民政府（USCAR）」（以下、「米民政府」とする）に再編され、一九五二年、沖縄民政府は、沖縄住民の代表で構成される琉球政府となった。米軍司令官直轄の米民政府の監督下で、琉球政府が、沖縄の行政を担当することになった。しかし、琉球政府の首長である「琉球主席」の公選が実現したのは、返還前の一九六八年で、それまでは米軍の指名で選ばれていた。一院制の立法府「琉球立法院」の議員は選挙で選ばれていたが、米民政府を統括する米軍司令官には、議会の決定を取り消す「拒否権」が与えられていた。

加えて、米国の為政者たちは、軍による夥しい数の命令を出し、その命令を通して住民管理政策を実施した。これらの命令は、布告・布令・指令などと呼ばれたが、単なる覚書や書簡が「法」としての効力を持つ場合もあった。法律の専門家からすれば、これらの軍の命令文書などは、そもそも「法」とは呼べない部類のものである。実際、米国連邦政府レベルにおける「唯一の立法府」である連邦議会は、これらの「軍法」は「法」ではないと捉えていた。しかしながら、第3章で述べるように、沖縄では軍法が住民管理政策で多いに利用された。(7) これらの軍法には、言論に関係する命令もある。

他方、日本本土と完全に無縁だったわけではない。米国の統治下にあっても沖縄の公務員制度は日本本土の制度に依拠する形で発展した。しかし、その制度を発足させるための法整備が、米民政府との間で難航した。そのため、一九五三年一月、実際の制度よりも遅れて、法が施行される運びとなった。(8)

戦後の学校教育に関する研究によれば、沖縄で使用された学校教科書は、冒頭で紹介した『ウルマ新報』と同じように、ガリ版刷りの手作り印刷物から出発した。日本の教科書は一九四七年から入手可能になった。しかし、沖縄の歴史と文化を学ぶための副読本が並行して用いられている。(9) その一方で、米国への留学は推奨された。このような文化交流は、米国の文化戦略の一部として実施された。(10) 米国のミシガン大学から琉球大学に対する教員派遣制度があったが、これらは、第二次世界大戦中に開始された米国政府の大学に対する教育委託制度の延長にあったという。

本書が扱う言論管理政策は、このような戦後社会史と密接な関係にある。

4　国際政治学の視点

国際政治学は、これまで述べてきたような沖縄戦後史を、日米関係史との関連で論じてきた[11]。前述したとおり、米国が沖縄で施政権を行使する法的根拠としたのが、サンフランシスコ平和条約の第三条である。サンフランシスコのオペラハウスで一九五一年九月八日、吉田茂首相が調印した講和条約は、米国の公的記録では「日本国との平和条約」と呼ばれている。だが、本書では日本で一般的に使われている「サンフランシスコ平和条約」を用いることにする。

サンフランシスコ平和条約第三条の全文は次のとおりである。

日本国は、北緯二十九度以南の南西諸島（琉球諸島及び大東諸島を含む。）、孀婦岩の南の南方諸島（小笠原群島、西之島及び火山列島を含む。）並びに沖の鳥島及び南鳥島を合衆国を唯一の施政権者とする信託統治制度の下におくこととする国際連合に対する合衆国のいかなる提案にも同意する。このような提案が行われ且つ可決されるまで、合衆国は、領水を含むこれらの諸島の領域及び住民に対して、行政、立法及び司法上の権力の全部及び一部を行使する権利を有するものとする。

このように、平和条約第三条は琉球諸島を含む南西諸島を国際連合の「信託統治制度の下」に置くことを前提にしている。しかし、その後、米国が国連の信託統治下に琉球列島を置くと提案する機会はやってこなかった。冷戦の深まりとともにソビエト連邦との関係が悪化していたためである。そのため、米国は、この平和条約を根拠として、沖縄で施政権を維持するための法的枠組みを整備しようとした。戦時指令に基づく占領から始まった沖縄統治には、そのために必要な国家予算歳出のために、米国内法に基づく法的根拠が必要だったからである。

政府内での検討を経た後、一九五七年六月、大統領行政命令第一〇七一三号の発令により、米国は沖縄統治の法的土台を整備することになった。その大統領行政命令第一〇七一三号は、「日本国との平和条約」第三条を引用し、その前文で次のように命令する。

大統領行政命令一〇七一三

琉球列島の管理に関する行政命令

合衆国は、対日平和条約の第三条によって領水を含む琉球列島（この命令において、「琉球列島」とは、平和条約の同条による合衆国のすべての権利及び利益を日本国に譲渡した奄美諸島を除く北緯二十九度以南の南西諸島を意味する。）の領域及び住民に対して、行政、立法及び司法上のすべての権力を行使しているので、

よって、憲法により、本官（＝大統領、筆者注）に与えられた権限に基づき、かつ、合衆国大統領及び合衆国軍隊の総指揮官として、ここに次の通り命令する。[12]

一九五三年に返還された奄美諸島を除くとしながらも、大統領行政命令は、平和条約第三条の文言を言い換えることで、そこにある論理の飛躍を打破しようとした。つまり、日本との平和条約を根拠として、米国が沖縄での施政権行使の正当性を大統領自身の言葉で再定義し直す形をとるのである。ただし、その一方で、米国政府の内部記録をみると、沖縄で施政権を行使する根拠として、平和条約第三条の文言は、あまりに法的に脆弱であることも指摘されている。米国も、沖縄で施政権を維持する理由について、その矛盾を自覚していたことになる。

5　安全保障研究の視点

サンフランシスコ平和条約と同じ日に締結されたのが日米安全保障条約である。日米安保条約は、オペラハウスと同じサンフランシスコ市内にある陸軍施設プレシディオで、吉田茂首相が調印したもので、平和条約の発効で日本が主権を回復した後も、日本に米軍の駐留を認める内容だった。平和条約の発効に先立つ一九五二年二月、日本が米軍に提供する施設および区域、経費負担等に関する詳細を定めた日米行政協定が作成された。この行政協定が、一九六〇年の日米安保条約の改訂とともに日米地位協定になった[13]。

他方、日本国内では米軍基地をめぐる反対運動が展開され、日本の基地を自由に使用したいと考える米国との交渉が難航していた。その結果、日本国内の米軍基地の機能が一九五〇年代後半に沖縄に移転し、沖縄の基地が強化されていった。[14] この沖縄移転の流れは、その後も続くことになる。[15]
一九六九年一一月、ニクソン大統領と佐藤栄作首相の日米共同声明で「沖縄返還」が発表されると、日米間交渉が開始された。[16] 返還をめぐる条件として佐藤首相が掲げた「核抜き」「本土なみ」の中身をめぐっては、日米間に「密約」があったとされたが、本当に「核抜き」だったのかという問題が、日本の国会やメディア報道などで議論されてきた。結局、日本側が、有事の際には日本政府との「事前協議」により、一時的に核の持ち込みを認める形で返還交渉が妥結したことが明らかになった。[17]
返還交渉をめぐっては、米国側の文書はあるのに、日本側の文書が確認できなかった例もある。我部政明の研究によれば、米国政府は日本政府に沖縄返還の条件として総額三億二千万ドルを要求した。この取り決めにあたり、日米の財務担当者が交換したメモが柏木・ジューリック覚書である。結局、日本側の文書では確認できずに、日本政府が沖縄返還で米国側に支払った額の総額は不明である。日本政府の公文書管理の杜撰さが明らかになったが、米国側文書によれば、このとき、日本政府は日本人基地従業員の社会保障費と労務管理費を負担した。これが、日本政府の米軍に対する財政支援のスタートとなり、後の「思いやり予算」の原型となったとされる。[18]
このように、沖縄をめぐる日米交渉の過程では多くの「密約」が交わされることになった。これらの「密約」の成立過程を分析した信夫隆司は、その理由について、米国側が記録を文書として残すことを外交交渉の基本としたのに対し、日本側は交渉過程を記録に残さず、秘密裡に進めようとした結果であると指摘している。[19]
返還交渉がおこなわれた時期は、米国で一九六七年に情報公開法が成立し、関係省庁が組織運営と文書管理の方法を見直した時期にあたる。沖縄を管轄した国防省でも、この時期に組織改編が進んでいた。沖縄返還が決まったことを受け、沖縄には公文書管理局からアーキビストが派遣され、文書類の整理をおこなった。これに対し、日本政府は、歴史を記録するという公的使命よりも、野党の批判を回避することに注心した。日米間交渉で数多くの「密約」が生まれた背景には、このような情報公開に対する認識の差があった。

一九七二年五月一五日、沖縄は日本に復帰した。しかし、沖縄の米軍基地はそのまま残り、多くの課題を残すことになった。

6　プロパガンダとソフトパワー

米国は、戦争でも情報のパワーを最大限に活用する戦略をとった。

一九三九年、ヨーロッパで第二次世界大戦が始まると、米国が早速着手したのが、ナチス・ドイツのプロパガンダ分析である。一九四一年一二月、日本軍の真珠湾攻撃で対日戦争が開始されると、日本に関するあらゆる情報が収集され、それが戦闘作戦、占領計画、日本再建政策の立案に使われた。在米日本人、日本人を祖先にする日系アメリカ人が招集され、その一部は、諜報活動や心理戦のビラ作成などの仕事を担当した。また、政府は、メディア研究者を登用し、外国メディアの内容を分析した。その成果は、戦争に関わる心理戦などの情報作戦に実践的な形で利用された。

沖縄戦では、沖縄の言語と文化に精通した沖縄出身の移民が、住民への投降呼びかけ作戦で活躍したことが知られている。これは、米国が日本文化を研究したうえで、「心理戦」として実施したものである。住民が投降すると、米軍は食料・物資・医療サービスを提供したが、これと並行して、投降者に聞き取り調査をおこない、その住民が、米国の作戦に有害かなどの選別もおこなっている。

日本の敗戦を伝えた『ウルマ新報』も、占領地に新聞がない場合には発行を支援する、という米軍の方針に基づいて制作されたものである。それは、現地の米軍関係者の思いつきでもなければ、友情でもなかった。占領地の地域情報を収集する目的で、新聞発行を支援したのである。

米国は、プロパガンダを用いた情報発信と、インテリジェンスの収集に注力した。この傾向は、沖縄戦が終わった後も続いた。というよりも、次第に巧妙になり、ソフトで柔和な表情に変化した。米国は占領者として、沖縄の情報空間を、日本本土と意図的に分断し、そこにおける情報管理を通して、沖縄の住民管理政策を実施した。そこで、新聞・放送・映画などのメディアを用いて、沖縄の言論を管理しようしたのである[20]。

このように、情報をパワーの源として捉える方針は、第二次世界大戦の経験をもとに再構築され、冷戦期の国家政策として強化された[21]。大戦後、一九五〇年代にかけては、「心理戦（psychological warfare）」という言葉が使われたが、次第に、「戦争（warfare）」という語が避けられるようになり、「心理作戦（psychological operation）」と言われるようになる。

外交を担当する国務省では、伝統的に「パブリック・アフェアーズ（public affairs）」（公衆業務）という部門があり、担当の国務次官がいたが、のちに「パブリック・ディプロマシー（public diplomacy)」と総称されるようになった。近年では、国防省も戦後処理活動などを「国防省の公衆外交」として、同省が米国の外交にも関係していることを強調するようになった。パブリック・ディプロマシーは、広報外交、広報文化外交などの語に和訳されている。

これらの情報に関わる政治的要素を「ソフトパワー」と呼んだのが、ジョセフ・S・ナイである。国防次官の経験もあるナイのソフトパワー論は、伝統的軍事力すなわちハードパワーとの比較で、ソフトパワーの役割を論じたものである。ナイによると、ハードパワーは「強制」であり、これが国家にとっての「支配力」となる。これに対し、ソフトパワーは「魅力」を使って、人々の心を「吸引」するために使われる。そのため、国家は制度を設定し、国家が強調したい価値観・文化・政策を吸引の手段として用いる、という。

ナイがソフトパワー論を著書で示したのは二〇〇四年であるが、同様のことが、米国政府関係者の間で、以前から主張されていた。ウッドロー・ウィルソン、フランクリン・ルーズベルト、ジョン・F・ケネディなど歴代の大統領は、他国を引きつけ、意見を動かす力が、大統領に必要な能力であることを知っていた。[22] ただし、これらの「吸引」の仕掛けがもたらす効果については「相手の反応次第」であり、結果は他力本願である。

前述したとおり、本書は、沖縄で米国がどのような言論管理政策を実行したかを、公文書で解明しようとするものである。さらに、これに対する沖縄のメディアと住民の反応についても考察する。これにより、ナイ自身も指摘する「相手の反応次第」と言えるソフトパワー施策の限界についても論じていく。結論を先に述べると、それは必ずしも成功したとは言えないものだった。むしろ、異文化の地を他国が軍事支配することに対する矛盾を露呈する結果となった。

7　本書の構成

本書の構成は以下のとおりである。

第1章では、沖縄戦が終わった後で、米軍が設置した収容所内で発行された『ウルマ新報』を事例に、日本本土と沖縄では、そもそも終戦の原体験が大きく異なっていたことを紹介する。それをもとに、軍隊の占領によって開始された戦後、そこから移行した軍政下で、占領者によって発行されたメディアが、沖縄に関する言論にどのような影響を与えたのかを探る。

第2章では、日本本土と沖縄では、現在も「戦争の記憶」が同じではないことに注目した。そのうえで、このような記憶の違いを生んだ原因が、沖縄を日本から切り離すことを目的に実施された、米国の初期占領政策と密接に関わっていたのではないか、という問題を提起する。

第3章では、統治下における米国の言論管理が、米軍の発令した夥しい数の布告・布令・命令などの「軍法」による「軍事管理」であったことを明らかにする。これにより、二七年間に及んだ米国の沖縄統治が、「戦時」の軍事管理の実態をそのまま引きずる形でおこなわれたことを論じていく。

第4章では、主な舞台を米国の首都ワシントンに移し、本書の前半で検討した軍政下の言論管理が、米国政府のいかなる政策に基づいていたのかを検証する。第二次世界大戦後、沖縄を含む日本は、陸軍省が管轄する「占領地」に分類され、米国の「外交」の土俵に乗らなかった。ここでは、このような「占領地」に対する米国の対外情報活動がどのように成立したのかを明らかにする。

第5章では、米国政府の組織改編により成立した冷戦体制の枠組みが、沖縄の言論にどのような影響を与えたかを考察する。

第6章では、冷戦を「言葉で戦う」という公約を掲げたアイゼンハワー政権期の対沖縄政策を探る。そこで、沖縄は、米国の軍隊を統括する国防省の管轄下におかれていたことを明らかにする。

第7章では、一九五七年に沖縄で実施されたマス・メディア調査を事例に、米国がこのような社会科学的調査を、国家政策の立案に向けて、どのように位置づけていたのかを考える。

第8章では、一九六五年の地方議員選挙の情勢調査を事例に、米国が地域情報をどのように収集していたのかを探る。これにより、米国の言論管理の目的が、施政権を維持するための選挙監視であったことを明らかにする。

以上の検討をもとに、終章では、米国が統治下で沖縄の言論空間を注意深く監視していたことの問題点を論じる。これをもとに、本書は、戦争が本務である軍隊が、どのように言論の自由を規制するのかを考える。さらに、このような軍事植民地の問題は、単に過去の歴史課題ではなく、グローバル時代の現在進行形の問題であることを指摘する。

第1章　象徴天皇の不在

一九四五年八月一五日、日本放送協会のラジオでの天皇の声による終戦発表は、日本の敗戦を国民に伝えたが、同時に、天皇の世は続くこと、すなわち当時の言葉で言えば「国体護持」の方針は維持されることを、日本政府が明示する目的を持っていたことが、これまでの研究で明らかになっている。この放送は、「玉音放送」と呼ばれ、戦時中に用いられた「玉砕」という言葉のように、愛国的な表現として使用されることになった。このように「玉音放送」を日本人が集団で聞いた体験、すなわち「玉音体験」は、集団的メディア体験として、戦後における日本人の原体験とも言えるものだった(1)。

ところが、序章で述べたように、米軍の攻撃で新聞社と放送局が破壊されてしまっていた沖縄では、このように日本の天皇の声で敗戦ニュースを聞くという原体験が不在であった。四月一日、沖縄本島に米軍が上陸した目的は、降伏しそうになかった日本に対する攻撃の拠点を設置することにあった。そのため、米国は、日本の皇国教育を受けた沖縄の人々が日本軍に協力しないように、米軍の邪魔をしないように、民間人収容所を設置し、そこで住民を厳重に監視する計画を実施したのである。したがって、収容所では、住民がスパイ行為をおこなわないように、ラジオなど通信機の所持が禁止されていた。[2] メディア喪失の状態となった沖縄で、いかにして日本の敗戦を住民に伝達するか。それが占領軍の課題となった。

日本降伏のニュースは、米軍政府副長官ムーレー大佐から収容所に集められた住民代表の一部に伝えられた。[3] 序章で述べたとおり、そこで配布されたガリ版刷りの粗末な印刷物が、『ウルマ新報』だった。『ウルマ新報』は、米軍の支援により、一九四五年七月二五日に「創刊した」とされる。[4] この宣伝ビラのような手書きの日本語新聞が、八月一五日付の第四号で日本の敗戦を報じた。

しかし、その紙面は天皇の詔書を大きく一面に掲げた本土の新聞各紙とは異なり、外電に基づく速報で日本のポツダム宣言受諾を短く伝えたのみだった。詔書は掲載されなかった。つまり、終戦伝達の日に、天皇の姿はラジオでも新聞でも見当たらないのである。その後、しばらく経って、九月一二日号の『ウルマ新報』第二面に、本土とはかなり異なる内容の「詔書」が掲載されていたにすぎないのである。[5]

このように、日本本土と沖縄における人々の「終戦体験」を比較すると、沖縄では天皇という日本の「シンボル」（＝象徴）」が積極的に提示されなかった実態がみえてくる。第二次世界大戦末期の米国では、戦前の駐日大使ジョセフ・グルーらの知日派が、天皇という「シンボル」を日本再建のために積極的に利用するべきであると主張していたが、反対もあった。[6] グルーら知日派の提言は戦後、連合国軍総司令部（ＧＨＱ／ＳＣＡＰ）の占領政策に採用されることになる。しかし、沖縄において、敗戦のニュースは天皇という日本の「シンボル」が不在のまま、人々に伝達された。

沖縄における本土とは異なる終戦体験は、どのようにもたらされたのか。一九四五年当時の文献は限られ、すべてを実証的に提示するのは難しいのだが、本章では、これまで沖縄の側で語られてきた『ウルマ新報』発刊に関する証言と、米国側の史料を手がかりに、沖縄で八月一五日に日本のシンボル「天皇」の詔書が、不在となった背景を考察していく。

1　占領＝情報主権の交替

沖縄戦の総司令官は、海軍のチェスター・ニミッツ元帥である。

戦闘は、沖縄本島上陸が始まる一週間前の一九四五年三月二三日、海軍の空襲から始まった。米軍の記録によると、海軍は、この攻撃で沖縄本島の倉庫・橋脚・通信拠点などを破壊し、その後の地上戦を有利に進める準備をおこなった(7)。続く三月二六日、慶良間諸島に上陸した米軍は、ここに軍政府と通信拠点を設置した。さらに、そこを足がかりとして四月一日、沖縄本島に西海岸から上陸し、住民を巻き込んだ地上戦が展開されることになった。

一方、沖縄の記録をみると、放送局と新聞社が空襲を受けたのは二三日で、沖縄のメディアは、この海軍の攻撃で致命傷を受けたと考えられる。当時、那覇には日本放送協会の沖縄放送局があったが、二三日の空襲で機材が損傷し、放送不能になった。そして、その三日後、放送局が閉鎖された(8)。新聞社も二三日の空襲で社屋が使えなくなった。その後、沖縄新報社の社員が新聞用紙と活字を首里の地下壕に持ち込んで「壕内新聞」を発行し続けたが、五月下旬、発行停止に追い込まれている(9)。こうして、沖縄本島ではメディアの空白ができたのである[10]。

前述したように、米軍は本土攻撃に備えるために、占領と同時に沖縄に基地建設を開始、住民を収容所に入れて管理する施策を実行した。住民の通信機・写真機の所持を禁止したのはスパイ行為を防止するためだった。その一方で、米軍は沖縄本島に独自の通信基盤を構築した。この通信基盤を米軍の部隊間の連絡に使用するとともに、五月二一日には、英語による米軍ラジオ放送（ＷＸＬＨ）を開始している[11]。

このように、米軍が占領と同時に情報の主導権を握るなかで、米軍が発行した日本語の印刷物が『琉球週報』である。『琉球週報』は新聞に似せた形をとった心理戦のビラで、四月二九日から五月二八日まで号外を含めて全六号が発行された。土屋礼子の研究によれば、この『琉球週報』には、それが確かに米軍のビラであることを示す識別番号が付けられていて、発行の目的は、メディアのない社会となってしまった沖縄で、ドイツの敗戦を住民に知らせるためだった[12]。

続いて、『ウルマ新報』の創刊準備が開始された。それは、その頃、収容所の管理者を兼任していた軍政府副長官が、七月一日付で陸軍から海軍に交替した直後のことである。

2　沖縄からみた『ウルマ新報』

『ウルマ新報』の発刊に至る経緯は、その発行に関わった関係者らの記憶に基づく証言によって語られてきた。一九五一年九月、それまでの『ウルマ新報』の営みを引き継いだ琉球新報社が、一九七三年刊行の社史『琉球新報八十年史』で関係者の証言を収集し、記録している。そのなかで、ウルマ新報の初代社長を務めた島清は、発刊の経緯を以下のように回想する。

> 一九四五年七月の初めごろ日本語の話せる米海軍大尉（人類学専攻の大学教授でサトルス氏）が、二名の二世軍曹を伴って訪ねてきた。この混乱状態で住民はニュースを渇望していると思う。新聞を発行してくれる人はあるまいかと、市長と小橋川所長に問うたところ、君以外に適任者はないといわれて、相談に来た。軍の援助で新聞を発行してくれる気はないか、という趣旨の口上であった。[13]

この記述のもとになったと思われる島清の回想記をみると、右の小橋川所長とは石川収容所で軍作業の割り当てをしていた「作業割当集合所」の所長で、島はここで作業班の班長をしていた。米軍が設置した収容所では軍作業をおこなう代わりに食事が配給されるシステムだったが、島は、そこで新聞発行という「軍作業」に割り当てられたことになる[14]。

島の回想記では『ウルマ新報』の創刊は「七月下旬」とされ、日付が書かれていない。『琉球新報八十年史』は創刊を七月二五日とする。また、島とともに創刊に関わった元教員の糸洲安剛は、以下のように証言している。

> ウルマ新報の題字のない新聞のガリ版の原稿は私が書いた（中略）。私が小学校の教師だったこと、文章

も書け、ガリ版の原紙も切れ、謄写版も使えるというので加勢してほしいと頼まれ参加した。[15]

このように、この頃の沖縄の歴史は、証言の積み重ねで成立する。

実は、この「創刊号」は、原紙が未確認だったが、島の証言に出てくるサトルス元大尉が一九九三年九月、沖縄を再訪した時に持参した「一枚」と、古美術収集家・大嶺薫のコレクションに保存されていた「一枚」が同一だったことから、現在は、この「一枚」が「創刊号」とされている。[16]

サトルス大尉は島に言った。

新聞として、事実を伝えてくれればよいので、別段それ以外の望みはない。軍の善意を理解して欲しい（中略）。最後まで軍国主義に抵抗し、社会主義団体のボスだった思想堅固の君だ、命令などで動くはずはあるまい。[17]

サトルスは島が社会主義者であることを知っていたばかりでなく、戦前の沖縄で発行された新聞名を調べ上げていた。結局、米軍の反対で戦前の新聞名では発行できなかったので、『ウルマ新報』となったという。

島は新聞発行を引き受けたとき、次の三点を願い出たと語る。

（一）新聞は県民のためのものとし、私（島清）の責任で発行する

(二) 人事、編集、運営等一切、私の権限に属するものとする
(三) 軍は援助だけで干渉はしない[18]

しかし、ウルマ新報の社屋となった民家には、サトルス大尉ほか五名が「援助名目」で「在社」した。島は、米軍側の「援助」を「もとより監視や検閲のためではないのは断るまでもない」とし、ニュースは「私が取捨選択して編集した」と胸をはる。また、「軍政府内部に機構上、新聞を管轄する部署が存在したかどうか、私は詳らかでない。かかる機関の者が私の面前に現れて発言したことは一度もなかった」と述べている。

一方、『琉球新報八十年史』は、「米軍のカイライとなってデタラメな記事を報道している」など『ウルマ新報』に対する住民の批判があったことを併記している。この社史のなかで、別の関係者は、八月一五日に日本降伏を報じた号を配布した際に、日本が降伏するはずがないので、「デマニュースだ」そんな新聞は読むものかなどと、ごうごうたる非難の声を浴びせられたと証言している[19]。

3　天皇言論の禁止指令

一方、米側史料からは別の視点がみえてくる。

沖縄占領で使用された米軍の『野戦便覧』には、占領地にメディアがなかった場合、再興支援を実

施し、さらに、その内容を検閲、そこから得た地域情報を占領統治に活用するという目的が明確に述べられている[20]。つまり、米軍支援で再興された『ウルマ新報』は米軍が沖縄の情報を入手する手段だったことになる。米軍は沖縄戦で占領地域を拡大すると、その地域の地理・人口・産業などの統計情報の収集をおこなった。メディア再建は行政府の機能が停止した地域における便利なインテリジェンスの入手手段と考えられていた。言語も文化も異なる占領地で自らの手で地域情報を収集するよりも、現地を知る住民を使って取材させたほうがよい、というわけである。

一方、一九四五年一月一二日に発令された米統合参謀本部指令一二三一号には、占領開始後の住民統治方針が書かれている。そのなかの政治指令で検閲方針が示される[21]。同指令は、日本を戦争に導いた軍国主義思想を厳しく取り締まることを命令するとともに、天皇に関する一切の言論を禁止していた。具体的には右の政治指令の二〇項から二一項に次のような文言で、その方針が示されている。ちなみに、統合参謀本部指令とは、米国の参謀本部長から、現地の司令官に出される指令なので、この場合は、本部からニミッツ司令官に対する命令ということになる。ニミッツは、その指令にしたがって現地軍を動かすことになる。したがって、次の引用の「貴官」とは、ニミッツである。

(二〇) 貴官は、大政翼賛会と翼賛政治会およびその関連団体など、日本のすべての愛国的または秘密の結社を解体してください。また、軍政府の運営を助ける地域活動を除いたすべての政治活動を禁止してください。(筆者訳・原文は次のとおり)

You will resolve all Japanese patriotic or secret societies, such as the Imperial Rule

Assistance Association and Imperial Rule Assistance Political Society and their affiliates, and you will prohibit all political activity except such local activity as may facilitate the administration of military government.

（二二）貴官は、天皇の将来の地位または天皇制に関する公的な意見の表明をすべて控えてください。また、貴官の司令下にある部隊に同様の指示をしてください。（筆者訳・原文は次のとおり）

You will refrain from any public expression of opinion concerning the future status of the Emperor or of the institution of the Emperor and instruct the forces under your command to the same effect.

右の文言にみられるような軍国主義思想の取り締まりは、対日占領政策の基本方針のひとつでもあったが、この方針に基づき、米国は沖縄でも戦前の新聞を軍国主義的と捉え、戦前の新聞が継続することを回避しようとした。そうした方針により、戦前、新聞社に勤めていた人物は軍国主義者として除外され、新聞とは無関係で社会主義者であった島清が新聞再興の適任者に選ばれたのである。

さらに、同指令が天皇に関する言論を禁止したのは、この時点では戦後における天皇の地位が決定していなかったことによるものだろう。米国務省では、元駐日大使ジョセフ・グルーを中心に日本の戦後復興を円滑に進めるために天皇というシンボルを積極的に利用するべきであると主張する知日派が、天皇の戦争責任を問い、退位させるべきであると主張する一派と対立していた。[22] 米国が最終的に天皇を積極的に利用する方針を決定するのは日本占領開始後で、まだ先のことである。

しかし、この天皇言論の禁止条項は、後述する八月一五日付の『ウルマ新報』にみる天皇勅語の欠落との関連で興味深いものである。少なくとも、米国側が天皇に関する言論を注視していたことを示唆する。同項は、住民に対して天皇に関する言論を禁止しているわけではないが、天皇という日本のシンボルを沖縄の言論空間から排除しようとする意図があったと思われる。

六月二二日におこなわれた陸海軍合同会議では、日本軍の組織的戦闘が終了した後の沖縄掃討作戦で、マッカーサー元帥の軍事秘書官ボナ・フェラーズとの連携で心理戦を実施することが合意された[23]。フェラーズを筆頭に、連合国軍総司令部には、天皇という「象徴」を積極的に利用するべきであると主張する者が多かったとされる[24]。であれば、のちに日本国民の統合の象徴として利用されることになる天皇という存在が、分離される予定であった沖縄においては、「消される」結果になったとしてもおかしくない。心理戦の専門家たちの間では、このような「シンボル＝象徴」の操作が言論の管理上、きわめて重要であると捉えられていたからである。

六月二四日、米戦時情報局（ＯＷＩ：Office of War Information）ホノルル支局は人類学者ジョン・エンブリーの沖縄派遣を提案する。エンブリーは熊本県須恵村に滞在した経験のある人類学者で、第二次大戦が開始されると日本専門家として軍政学校で教員を務め、戦時情報局員としてサイパンで対日終戦工作をおこなっていた[25]。沖縄には彼のような「学者将校」が何人も派遣されている。そのためか、沖縄にいたハンナ大尉から「人類学者はいらない」との返事が届く[26]。結局、エンブリーは沖縄に行かなかったようである。

七月上旬、戦時情報局の別のスタッフが通信状況調査のために沖縄に派遣された。米側の記録から、この人物の名前はわからないが、ちょうどその頃、島の回想に登場するのがサトルスである。米側史料にも石川収容所の副司令官としてウェイン・サトルス大尉（Lt. Wayne Suttles）が登場する。彼の同僚として名前が挙がるのが、民間新聞将校ウォルター・バス大尉（Lt. Walter E. Bass）である。[27]『ウルマ新報』創刊号とされる「一枚」には、七月二六日付で英語の鏡文（cover letter）が付けられ、そこにはバス大尉の名前で「軍政府支隊」に宛てて、次のように書かれている。

同封の一枚（newssheet）は、軍政府本部から出される新聞の創刊準備号（forerunner of a newspaper）である。その新聞が創刊されるまで、班の掲示板に掲示するか、班長を読者と想定した部数が送付される予定である。

鏡文は、こう述べた後で、添付された『ウルマ新報』創刊号とされる一枚に掲載された記事の概要を英語で説明している。[28]英訳し、新聞の発刊とその内容を上官に報告したということだろう。

米国側資料では、米国が制作した宣伝媒体を次の三種類に分類している。

（一）ビラ（leaflet）
（二）ニュースシート（newssheet）
（三）新聞（newspaper）

右のバスの鏡文をみると、『ウルマ新報』創刊号は「ニュースシート」に分類され、「新聞」の「創刊準備号」として扱われている。米軍は『ウルマ新報』創刊号を「新聞」ではなく、「ニュースシート」であるとみていた。

このように、日本語の「ニュースシート」または「ビラ」の概要を英訳して鏡文とし、上層部に報告する方法は、前述した『琉球週報』でとられた方法と同じである。『琉球週報』は事実に基づくニュースをもとに作成された新聞に似せたタイプの宣伝ビラであるが、同様の新聞型のビラがマリアナ諸島で作成された『マリヤナ時報』に似ていたので、戦時情報局はこれを「マリヤナ・タイプ」と呼んでいた。米国の宣伝ビラには識別番号が付されているが、『琉球週報』にはNXで始まる識別番号がついている。(29)

戦時情報局で対日終戦心理工作を担当したエドワード・リリーのメモをみると、七月三〇日付でL・H・ビビー(Captain, L. H. Bibby)海軍大佐が、沖縄で「マリヤナのような」日本語新聞を二万部発行したいので、戦時情報局の施設を使用したいと申し出た記録がある。その「施設」とは、沖縄近海に停泊中だった戦時情報局の船に搭載されていた電波中継機と印刷機で、ビビー大佐はその使用を願い出た。(30)ちょうど『ウルマ新報』創刊準備号が出た直後である。しかし、リリーのメモでは沖縄からの要求がその後どう処理されたのかが書かれておらず、戦時情報局の関与がわからない。

一方、『ウルマ新報』の創刊準備状況は「沖縄軍政府史」一九四五年七月の月報に次のように登場する。

民間人向けの新聞が七月、軍政府本部で始まった。同様の小規模新聞の発行がコザＣ－１支隊で五月に試行されたが、軍政府本部の命令で中断した。今回のニュースシートは週刊で二五〇人ごとに一部の割合で民間人に配布され、軍政府本部発行のニュースシートとラジオ放送からのニュースで構成される。英語テキストを語学将校が日本語訳し、民間人が修正した後に語学将校が再チェックする。民間人の書き手が謄写版を切る。七月上旬、本部による廃品利用プログラムで備品が準備された。将来、設備が整い次第、そのニュースシートは印刷される見込みである。印刷機五台、活字二〇〇万個、日本語タイプライター二台、少量の新聞用紙が、名護、首里、那覇の壕と野外で収集されたが、現在、廃品ゴムと木材から再生見込みのローラーを除き、使用可能な印刷機は一台のみである。（原文英語・筆者訳[31]）

前述の「五月に発行された新聞」とは『琉球週報』のことだろう。そこから米側は『ウルマ新報』を『琉球週報』と同種類のニュースシートと認識していたことがわかる。ただし、『ウルマ新報』には、『琉球新報』にみられた米側の宣伝ビラであることを示す識別番号がない。この点で『ウルマ新報』は他の宣伝ビラとは異なる特徴を持っている。

そこで注目したいのは戦時情報局の施設で印刷された『琉球週報』と、同局の関与が不明の『ウルマ新報』の印刷状態の違いである[32]。どちらも活字を使用しない手書きの新聞だが、両者を比較すると『琉球週報』の印刷が格段に上であることがわかる。『琉球週報』では縦六段組の新聞らしい体裁で印刷にムラがない。これに対し、『ウルマ新報』は横二段組でガリ版刷りらしいカスレが多い。また、『琉球週報』では図と写真が使用されているのに対し、『ウルマ新報』は文字だけである。そこから、両者が異なる設備で印刷されたことがわかる。

前掲の島の回想記によると、サトルス大尉は新聞発行のために「米軍の施設を提供する」と言ってきた。だが、島はサトルスの申し出を断り、焼け残った瓦葺き二階建ての木造民家に、粗末なガリ版印刷機を自前で持ち込み、新聞発行を開始した。米側の申し出を断った理由として、島は、「米軍から施設提供を受ければ、その分、米軍の思うように使われるだけだと思った」と述べる。もし、島がサトルスの申し出を素直に受け入れ、米軍の施設を利用していたら、『ウルマ新報』も『琉球週報』と同様の識別番号を持つ宣伝ビラとして米国の文書に登場することになったのだろうか。

『ウルマ新報』第二号に添付された八月一日付の鏡文をみると、そこには『ウルマ新報』第二号の目的がポツダムからのニュース伝達にあったことが明確に述べられ、報告されている。[33] ただし、『ウルマ新報』で鏡文が添付されているのは第二号までで第三号以降には付けられていない。紛失しただけかもしれないが、結局、米軍の施設を使わないことになったので、本国への報告義務がなくなったのだろうか。だとすれば、新聞を作る側の「モノはなくとも自分たちの手でやる」という矜持が、『ウルマ新報』を「米国の宣伝ビラ」の汚名から救ったことになる。

しかし、「検閲はなかった」とする島の主張とは異なり、前掲の米軍資料では、検閲の実施過程が報告されている。米軍の語学将校が最終的に提出された日本語の最終版を「再チェック」したと新聞将校バスは報告した。どこまで厳密な検閲がおこなわれたかはわからないが、語学将校は検閲を実施したのである。ただし、米側の報告によれば、語学将校の「再チェック」は謄写版を切る前に実施したと書かれているが、沖縄の証言をみると発行後に回収命令が出た事例が報告されており、検閲は発行後に実施されたことになっている[34]。

いずれにせよ、米国の「沖縄軍政府史」は、『ウルマ新報』を米海軍軍政府により発行された「公認新聞」である、としている。

米国側と沖縄側との間で、検閲に関する認識のズレはあったが、ともかく米占領下の沖縄では、ニュースソースを米軍に依存するしか道はなかった。島の証言によると、『ウルマ新報』は外国放送を受信し、それを情報源とした。ガリ版刷りの『ウルマ新報』は、確かに英語から日本語を起こしたとみられる、本土の新聞各紙とは異なる種類の日本語で書かれている。

4　『ウルマ新報』八月一五日号の「余白」

創刊当初の『ウルマ新報』は週刊だったので、「ポツダム勧告」の概要はガリ版刷りの「ニュースシート」（縮刷版で八月一五日第四号第三面とされる面）で、日本のポツダム宣言受諾のニュースと一緒に報じられた。当初は「ポツダム勧告」という訳語が用いられたが、受諾した時より「ポツダム宣言」となる。

「ポツダム勧告」に対する「日本の申し入れ」は、次のように報じられた。

右勧告に対し日本政府は之を拒絶せしもソ連邦の参戦、原子爆弾の使用等諸情勢の変化に基き、天皇の地位に変化なき限り勧告に従う旨の回答を為せり。

日本政府がこれを「拒絶」としたと表現している点に注目したい。ポツダム宣言受諾をめぐっては、日本語の「黙殺」を同盟通信が「ignore（無視）」と英訳し、それを米側は「reject（拒絶）」という意味で理解したことが鳥飼久美子の研究で明らかになっている。[35]『ウルマ新報』第四号には鳥飼が「歴史を変えた誤訳」であると指摘した「拒絶」という訳語が、「ポツダム勧告」に対する日本の反応として使われている。

それに対する「連合軍の回答」は、八月一一日午後一一時ワシントン発の外電で「結局、日本政府（天皇の政府）の形体はポツダム勧告に従って日本国民の自由意志によって決定される。さあれ連合国軍隊はポツダム勧告に提示した目的が達成するまで日本に駐屯する」と伝えられた。ここでは「国体」ではなく「形体」が用いられている。英文からの翻訳だったからかもしれない。

日本の無条件降伏を伝えたのは、一九四五年八月一五日付の『ウルマ新報』第四号である。同号は「渇望の平和いよいよ到来‼ 日本条件を受理す」という見出しで、日本の敗戦を連合国の視点で報じた。同号は二段組みだが、その上段に「ワシントン発」「モスコー（モスクワ）放送」「東京放送」のニュースが並んだ。そのなかで、「東京放送」は、「天皇陛下には本日正午ラジオを通じてアジヤに駐屯する全日本軍にみことのりを賜ることになっている」として玉音放送の「予告」をおこなっている。第四号の下段には、「日本政府の報道」として、「天皇は日本がポツダム宣言の条件を受理せる旨みことのりを発せられた」という速報が掲載された。さらに、天皇は「陸海空軍の最高指揮官及びその部隊に、『軍事行動を中止して、連合国指揮官の命令に服せよ』と発令せられた」と続けている。主語が明確な英語的構文であるが、天皇に対しては敬語を用いている。

このように紙面を分析すると、『ウルマ新報』第四号は八月一五日午前中の発行を目指して制作され、同日、正午の天皇メッセージを受信することを予定していたようにもみえるのである。しかしながら、八月一五日付『ウルマ新報』第四号の二面をみると、「余白」があるのみで、そこに天皇の終戦詔書は掲載されていない。

それが米軍の指示で差し止めになったものかはわからないが、前述したとおり、参謀本部指令が、国体護持に関する言論を禁止していることを鑑みると、国体は維持されるという主張を含む天皇の詔書をそのまま掲載することに米軍側が賛同しなかったことは容易に想像できる。

別の米側資料をみると、戦時情報局の対日終戦工作に関する指針に「日本語の情報源を用いるな」という一項がある。[36] これらの指示が沖縄の現地の海軍新聞将校に伝達され、これに基づく指示が出されたことを裏付ける資料はないが、日本語を情報源としたとみられる東京発のニュースが『ウルマ新報』に掲載されるのは、八月二九日付の第六号以降、マッカーサー元帥が東京に到着後のことである。

翻訳は語学将校によってされることが原則だったので、米側の語学将校が天皇の特殊な日本語を理解できず、翻訳と検閲が不可能だった可能性も否定できないのだが、本国からの指示に従い、天皇の詔書が八月一五日の時点では削除された可能性も考えられる。ちなみに、用紙が不足していた当時、ガリ版刷りの『ウルマ新報』は裏表を使用した両面刷りが基本で、裏面が〈白〉のままなのは、この第四号だけである。当初は何かの記事を入れることを想定していたが、突然、その記事の掲載が中止になったと考えるほうが自然である。

5 『ウルマ新報』第六号で「発刊の辞」

『ウルマ新報』は八月二九日付の第六号から活字になる。活字になった同号でようやく「発刊の辞」が掲載された。実は、前掲の「沖縄軍政府史」も八月の月報で、「米海軍軍政府公認の週刊新聞ウルマ新報第一号が発行された」という一行の報告を掲載している[37]。これをみると、米側は活字になった第六号を「ウルマ新報の発刊」と認識していたことになる。沖縄では、七月二五日付の題字なしの「一枚」を創刊号としてきた。これは、『ウルマ新報』が週刊で、次の八月一日号では「第二号」と明記されるからである。その一方で、なぜ第六号に「発刊の辞」が載るのか、不思議であると考えられてきた。戦後まもない頃の混乱を示している。

活字になった最初の号である八月二九日号には、確かに漢数字で「第六号」と記されている。しかし、日本語新聞をサトルスら米軍関係者がどの程度読めたのかは疑わしく、見た目の印象で、第六号をもって「ニュースシート」が「新聞」に分類されるようになり、「創刊した」と判断した可能性もある。

サトルス大尉は、沖縄に二か月ほど滞在して米国に帰った。その後、彼は大学で文化人類学を教える学者になった。彼はガリ版刷りの「ニュースシート」が活字の「新聞」になったことを「創刊」と認識し、そのように本国に報告していたのかもしれない。

第六号以降、活字になった『ウルマ新報』は東京発のニュースを一面トップに掲げるようになった。マッカーサーが厚木飛行場に到着し、日本本土でも連合国の占領が開始されたことを伝える目的で、東京発ニュースの掲載が許可されたものと考えられる。

6　九月一二日の終戦詔書

天皇の終戦詔書は、九月一二日付の『ウルマ新報』で掲載された。

同日付の『ウルマ新報』第八号の一面トップは東京発のニュースで、日本の衆議院解散を報じるものだった。その下には、米海軍が「沖縄領有を議会に提議」したことを報じるワシントン発のニュースが掲載されている。二面トップが、「マッカーサー元帥　東京入城」と題されたニュースで、その次の同じ面の左肩に、天皇の終戦詔書の全文が掲載された。

しかし、その「詔書」は、日本本土の新聞各紙に掲載された「詔書」とは異なる不思議な「詔書」である。玉音放送の録音を文字に起こしたか、モールス信号でカタカナ受信したものを漢字に起こしたのか[38]。たとえば、「康寧」が「公寧」になるなど同音異義語の「変換ミス」が多い。また、終戦詔書は発令日時が八月一四日だが、『ウルマ新報』第八号に掲載された終戦詔書の発令日時は八月一五日である。

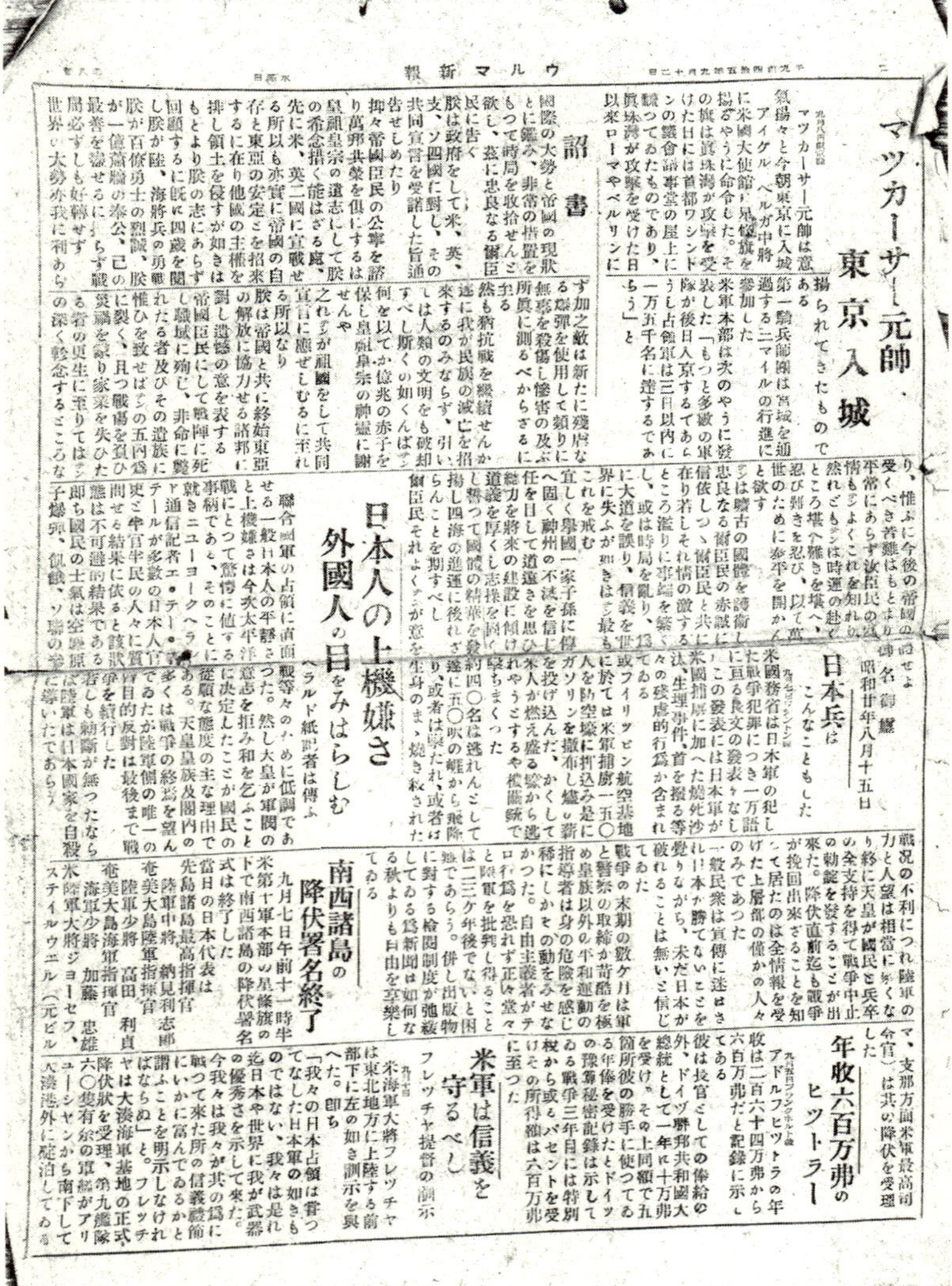

ウルマ新報

マッカーサー元帥、東京入城

九月八日桑港發 マツカーサー元帥は意氣揚々と今朝東京に入城 アイケルベルガ中將に米國大使館に星條旗を揭げるやうに命令した。その旗は眞珠灣が攻撃を受けた日には首都ワシントンの議會議事堂の屋上に飜つてゐたものであり、眞珠灣が攻撃を受けた日以來ローマやベルリンに揭げられてきたものである 第一騎兵師團は宮城を通過する三マイルの行進に參加した 米軍本部は次のやうに發表した「もつと多數の軍隊が後日入京するであらうし占領軍は三日以内に一万五千名に達するであらう」と

詔書

國際の大勢と帝國の現狀とに鑑み、非常の措置をもつて時局を收拾せんと欲し、茲に忠良なる爾臣民に告ぐ 朕は政府をして米、英、支、ソ四國に對し、その共同宣言を受諾した旨通告せしめたり 抑々帝國臣民の公寧を諮り萬邦共榮を倶にするは皇祖皇宗の遺志にして朕の希念措く能はざる處、先に米、英二國に宣戰せる所以も亦實に帝國の自存と東亞の安定とを招來するに在り他國の主權を排し領土を侵すが如きはもとより朕の志にあらず 回顧するに既に四歳を閲し朕が陸、海將兵の勇戰、朕が百僚勇士の烈誠、朕が一億衆庶の奉公、己の最善を盡せるに拘らず戰局必ずしも好轉せず世界の大勢亦我に利あらず加之敵は新たに殘虐なる爆彈を使用して頻りに無辜を殺傷し慘害の及ぶ所眞に測るべからざるに至る 然も尚抗戰を繼續せんか遂に我が民族の滅亡を招來するのみならず、引いては人類の文明をも破却すべし斯くの如くんばチン何を以てか億兆の赤子を保し皇祖皇宗の神靈に謝せんや これチンが祖國をして共同宣言に應ぜしむるに至れる所以なり 朕は帝國と共に終始東亞の解放に協力せる諸邦に對し遺憾の意を表する 帝國臣民にして戰陣に死し職域に殉じ、非命に斃れたる者及びその遺族に惟ひを致せばチンの五内爲に裂く、且つ戰傷を負ひ災禍を蒙り家業を失ひたる者の厚生に至りてはチンの深く軫念するところなり、惟ふに今後の帝國の受くべき苦難はもとより尋常にあらず汝臣民の衷情もチンよくこれを知れり、然れどもチンは時運の赴くところ堪へ難きを堪へ、忍び難きを忍び、以て萬世のために泰平を開かんと欲す チンは曠古の國體を護持し得て忠良なる爾臣民の赤誠に信倚しつゝ爾臣民と共に在り若しそれ情の激するところ濫りに事端を滋くし、或は時局を亂り、爲に大道を誤り、信義を世界に失ふが如きはチン最もこれを戒む 宜しく擧國一家子孫に傳へ固く神州の不滅を信じ任重くして道遠きを思ひ總力を將來の建設に傾け道義を厚くし志操を固くし誓つて國體の精華を發揚し四海の進運に後れざらんことを期すべし爾臣民それよくチンが意を體せよ

御名御璽

昭和廿年八月十五日

日本人の上機嫌さ 外國人の目をみはらしむ

ヘラルド紙記者は傳ふ

聯合國軍の占領に直面せる一般日本人の平靜さと上機嫌さは今次太平洋戰にとつて驚愕に値する事柄であるが、そのことに就きニューヨークヘラルド通信記者エ・テー・テールが多數の日本人官吏と半官半民の人々に質問せる結果に依ると該態は不可避的結果である即ち國民の士氣は空襲原子爆彈、飢餓、ソ聯の參戰等々のために低調であつた。然し天皇が軍閥の意志を拒み和を乞ふことに決定したことが國民の從順な態度の主な理由である。天皇皇族及閣內の多くは戰爭の終焉を望んでゐたが陸軍側の唯一の目的反對は最後まで戰爭を續行した若しも勅斷が無つたならば陸軍は日本國家を自殺に導いたであらう 戰況の不利につれ陸軍の力と人望は相當に少くなり終に天皇が國民と兵卒の全支持を得て戰爭中止の勅諚を發することが出來た。降伏直前迄も戰爭が挽回出來ざることを知つて居たのは全情報を受けた上層部の僅かの人々のみであつた 一般民衆は宣傳に迷はされ日本が勝てないことを覺りながら、未だ日本が破れることは無いと信じてゐた 戰爭の末期の數ケ月は軍と警察の取締が苛酷を極め皇族以外の平和運動の指導者は身の危險を感じ稀にしかその動をみせなかつた。自由主義者がテロ行爲を恐れず正々堂々と陸軍を批判し得ることは二三ケ年後でないと困難であらう。併し出版物に對する檢閱制度が弛緩してゐる爲新聞は如何なる秋よりも自由を享樂してゐる

日本兵はこんなこともした

九月七日ワシントン發 米國務省は日本軍の犯した戰爭犯罪につき一万語に亘る長文の發表をなしこの發表には日本軍が米國捕虜に加へた燒死沙汰、生理事件、首を撥る等々の殘虐的行爲が含まれてゐる 或フイリッピン航空基地に於ては米軍捕虜一五〇人を防空壕に押込み是にガソリンを撒布し燃え薪を投げ込んだ、かくして米人が燃え盛る壕から逃れやうとするや機關銃で射ちまくつた 約四〇名は逃れんとして遂に五〇呎の崖から飛降り、或者は撃たれ、或者は生身のまゝ燒き殺された

南西諸島の降伏署名終了

九月七日午前十一時半米第十軍本部の星條旗の下で南西諸島の降伏署名式は終了した 當日の日本代表は

先島諸島最高指揮官 陸軍中將 納見利志郎

奄美大島陸軍指揮官 陸軍少將 高田利貞

奄美大島海軍指揮官 海軍少將 加藤忠雄

米陸軍大將ジョーセフ、スティルウエル（元ビルマ、支那方面米軍最高司令官）は其の降伏を受理した

年收六百万弗のヒットラー

九月五日フランクフルト發 アドルフヒットラの年收は二百六十四万弗から六百万弗だと記錄に示してある 彼は長官としての俸給の外、ドイツ聯邦共和國大總統として一年に十万弗を受け、その上同額で九箇所彼の勝手に使つてゐる年俸を受けたとドイツの豫算秘密記錄は示してゐる戰爭三年目には特別税から或るパセントを受けその所得額は六百万弗に至つた

米軍は信義を守るべし

フレッチャ提督の訓示

九月十日 米海軍大將フレッチャは東北地方に上陸する前部下に左の如き訓示を與へた。即ち「我々の日本占領は嘗てなした日本軍の如きものではない、我々は是迄日本や世界に我が武器の優秀さを示して來た。今我々は我々が其の爲に戰つて來た所の信義禮節にいかに富んでゐるかと謂ふことを明示しなければならぬ」と。フレッチャは大湊海軍基地の正式降伏狀を受理、第九艦隊六〇隻有餘の軍艦がアリューシャンから南下して大湊港外に碇泊してゐる

『ウルマ新報』第8号（1945年9月12日）第2面（沖縄県立図書館所蔵・原紙）

第八号には、もうひとつ重要なニュースが掲載されている。それは、九月七日、南西諸島における降伏調印式が終了したことを告げるニュースである。この降伏文書調印式には、「先島諸島最高指揮官」の納見敏郎陸軍中将ら三名が日本軍代表として出席、米軍側は「ジョーセフ・スティルウェル（元ビルマ、支那方面米軍最高司令官）」が出席、双方が降伏文書に調印した。

すでに九月二日、戦艦ミズーリ号上で降伏文書が調印され、『ウルマ新報』はそのニュースを九月五日付の第七号で「歴史的署名式、劇的に終了」と一面トップで報道していた。しかし、沖縄本島以外の離島では、日本軍第三二軍司令部の壊滅後も抵抗を継続するように命じられた「残置諜報員」がおり、米軍に対する抵抗が続いていたとされる[39]。おそらく沖縄における九月七日の降伏文書調印式は、これらの敗残兵に対し、抵抗をやめるように呼びかける意味を持っていたと考えられる。そのことをふまえると、その次の号となる第八号に掲載された終戦詔書は、さらに天皇の命令を伝えることで抵抗をやめるよう、呼びかけの目的を持って掲載された可能性がある。

第八号には、このほかに「日本人の上機嫌さ、外国人の目みはらしむ」という見出しで連合軍占領に日本人が従順に反応していることを外国人記者の視点で報じた記事、「日本軍はこんなこともした」という見出しで日本軍の残虐行為を強調する記事などが掲載されている。前者の記事は、日本がすでに米国の占領下にある事実を伝える目的で書かれ、後者は日本軍の残虐さを強調し、日本人に罪の意識を抱かせ、反省を促す目的で書かれたと考えられる。どちらも連合軍の戦後占領政策の「日本人再教育・再方向づけ」の方針にぴったり合致する内容の記事である[40]。これらは米側が選択したニュースであろう。

『ウルマ新報』は一九四六年五月二九日付の第四五号から、ひらがな表記の『うるま新報』となり、一九五一年九月一〇日から『琉球新報』となった。

『ウルマ新報』時代から編集者を務めた池宮城秀意は、彼自身の回想記で『ウルマ新報』を「日本の敗戦を日本軍敗残兵と地方民に知らせ、戦場処理を早くしようという目的の宣撫用のニュース・ペーパー」であると言い切る[41]。第八号は、日本軍敗残兵に向け、降伏を呼びかける心理戦を目的とした「宣伝ビラ」として発行された。

『琉球新報八十年史』は、『ウルマ新報』を次のように位置づける。

「ウルマ新報」は日本の敗戦の現実を報道し、無用の犠牲者を出さぬための、いわば、宣撫のための報道機関であったのである[42]。

社史が刊行された一九七三年、池宮城は琉球新報社で社長を務めていた。新聞社は、米軍機関紙だった『ウルマ新報』の時代を含めて「社史」とした。そこには、その時代を入れずして沖縄新聞史は語れないという判断があったことだろう。

7 玉音体験の不在

沖縄では「玉音放送」の視聴という集団的メディア体験が不在であっただけでなく、新聞という紙媒体を通して天皇の詔書に接する機会も集団的体験としては限定的だった。その背景として、日本がポツダム宣言の受諾を発表した一九四五年八月一四日、沖縄がすでに米軍占領下にあり、米国が米軍司令で日本からのニュース流入を管理していた事実があった。

マッカーサーが厚木飛行場に到着し、本土占領が開始されると、『ウルマ新報』には東京発のニュースが入るようになり、九月一二日付の第八号に天皇の終戦詔書が掲載された。しかし、米軍が日本軍の掃討作戦を「心理戦」として継続していたことをふまえると、この詔書の掲載は、本土の放送がそうであったように「国体護持」を強調しようとした狙いを持つというよりは、連合国軍による日本本土の占領開始を南西諸島の日本兵に知らせ、彼らの抵抗をやめさせる心理戦的な目的を持っていたと考えられる。

八月一五日の時点で、米軍政府は米軍のラジオで日本の敗戦を発表する天皇の声を沖縄の住民に聞かせることをとおして終戦を伝達することはできたはずである。だが、米軍政府は沖縄本島の住民に玉音放送を直接聞かせる方策を取らなかった。その代わりに同じ日に、米軍政府が日本の敗戦を「発表」し、米軍機関紙としての『ウルマ新報』を配布し、沖縄が米国の支配下にあることをアピールする方策を取ったのである。

これ以降、米軍司令官または彼に代わる米軍代表が住民に施政方針を「発表」する形が一九七二年の返還まで続くことになる。その意味で、一九四五年八月一五日、石川収容所における日本敗戦ニュースの伝達は、沖縄の人々が米国の軍人からニュースを聞く最初の体験だったと言える。米軍が天皇に代わる新たな「権威」の象徴として君臨したことを示す意味があったと考えられる[43]。

米国政府が正式に沖縄の分離を決めるのは一九四八年以降になる。しかし、一九四五年時点で軍部はすでに沖縄の領有を主張していた。沖縄の米軍政府は、この分離政策の実現に向け、日本からのニュース流入を制限し、日本との関係を示す天皇という「シンボル（象徴）」の提示を管理したと考えられる。周知のように、日本本土では天皇を「日本国と国民統合の象徴（the symbol of the state and the unity of the people）」とする方針が日本国憲法第一条に盛り込まれた。これとは反対に、日本からの分離政策への準備として、沖縄では日本との繋がりを示す天皇という「シンボル」が封印されたのである[44]。

このように、沖縄と本土で戦後の起点となる終戦体験が異なっていたことは、その後、戦争の記憶に違いを生んでいくことになる。

第2章　集合的記憶と記念日報道

第1章では、沖縄における終戦の原体験が本土とは異なり、日本のシンボルとしての天皇が不在であったことを述べた。このような原体験の違いは、日本本土と沖縄の戦後にとって重要な意味を持つ。現在、米軍基地をめぐって沖縄県が、東京の日本政府と対立するかのようにみえることがある。そこで垣間見えるのが、あの戦争に対する歴史的認識のズレである。戦争の記憶は、占領の遺産でもある基地問題と密接に関連しながら、社会思想的な分断をもたらす原因になる。だとすれば、なぜ、このような認識のズレが起こるのかを分析する必要がある。

そこで本章では、日本本土と沖縄における戦争の記憶が、それぞれどのように形成されたか、その過程を探ることで、このような記憶の違いがなぜ生まれるのかについて、記憶に関する先行研究を手がかりに論じてみたい。これまで多くの研究者が、記憶を研究対象としてきた。一致した見解はまだないが、記憶とは、きわめて政治的なものであり、それを生み出す社会的背景と密接に関わっていると言われている。

今日、第二次世界大戦の記憶を、個人体験として記憶として持っている人は少なくなった。しかし、戦後生まれの日本人も「先の戦争」に対する何らかのイメージを持っている。このように、直接は体験していないはずの出来事のイメージが世代を超えて継承されるメカニズムの一端を担うと考えられているのが、メディアの「記念日報道」である。

たとえば、二〇一五年は第二次世界大戦終了後、七〇周年だった。日本では、毎年、日本政府が主催する戦没者追悼式がおこなわれる八月一五日の前後にメディアの記念日報道が集中する。この「終戦記念日」報道の伝統は、一九四五年八月一五日、当時の昭和天皇がNHKのラジオ放送で日本がポツダム宣言を受諾し、無条件降伏した事実を国民に周知したことに始まる。この「終戦記念日」に先立つ八月六日と九日は、広島と長崎に原爆が投下された日で、例年、被爆者追悼式典が開催されることから、八月に戦争を追憶する伝統が出来上がった。

ところが、一九七二年まで米国の占領統治下にあった沖縄では、八月一五日ではなく、六月二三日の「慰霊の日」に戦争の犠牲者を追悼する伝統がある。これは、一九四五年六月二三日に沖縄における組織的戦闘が終了したとされていたことに由来するものである。実際には、これ以降も日本軍の命令でゲリラ的戦闘が続いていたが、この日が戦没者追悼の日とされてきた。戦後七〇年であった二〇一五年にも、沖縄では太平洋戦争に関する報道が、八月ではなく、六月に集中した。このように同じ戦争をめぐる「記念日報道」の違いは、同じ戦争が本土と沖縄では異なる形で記憶されていることを示している。

「記念日報道」と言うと、それは単にメディアのバイアスの問題であると片付けられてしまうかもしれない。しかし、このような記念日報道が国家レベルにおける戦争の記憶を形成し、その戦争に対する記憶が国家間で今も異なっている。さらに、この記憶の差異が、しばしば国際的な政治論争の火種にもなっている現状を考えると、単に「メディアが悪い」と報道だけの責任にしてしまうことはできない。むしろ、このような記念日報道にこそ、社会全体のバイアスが反映されていると考えるべきである。

言葉を換えると、このような国家的記憶の生成過程を明らかにすることによってしか、かつて「敵国」として戦った国との和解はありえない。第二次世界大戦に対する解釈は、日本、中国、韓国、米国など関係国の間でいまだに食い違う。それどころか、同じ戦争に対する認識の相違が明らかになるたびに国家間の摩擦と緊張を生んでいる。

なぜ、このように国家間であの戦争に対する認識が異なるのか。もちろん、その認識は個人によって異なり、一概に、その個人の属する国家の間の相違とは言い切れない部分もある。しかし、そのような個人間の差異の問題もありながら、国家という単位で、同じ戦争の記憶が大きく異なる問題については、その原因を改めて考えていく必要がある。

1　集合的記憶とは何か

記憶に関する研究は近年、社会学、心理学、歴史学、政治学、建築学、美術史、修辞学、文学など、さまざまな領域の研究者によって国内外で盛んになっている。そのなかで、米国の社会学者ジェフリー・K・オリック（Jeffrey K. Olick）が編集した『集合的記憶読本（Collective Memory Reader）』は、記憶に関する論文を学際的視点で紹介したものである。オリックらによれば、「集合的記憶（collective memory）」は、もともとフランスの社会学者モーリス・アルヴァックス（Maurice Halbwachs）が一九四〇年代に提唱した概念である。

アルヴァックスは「集合的記憶」を「個人的記憶」と「歴史的記憶」の中間に位置づけている。そのうえで、個人的記憶が集合的記憶となる過程では、その記憶が個人的体験の領域をはみ出し、独自の展開を遂げるとした。アルヴァックスは作家スタンダールのパリ都市生活の体験談を引用する。

一七九九年、パリに来てからは、私の生活は新聞紙上の事件と入りまじっているから、日付はすべて正確だ。(1)

つまり、通常、直接的体験に基づく個人的記憶は正確な日時に関する記憶を含まないが、新聞の登場により、個人的体験が日時を伴って記憶されるようになった。アルヴァックスはメディアが個人的記憶を別の性質のもの変えていくと述べたのである。

ただし、アルヴァックスにとっての「集合的記憶」とは、家族や地域などの集団で共有される記憶を指し、それは個人的記憶と同様、世代を超えて継承されることはないものとされた。つまり、記念日報道のようにメディアを媒介して、受け継がれる記憶はその概念のなかに含まれていないと考えていた。アルバックスは、世代を超えて受け継がれる記憶を「歴史的記憶」と呼んだ。(2)

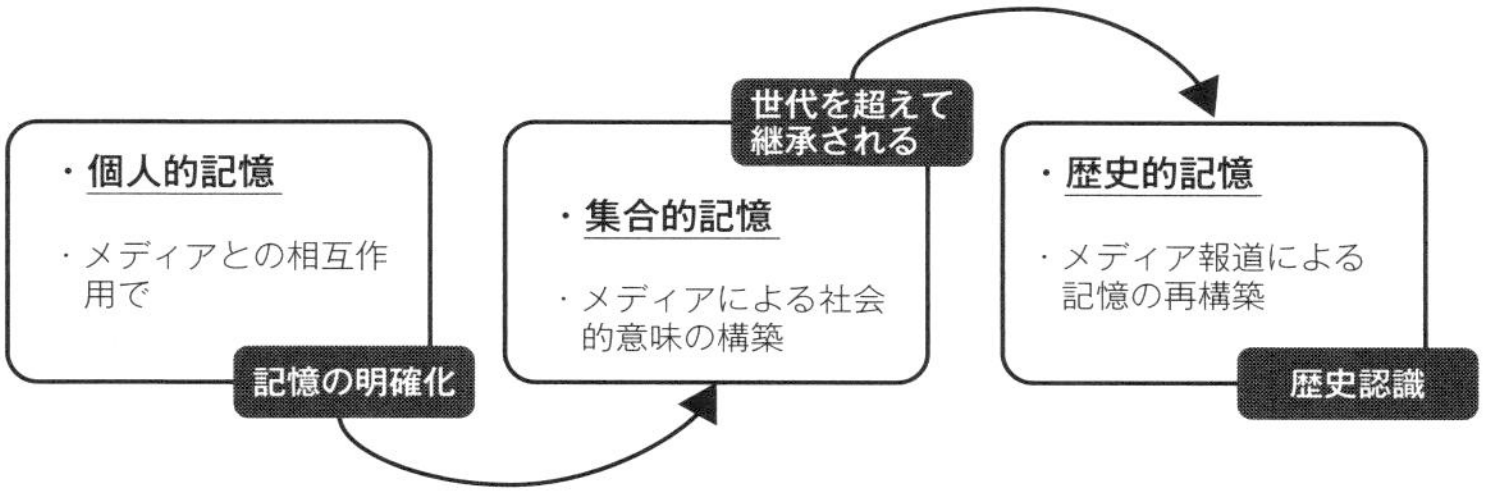

図　個人的記憶・集合的記憶・歴史的記憶とメディア

今日、集合的記憶という言葉は、アルヴァックスが提唱した概念よりも広義なものとして、歴史的記憶と似たような意味で用いられるようになった。その背景には、学術的知見が国際的に共有されるようになった結果、ある国では疑いようのない「歴史的事実」として認識されていた出来事が、他の国では実は異なる解釈で語り継がれていることがわかり、このような異なる国家間で生じる「歴史的記憶」の差異をどう捉えるべきかという根源的命題が生まれたことがある。

また、メディア研究の発展とともに、カルチュラル・スタディーズからは、ある出来事の社会的意味を構築するメディアの機能に関する知見も提示され、アルヴァックスが指摘したような個人的記憶が、メディアによって別の意味を付与される現象が「メディアの意味構築機能」として理解されるようになった[3]。戦争の記憶も、メディアが過去の戦争に関する記念日報道を続けることで、その記憶が世代を超えて、ある特定の集団に受け継がれる「集合的記憶」となったものの一例である。

アルヴァックスの定義に沿って、このように世代を超えて継承される集団の記憶を「公衆の記憶（public memory）」「社会の記憶（social memory）」とする研究者もいる。いずれにせよ、今日における記憶研究のひとつの特徴は、アルヴァックスが注目した個人的記憶が集合的記憶になる個人の心理的過程よりも、集合的記憶が歴史的記憶になる社会的過程に焦点を当てる傾向があると言えるだろう。これは、今日の記憶研究が、ある意味で国際的になり、国際的レベルで異なる集団、すなわち国家という集団の間に生じる集合的記憶に差異が存在することを前提とし、その差異を問題にしているからである。

さらに、世代を超えて集合的記憶を継承させるメディアの機能を具体的に論じたのが、米国のメディア研究者バービー・ツェリザー（Barbie Zelizer）である。ツェリザーは、過去の出来事を取材するジャーナリストたちが、過去の記憶を未来に伝承させる媒介者としての役割を担っていると指摘した。そのなかで、ツェリザーはメディアが過去の出来事または言葉を頻繁に「引用」することに着目し、この「引用」という行為をジャーナリストたちが繰り返すことにより、過去の集合的記憶が世代を超えた記憶となると論じた[4]。

一方、記念日報道を「メディア・イベント」という視点から分析する研究者もいる。米国のメディア研究者であるダヤンとカッツ（Dayan and Katz）は、メディアに報道されることを目的としておこなわれるメディア・イベントが、集合的記憶を再構築し、再生産する役割を果たすと指摘する[5]。ダヤンとカッツのメディア・イベント論に従えば、戦没者追悼式などの記念行事は、まさに、戦争を集団で記憶し、その記憶を継承していく目的で、あらかじめ報道されることを目的として企画された行事である。戦争に関する記念行事は、八月一五日に東京武道館でおこなわれる戦没者追悼式のように、過去の何らかの行事にちなんで、その記念日におこなわれる。その意味で、記念日行事は戦争の記憶を継承させるメディアの社会的意味構築機能をあらかじめ利用しようと狙った政治的行事であると言うことができる。

さらに、これらの戦争記念行事の多くが、戦没者追悼など自分たちの「苦難の記憶」を継承すること（remembering sufferings）を目的としている点を指摘したのが、英国の研究者ホッジキンとラドストーン（Hodgkin and Radstone）である。[6] たとえば、日本で先の戦争の記念行事がおこなわれる日は、日本が中国で侵略を開始した九月一八日でもなく、日本が真珠湾を攻撃した一二月八日（日本時間）でもなく、日本が無条件降伏をした「苦難の記憶」にまつわる八月一五日である。

中国では自国が日本に侵略された苦難の記念日として九月一八日が重要であり、米国では、ハワイの真珠湾が日本に攻撃された一二月七日（米国時間）が「屈辱の日（Day of Infamy）」として繰り返し報道される国民的苦難の記念日である。いずれの国における戦争記念日も、自国の苦難を記憶し、その記憶を継承するための苦難の日である。その一方で、加害者としての思い出は、記念日になりにくい傾向がある。

これらの状況をふまえつつ、米国の歴史学者ジョン・ダワー（John W. Dower）は、過去には、「使える過去（usable past）」と「忘れられる過去（forgetting past）」があると指摘する。[7] 国家にとって、記念日として世代を超えて継承したいと思う「使える過去」とは、被害者としての過去の出来事であり、その苦難の記憶である。なぜなら、国家はその集団的記憶を想起させることで、国民の一致団結を訴えやすくなるからである。その一方で、加害者としての過去の歴史は、意識的な努力をおこなわない限り、「忘れられる過去」になりやすい。ダワーは、そのことは日本のみにみられる現象ではなく、すべての国において同様であると指摘している。

八月一五日に日本政府主催の戦没者追悼式が実施され、この日があたかも第二次世界大戦の記念日であるように報道されることに合理的理由がないと指摘するのは、メディア史研究者の佐藤卓己である。佐藤は、八月一五日にまつわるメディア報道を検証したうえで、天皇が敗戦を認める「玉音放送」を一九四五年八月一五日におこなったこと以外に、この日を記念日とする根拠はみいだせないことから、これは「神話」にすぎないという主張を展開した。[8] ちなみに、米国で対日戦争に対する戦勝記念日は、八月一五日ではなく、日本政府の代表が戦艦ミズーリの船上で降伏文書に調印した九月二日とされている。

さらに、沖縄における戦争の記憶を考えるとき、日本で八月一五日を戦争記念日とすることが、確かに「神話」であることが明らかになる。沖縄戦の記憶が、地域の集合的記憶として継承されてきた沖縄では、先述したように、八月一五日ではなく、六月二三日に戦死者を追悼する伝統があるからである。[9]

2　八月一五日の表象

第1章で述べたように、一九四五年八月一五日、日本本土では、昭和天皇がラジオで日本がポツダム宣言を受諾し、戦争に負けたことを「玉音放送」で発表したが、沖縄でこの放送を聞いた人は少なかった。もちろん、戦争の体験は個人によって大きく異なる。そのため、山の中に逃げていて、そこで所持していたラジオで放送を受信した人、米軍施設のラジオでこの放送を聞いたという証言はある[10]。

だが、多くの住民は収容所で移動する自由を奪われた状態にあった[11]。玉音放送と同じ八月一五日に発足した沖縄諮詢会準備会議についての記録を書いた嘉陽安春によると、準備会議の代表・志喜屋孝信ら数名が、実は米軍幹部と一緒にラジオを聞いたのだという。その内容が志喜屋から代表から収容所の住民に伝達され、沖縄の人々は間接的な形で日本の敗戦を知ることになった。『ウルマ新報』は宣伝ビラであり、そこに書かれた内容を信じなかった人もいた。そのため、証拠が必要だったのかもしれない。嘉陽自身は終戦時、熊本にいて玉音放送を聞いたと述べているが、占領初期の沖縄の行政の歩みを記録した回想記『沖縄民政府』では次のように述べている。

ここ沖縄では毎年六月、沖縄戦終結の日に、沖縄戦最後の地「摩文仁」の丘で戦没者慰霊祭が行われ、従ってまた、その二ヶ月後に巡って来る八月十五日の「終戦記念日」はわが県民の心に、それほど切実な感慨をよびさますものではないように思われます[12]。

この言葉は、彼自身が本土で玉音体験をしているために、沖縄の体験との差異を日頃から感じていたために書かれたのではないか。そもそも八月一五日の「終戦の日」の原体験が日本本土と沖縄では異なっていた。そのため、その後も戦後しばらくの間、沖縄では人々が八月一五日に特別な感慨を抱くことはなかったようである。

さらに、沖縄県知事となる大田昌秀は、琉球大学の助教授を務めていた当時、メディアの専門家らしく玉音放送について、東京大学の辻村明との共著書のなかで次のように述べている。

焦土と化したうえ、直接に戦場となった沖縄には、復興にも当然本土以上の困難があった。日本の降伏が「玉音放送」というラジオによってみごとに収束されたという事実は、爆撃によって焦土と化したとはいえ、本土においてはなお放送が健在だったことを物語っている。したがって米軍の進駐後も、NHKはただちに機能を開始している。それにひきかえ沖縄においては、放送の空白期間が長くつづき、放送がやっと開始されたのは昭和二三年、しかもそれはわずか一週間で中止され、本格的な放送の再開は昭和二五年を待たねばならなかった。⑬

大田は、少年兵として沖縄本島で終戦を迎えたが、戦後、本土の早稲田大学、米国のシラキュース大学でジャーナリズムを学んだ後、琉球大学で教員をしていた。右の一文は、復帰前の一九六六年に出版された『沖縄の言論』（発行・南方同胞援護会）に寄稿されたものである。

3　消された象徴天皇

記念日報道という視点から、戦後沖縄の新聞において、天皇が不在であるかどうかを調べてみると66頁の表「沖縄の新聞における天皇表象」のようになる。これをみると、一九五二年以前は、沖縄のメディアに日本の天皇の姿が、ほとんど登場しない。

　連合国による日本本土の占領が終わった一九五二年以降になると、昭和天皇の誕生日である四月二九日に、東京発のニュースが転載される形で登場するようになる。しかし、八月一五日前後の紙面をみると、天皇の姿は一九六三年までまったく登場しない。この年以降、日本政府主催の戦没者追悼式が東京発のニュースのなかで、武道館でメッセージを読み上げる天皇の象徴がようやく観察できるように生る。しかし、それはあくまで追悼式を伝える東京発のニュースであり、人々が戦争の記憶をたどるものではなかった。日本本土と沖縄における戦争の記憶が異なるのは、終戦の原体験が異なっていたせいであることを第1章で述べたが、加えてこのような戦後のメディア体験の違いにも原因があると言えるだろう。

　なお、米軍支援の『ウルマ新報』は、一九四六年九月『うるま新報』とひらがな表記となった後、一九五一年九月、『琉球新報』となって現在に至るが、この表では、表レイアウトの都合で、『ウルマ新報』『うるま新報』時代も含めて『琉球新報』の列項目に入れた。

　一方、『沖縄タイムス』は、一九四八年七月の創刊であるため、六月二九日と三〇日に発行された号外を除くと、それ以前の号は存在しない。当初は週二回の発行だったので、同年の八月一五日号は存在しない。このような場合には「―」とした。また、この表では、時期による差異を明確に示し、比較しやすくするため、あえて単純に、沖縄のメディアに天皇が登場したかを「登場する＝○」「登場しない＝×」で示している。

　昭和天皇の誕生日である一九四八年四月二九日付の『うるま新報』には天皇に関する言及があるが、

表　沖縄の新聞における天皇表象

西暦	昭和天皇誕生日 4月29日		終戦記念日 8月15日		備考
	琉球新報 1945-1951年はウルマ（うるま）新報	沖縄タイムス 1948年創刊	琉球新報 1945-1951年はウルマ（うるま）新報	沖縄タイムス 1948年創刊	
1945	—	—	△1	—	太平洋戦争終結
1946	×	—	×	—	
1947	×	—	×	—	
1948	△2	—	×	—	
1949	×	×	×	×	
1950	×	×	×	×	米国民政府設置
1951	×	×	×	×	
1952	○	○	×	×	平和条約発効
1953	○	○	×	×	
1954	○	○	×	×	
1955	○	○	×	×	
1956	○	○	×	×	
1957	○	○	×	×	高等弁務官制開始
1958	○	○	×	×	
1959	○	○	×	×	
1960	○	○	×	×	
1961	○	○	×	×	
1962	○	○	×	×	
1963	○	○	○	○	
1964	○	○	○	○	
1965	○	○	○	○	佐藤首相訪沖
1966	○	○	○	○	
1967	○	○	○	○	
1968	○	○	○	×	琉球主席公選
1969	○	×	×	○	日米共同声明
1970	○	×	×	○	
1971	○	×	×	×	沖縄返還協定締結
1972	×	○	○	○	日本復帰

1.「○」登場する。「×」登場しない。「—」該当号なし。「△」本土新聞と異なる内容（以下を参照）。
　△1：1945年8月15日号は、「天皇は日本がポツダム宣言の条件を受理せる旨みことのりを発せられた」と短く伝えたのみで、同号に終戦詔書の本文は掲載されなかった。
　△2：この頃の『うるま新報』は週刊で、1948年4月29日に最も近い4月30日号に「天皇制廃止、支那が要求」という南京発の短い記事が掲載された。
2.『琉球新報』は1945年8月1日から1946年5月22日まで『ウルマ新報』、同年5月29日から1951年9月まで『うるま新報』。同年年9月から『琉球新報』になるが、表は便宜上、『琉球新報』とした。
3.『沖縄タイムス』の創刊は1948年7月1日である。

天皇は戦争の責任を取るべきであると中国が主張しているという内容のもので、日本の祝日である「天皇誕生日」に関する記事ではないので、いわゆる記念日報道ではないことを示すため、「△」とした。詳細は66頁の表の通りである。

現在まで続く『琉球新報』『沖縄タイムス』の二紙以外に、戦後の沖縄本島では『沖縄毎日新聞』『沖縄ヘラルド』などの新聞が発行されたが、一九五〇年代半ばまでの発行で長続きしなかった。本島以外では『宮古時事新聞』『八重山毎日新聞』などの新聞がある。一九五〇年前後には米軍の許可もあって多くの新聞が創刊された。だが、沖縄本島で一九七二年の返還まで続いた日刊紙は、『琉球新報』『沖縄タイムス』の二紙のみであるため、この二大新聞を分析の対象とした。

分析の結果をみると、少なくとも一九五二年に日本が独立を回復する日まで、天皇の存在は、日本との繋がりを示すシンボル（象徴）として、沖縄の新聞紙上から消されたようにみえるのである。

実は、四月二九日と八月一五日以外の紙面をみると、『ウルマ新報』には、米国に関する記事、沖縄の地域に関する記事は多いが、東京発のニュースが少ないという特徴がある。したがって、東京発のニュースが一面となる場合が多い日本の全国紙である『朝日新聞』『読売新聞』『毎日新聞』の紙面とは印象がかなり異なる。もちろん東京発のニュースがまったくないわけではなく、一九四五年九月以降、共同通信のニュースが『ウルマ新報』にも掲載されるようになる。これにより、読者は、東京の政治状況を含めて知ることができた。

しかし、記事の順番をみると、米軍発表、米国からの国際ニュースがトップニュースとして掲載される傾向があった。このような国際ニュースがない場合には、東京発のニュースがトップを飾る場合もあったが、米軍発表がある場合には、そちらが先に配置されることが多かった。これは、米軍の支配下にあることを印象づけるためであろう。沖縄で取材された地域ニュースは二面に掲載されることが多く、地域の話題は積極的に採用されたようにみえる。だが、このような紙面構成は、本土の地方新聞の紙面とも異なるものである。

4　記念日報道の天皇

沖縄の新聞に天皇の写真が初めて掲載されるのは、日本が独立を回復した日、沖縄にとっては本土から分離された一九五二年四月二八日の翌日のことである。『琉球新報』『沖縄タイムス』とも東京発のニュースで、昭和天皇が皇居のお立台に立ち、国民の一般参賀に応じたことを報じている。これ以降、沖縄の新聞には、天皇誕生日にほぼ毎年、同様の記事が載ることになる。天皇誕生日の記事が掲載されなかった年もあるが、誕生日を祝福する好意的な論調が続く。特に、太平洋戦争、沖縄戦に対する昭和天皇の責任を問う形では論じられていない。

突然、論調が変わるのが、返還前の時期である。『沖縄タイムス』では一九六九年から、『琉球新報』では返還直前の一九七二年に天皇誕生日の記事が消える。日米間で沖縄返還に向けて交渉が進み、日本復帰後も基地が残ることが明らかになるにつれて、紙面には、日本政府に対する批判的な論調が目立つようになる。

明示的に示されるのは、あくまで日本政府に対する批判である。天皇自身に対する批判は明示的な形ではみられない。しかし、並行する形で、天皇の姿が紙面から消えることになる。日本の象徴である天皇に対する沖縄の人々と新聞の複雑な心情がみてとれる。

一方、八月一五日の終戦記念日をみると、天皇の姿は一九六二年まで両紙とも連続して不在である。沖縄戦や第二次世界大戦に対する回想が、八月一五日にないわけではないが、その回想は、必ずしも天皇とは結びついていない。沖縄でも住民に戦争を追憶する記念日の制定を求める動きはあった。しかし、統治下において、記念日を決定する権利は米国側にあった。さらに、戦争に関する描写が米国の検閲下に置かれていた。旧日本軍の残虐性を強調する論調は推奨されたが、旧日本軍を支持する論調は制限されたのである。

米国軍政府は一九四八年一月、八月一五日を「終戦記念日」ではなく、「八月十五夜の日（August Full Moon Day）」と定め、皆で月を見る日に指定し、そのことを新聞で公表した[14]。一九五〇年代になると、米国は、この「八月十五夜の日」にちなんだハリウッド映画『八月十五夜の茶屋』を制作する[15]。映画の舞台は占領下の沖縄で、そこでは、マーロン・ブランドが米国人将校を、京マチ子が地元沖縄の芸者をコミカルに演じていた。この映画は米国でも公開されたが、その目的はおそらく『ウルマ新報』と同様、沖縄の大衆に、沖縄は米国の統治下にあることを印象づけることであったと考えられる。

さらに、一九五〇年四月二九日、おりしも天皇誕生日の日に、当時の沖縄で戦域米軍司令官だったジョセフ・R・シーツは、住民に向けた特別布告第三五号を出し、「米琉親善の日」と制定することを宣言した[16]。「米琉親善の日」は、一八五三年、米海軍提督マシュー・C・ペリーが沖縄本島那覇港を訪問した史実にちなみ、一九五〇年五月二六日を九七年目の記念日とすることを宣言するもので、特別布告は、米国人と「琉球人」が「相互の理解」と「友情」を通じて「真摯な協力精神を発揮する」ことを目的に発令されたものである。

ちょうど百年目ではなく、九七年目での発令であるなど唐突な感じがする内容の布告である。その頃、沖縄の新聞各紙は、東京発のニュースを取り入れて、本土の状況を報じていた。そのような本土からの情報の流入量が増えるなかで、天皇誕生日には東京発の天皇関連のニュースが入ると予想された。シーツの出した突然とも言える新たな特別布告には、沖縄の分離が米国の方針として内部決定していた時期にあって、本土から受ける心理的影響を少しでも弱めようとする、米国の思惑が感じられるのである。

実際、沖縄の日本からの分離が決定すると、米軍政府の統治を引き継いだ琉球列島米国民政府（米民政府）は、東京発のニュースの流入を制限し、監視するようになる。(17) 米民政府の文書には、統治者が沖縄のメディアを毎日細かくモニターし、米国の統治に問題となるような反米的ニュースがないかどうか監視していた記録が残されている。その意味で、占領下の沖縄のメディアに言論の自由はなかった。紙面には沖縄の人々の本当の声は反映されていなかったと言える。

日本の国旗である日の丸を公共機関で掲揚することも制限されていた。日の丸も日本とのつながりを象徴するものだったからである。沖縄から本土への渡航は可能だったが、許可制であった。日本への留学にも許可が必要だった。

一九六一年になると琉球立法院の立法第八五号により、六月二三日が沖縄の戦没者を追悼する日に定められた[18]。一九七二年の返還後も、この伝統が沖縄県に受け継がれ、一九七四年一〇月二一日の沖縄県条例で、六月二三日が沖縄「慰霊の日」と定められ[19]、現在に至っている。

沖縄における集合的記憶は、このような米国の戦後占領政策が日本本土の場合とは異なる方針のもとで実施された結果として、日本本土とは異なる記憶になったと考えられる。その記憶は自然発生的な記憶ではなく、米国の統治者が目指した日本からの分離という政治目的のもとで、社会的意味が構築された結果としての記憶であったと言えるだろう。

5　異なる体験、異なる記憶

周知のように、日本本土では、沖縄の場合とは対照的に、天皇は、戦後復興に向けて日本国民を一丸となって進ませるための象徴的ツールとして利用された。一九四六年初頭、連合国軍総司令部（GHQ）に勤務していた米国人が書いたとみられる調査分析報告（R&A Report）は、同年一月一日におこなわれた昭和天皇の新年スピーチを日本国民が傾聴する様子を観察し、米国は、日本の復興計画に天皇の持つ心理的なパワーをぜひ利用するべきであると政策提言する[20]。米国は日本占領計画を政治的・社会的・心理的側面からの分析に基づいて計画したが、この文書は、天皇の言葉に引きつけられる日本人と日本社会の心理的特徴を報告している。第4章以降で詳述するように、日本再建計画において米国は心理的側面を重視したが、この文書はそれを示す証拠である。

天皇制を残し、さらに、天皇を日本の「象徴」として位置づける方針は、日本国憲法第一条として明文化された。ところが、沖縄では反対の言論管理政策が取られていた。日本との繋がりを示す「シンボル」として、将来的に本土からの分離を目指していた沖縄で、米国の占領者たちは天皇に関する言論を注意深く監視し、消したのである。

日本本土では、「玉音体験」の記憶を戦後、メディアが繰り返し報道することで、世代を超えた「集合的記憶」が生成され、八月一五日が終戦の日であるという「神話」が出来上がった。しかしながら、沖縄では、このような集団での「玉音体験」が不在だった。さらに、戦後の占領政策における米国側の言論管理政策が異なっていた。本土では、天皇を効率的な戦後復興の象徴として占領軍が積極的に活用しようとしたのに対し、沖縄では、天皇という、日本との繋がりを示す象徴的存在をできる限り、人々から意識から遠ざける言論管理政策がとられた。米国側の管理政策がすべて成功したかどうかはわからないが、日本と沖縄で、異なる記憶が形成された一因として、このような占領政策の違いがあると言えるだろう。

記憶は単なる過去ではなく、現在の政治的状況によって形成される。記憶の形成過程は、このような「現時点から接近法（presentist's approach）」によって分析されるべきであると主張する研究者もいる。[21] 本章では、一九四五年の敗戦の記憶が、そこに留まることなく、戦後、日本と沖縄の占領統治者となった米国の政治的目的によって形成された可能性を論じてきた。ダワーの指摘するように、そこには「使える過去」と「忘れられる過去」がある。日本における「玉音体験」は、憲法上でも「象徴」と位置づけられた天皇のもとで「使える過去」として利用された。一方、沖縄では、その原体験となる「玉音放送」そのものが、米国の占領下で注意深く管理された可能性があり、さらに、戦後、日本からの分離政策が実施された沖縄では、日本との繋がりを示す象徴としての天皇を「消したい存在」として、統治者たちは注意深く監視したと考えられる。

しかし、どちらの記憶も「苦難の記憶」である点も指摘しておきたい。第二次世界大戦において日本は苦難を経験しただけでなく、自ら戦争を始めた加害者でもあった。日本人の多くが今日、八月一五日に戦争を追憶する行為は、敗戦という自国の苦難の記憶だけを「使える過去」として再構築し続けていることを意味する。沖縄で、六月二三日に戦争を追憶することも「苦難」の記憶を継承する行為である点では、本土の場合と同じである。ただし、沖縄の六月二三日は、第二次世界大戦末期における沖縄戦の「苦難」の記憶を「忘れられる過去」にしないでほしいと本土に向けてアピールし、現在も沖縄に残る米軍基地の問題を想起させるという今日的意味を持つものである。その意味では、六月二三日は、少しずつ社会的意味を変容させながら、現在の沖縄に根付いた記念日になったと言えるだろう。

戦争の記憶は単なる過去ではなく、政治的文脈によって生成される。換言すれば、記憶は為政者の政治的意図に沿って再構成される。日本においては、天皇の玉音放送に由来する八月一五日の神話が戦争の記憶として定着している。沖縄における異なる記憶の例は、本土で半ば「常識」となっている「記憶」を今一度、見つめ直してみる必要性を示唆している。(22)

第3章　軍法と言論

米国は沖縄における占領統治で物資・医療等の復興支援をおこなったが、これに並行して情報と教育に関する政策を重視し、新聞・映画などのメディアを用いて沖縄の言論を管理しようと試みた[1]。言論の担い手であるメディアを、米国の統治者はどう管理しようとしたのか。第3章では、占領初期（一九四五〜一九五〇年）の情報と教育に関する米軍の命令文書類を抜き出し、その内容を検討することで、米国の言論管理政策の特徴を考察する。

米軍は占領期に膨大な数の命令を発令し、その命令を通して住民管理政策を実施した。これらの軍の命令は、布告・布令・指令等と呼ばれたが、単なる覚書や書簡が命令としての効力を持つ場合もあった。占領時代に発令された軍の命令文書類は一九八三年、月刊沖縄社の佐久田繁の手で、『アメリカの沖縄統治関係法規総覧』（以下、『総覧』とする）として編纂・公刊された。また、住民統治を担当した琉球列島米国民政府（以下、「米民政府」とする）の史料には、軍政府時代（一九四五〜一九五〇年）を含めた統治下で発令された指令類の原本が保存されている[2]。

しかし、これらの命令文書類に関する包括的研究はまだない。そもそもこれらの軍の命令は、米国連邦レベルにおける「唯一の立法府」である議会からは「法」ではないとされ、軽視されてきたからであろう。だが、沖縄では戦後復興が軍の命令に従って実施され、米軍の指令類が住民生活に直接的な影響を与えた。[3] そして、これらの米軍指令のなかには言論に関係する命令文書も多く含まれている。そこで、本章では米国の正規法ではない、これらの軍の命令文書類を「軍法」と総称し、その文言の分析から占領者の視点を検証してみたい。

米国は言論管理政策を対日占領でも日本人に対する「再教育」と捉えて重視し、その活動を「情報教育プログラム(information and education program)」と呼び、議会もその予算を承認している。本章では、まず米国が日本本土の占領において「情報教育プログラム」に関する政策をどう実施したかを概観する。それをもとに、一九四五年三月から一九四六年六月までを第一期「占領開始期」とし、この時期に沖縄で発令された、言論に関する命令文書を抜き出し、その特徴を考察する。さらに、一九四九年二月から一九五〇年六月までを第二期「沖縄分離政策決定期」とし、沖縄で再び活発に発令されるようになった「情報教育プログラム」に関する命令文書を検証し、その時期における変化と特徴を考察する。

1 米国の日本管理政策

米国は第二次世界大戦後、対外情報政策を重視した。これは、外国のメディアに米国を好ましいイメージで報道してもらうことを意図した国家政策で、その基本方針は、第二次世界大戦期にルーズベルト大統領の肝いりで設立された戦時情報局（ＯＷＩ：Office of War Information）という文官府の伝統を受け継ぎながら、一九四八年スミス・ムント法で連邦政府の予算措置を含めた形で明文化された[4]。一九六〇年以降はパブリック・ディプロマシー（public diplomacy）という言葉でも呼ばれるようになり、今日に至るまで米国の対外政策の重要な要素として位置づけられている。

米国の対外情報活動の成立過程については第４章で、スミス・ムント法については第５章で詳述するが、本章では、対日・対沖縄政策にとって重要と思われる点のみを概観しておこう。

米国の国際広報政策は基本的に文官による「外交」の一部として位置づけられたため、その主管者は歴代の国務長官であった。しかしながら、敗戦国の日本に対して、米国は対日広報を軍事占領の一部として陸軍省、つまり、軍部に委託した[5]。そのため、陸軍省が連邦政府再編で国防省に組み込まれると、「軍事」を担当する国防省が対沖縄広報政策を主管することになった。陸軍省で「情報教育プログラム」と呼ばれた施策の内容は、単に新聞・放送に対するメディア政策だっただけでなく、文化教育政策全般に及び、日本人に対する脱軍国主義・再教育プログラムとして実施された[6]。

日本占領を担当した連合国軍総司令部（ＧＨＱ／ＳＣＡＰ）は、占領に関する方針を一連の指令（ＳＣＡＰＩＮ）として日本政府に対して出し、上位機関として日本政府を監督しながら戦後政策を実施する間接統治の方法をとった。つまり、沖縄で軍政府が実施したような住民に対する直接統治は、本土ではおこなわなかった。しかし、本土でも占領軍はメディアに対する検閲に力を入れ、日本語の読める日系人ならびに日本人職員を使いながら直接の管理下に置く体制を取っている。このことは、米国が戦時に続き、占領政策でも情報と教育の領域を特に重視していたことの現れと言える。

第二次世界大戦期に設置された米国の情報統括機関である戦時情報局は文官府であったが、沖縄戦を含む対日戦争では、陸海軍の情報部との連携で「心理戦」が実施された。戦闘終了後も、この伝統が継承され、日本占領においては、その情報担当部署としての役割が軍に委託される形で実施された。たとえば、日本占領に先立つ沖縄占領では、陸海軍合同による心理戦部隊（軍部）が戦時情報局（文官府）との連携で宣伝ビラを作成した。[7]

連合国軍総司令部で、メディアに対する検閲を担当した部署が民間情報教育局（ＣＩＥ：Civil Information and Education）である。民間情報教育局は東京の日本放送協会（ＮＨＫ）を接収し、新聞・放送・雑誌・映画等のメディアの検閲を実施、日本の文部省と共同で戦後の学校教育に関する基本政策の策定を監督・指導した。[8] 沖縄でも一九四八年から民間情報教育部の活動が始まり、日本語字幕が付けられたアメリカ映画が東京経由で沖縄に入り、民間情報教育部の移動ユニットを使って沖縄各地で映画上映会が開かれていた。[9] 同様のアメリカ映画の上映会は、この時期、旧ソ連・中国・東欧などの共産圏を除く世界各地で開催された。このような米国の対外情報政策の全体像から俯瞰すると、沖縄で実施された情報教育政策にはどのような特徴があるのだろうか。

2　第一期・沖縄占領開始期（一九四五年三月～一九四六年六月）

先述したとおり、米国の沖縄占領政策の基本指令となったのが一九四五年一月、米統合参謀本部が発令した指令一二三一号である。[10] 同指令に基づき、同年三月二六日以降、米軍の沖縄占領開始と同時に発令されたのが、戦後沖縄で「ニミッツ布告」と呼ばれてきた全一〇通の海軍軍政府布告である。これらの布告については、米陸軍省の歴史家からも、国際法を知らない者が起草したものである可能性、さらに、その実質的効果に関する疑問が提示されている。[11] だが、ニミッツ布告で特徴的なのは、発令者で米軍司令官のチェスター・ニミッツ海軍元帥が「米国軍占領下の南西諸島およびその近海居住民に告ぐ[12]」として現地住民に直接呼びかける形の命令文となっていることである。

本土占領で米軍の直接管理を受けたのは住民ではなく、日本政府と日本放送協会などのメディア組織だったが、沖縄住民の暮らしは、このニミッツ布告によって米軍司令官の直接の管理下に置かれたことになる。これは、日本占領が米国にとって「戦後占領」に分類される政策であったのに対し、沖縄占領が戦闘と同時に開始された「戦時占領」だったからである。米国は伝統的軍事活動とそれ以外の非伝統的軍事活動（占領下でおこなわれる住民管理や物資支援などの「民事活動」は後者に含まれる）を原則として分けて考えていた。そのため、占領活動に関連する「民事活動」に関する指令は、その元締めは米軍司令官であっても、部下の名前で発令されることが多かった。そのなかで、メディアと情報に関する指令は、後者の非伝統的軍事活動として位置づけられながらも、単なる民事活動とは異なる特別な指令体系をもっていた。

日本占領における最高責任者は陸軍の軍人ダグラス・マッカーサーだったが、その政策決定は国務・陸軍・海軍三省調整委員会（ＳＷＮＣＣ：State-War-Navy Coordinating Committee）でなされ、その決定過程には、「外交」を担当する国務省の意見が入り込む余地があった。これに対し、沖縄占領は「戦時」に発令された参謀指令が占領政策の基本指令であるとされたため、「軍事」を担当する統合参謀本部と、その上部組織である国防省が方針を決定した。その結果、戦争が終わった後も、この「戦時」の命令体系が、沖縄統治を支配することになった。[13] 序章で述べたとおり、本書が米国の沖縄統治体制を「軍政」と呼ぶのはこのためである。

ニミッツ布告は前掲の『総覧』にも収録され、米民政府文書にも複数保存されている。米民政府法務局に保存されている文書は、法務局員が「原本（マスターファイル）」として、参照目的で編纂したものであると思われることから、統治者がそれらの軍法をどう捉えていたかを探る手がかりになる。ニミッツ布告のなかで、情報・通信・言論に関係するのは、布告二号、布告八号、布告一〇号である。このうち、布告二号は、死刑、禁固、罰金などの犯罪について取り決めた「戦時刑法」と位置づけられている。

ニミッツ布告には、発令年月日が空欄になっているものが多いため、沖縄戦開始より前にあらかじめ準備されたものが沖縄戦開始後に公布されたと考えられてきた。しかしながら、米民政府法務局文書には、発令年月日が一九四五年九月二五日と手書きで書き込まれた布告二号がある。[14] いつ書き込まれたのかは不明だが、九月二五日は、戦艦ミズーリ上で降伏文書の調印式がおこなわれた九月二日、沖縄で降伏文書調印式がおこなわれた九月七日よりも後の日付であり、この頃、日本占領が本格的に始動することから、おそらくこの日付は、後に法務局員らが、沖縄の軍政府が、マッカーサー司令部の配下で引き続き有効であることを確認する目的で書き込まれたものであろう。

布告二号「戦時刑法」は、「敵」と通じる住民の通信と言論を厳しく制限し、特に「間諜として敵国を援助」する者を死刑罪とするなどの規定を設け、戦時的な諜報活動を禁止する内容となっている。先述したように、布告二号はもともと一九四五年一月に発令された統合参謀本部指令一二三一号に基づき、ニミッツが発令したものとされる。だとすれば、この布告にある「敵」は日本を指す。降伏文書調印後も、占領軍は日本における軍国主義的要素の洗い出しをおこなうなど日本兵に対する尋問活動を継続中であった。沖縄の軍政府は、この「戦闘」段階の布告を「駐留」段階にも有効である軍法として「再利用」しようとしたのではないか[15]。布告二号の発令年月日が九月二五日と手書きで書き込まれている事実が示唆するのは、そういうことだろう。

このように、本来は「戦闘」段階に対して出された布告が、戦闘終了後の「駐留」段階にも当てはめられた。さらに、その「駐留」が長期化したことで、文中の「敵」の意味が次第に変容することになった。その「敵」は、日本という特定の「国」を指すものではなく、国家のなかに潜在する、米国が「敵」とみなす要素、すなわち米国に敵対する「人」すべてを指すようになったのである。米国は沖縄を重要な軍事拠点と位置づけたが、その一方で、冷戦が深化し、紛争の形態が変化すると、日本・沖縄を含む「同盟国」の住民であっても、そのなかに潜在している反米的な要素と、米軍批判を「敵」とみなした。このような、仲間のなかに敵またはスパイがいるという考え方は、沖縄の人々を怯えさせ、疑心暗鬼と恐怖に陥れた[16]。その原因のひとつが、この布告二号「戦時刑法」で定められた厳しい言論の取り締まりにあると言えるだろう。

布告二号によれば、「間諜」（筆者注、スパイのこと）は死罪である[17]。同布告は一条の四で、「間諜として敵国を援助し、あるいは敵を援助隠匿したる者」が死罪になると定めている。さらに続く一条の五では、「敵または敵の管轄区域における如何なる者とも連絡したる者」も死罪になるとした。ここでは、同布告の対象を「敵の管轄区域」として国よりもさらに広げることを明言し、「連絡」しただけで死罪とするという厳格さである。この「連絡」の禁止は、一条の六で「情報」「通信」として言い換えられ、「米国軍またはその連合軍に対するいかなる情報といえども、これをいかなる場所におけるいかなる者にいかなる通信をもなしたる者、あるいはその情報を受け取りたる場合、ただちに我が軍政府に報告することを怠りたる者」が死罪になるとしている。さらに、続く一条の七では、「一般告示により規定されたる期間後、信号またはその通信をなす通信機類を所持する者」に対象が拡大し、あらゆる「通信機」を持つ者が「死刑罪」の対象となっている。

布告二号の厳格な通信禁止条項を警察力で補強したのが布告八号である。布告八号は「一般警察及び安全に関する規定」で、その名称だけみると、言論とは無関係のようにみえるが、一条から六条までは以下のとおりで、具体的には通信機の所持、言論・集会の自由を制限し、七条で違反した場合には軍事法廷で裁くとしている。

一条は、ラジオまたは無線通信機・受信機の所持を、部品・付属品を含めて指定された場所以外では申告制とし、それ以外を不法所持とした。ちなみに、この「通信機」には「伝書鳩」の所持も含まれていた。

二条では、軍政府が許可した者以外が写真機を持つことを禁止し、現像、撮影も含めて軍政府の許可が必要であるとされた。写真フィルム、現像のための薬品を含めた写真用品、望遠鏡、双眼鏡の所持も申告制であった。

三条では、軍政府が許可した新聞以外の新聞、雑誌、書籍、小冊子、書状の発行と印刷が禁止された。さらに許可を得たとしても、その許可は期限付で、これらの印刷物の占領地域からの輸出入が禁止された。

四条では、許可証を得ずにおこなわれる「集会」と「集合」が禁止された。示威行動の企画と出席も禁止され、ここで言うところの「集会」とは「戸内、戸外を問わず許可証を与えられざる公衆の集会、演劇、活動写真、または他の演芸興行」を意味した。布告八号が禁止したのは、言論だけでなく、文化活動全般に及んだ。さらに軍政府の士官は許可証なしでおこなわれる集会の「解散権」を持つとされた。(18)

これらの布告の内容をみると、占領初期の沖縄では、あらゆる文化活動、言論、数人による立ち話までもが軍政府の厳しい取り締まりの対象となっていたことがわかる。布告八号は、翌一九四六年五月一六日に一部改正となり、「治安を害せざる限りの集合」が許可されたが、それ以降も新聞・雑誌等の印刷物が軍政府の許可制であることは変わらなかった。

さらに、布告一〇号の「民間通信（civilian communication）に関する規定」は、ほとんどすべての民間通信を禁止する内容であった。その三条一項は、以下のとおりである。

> いかなる者といえども米国軍占領下の南西諸島およびその近海における者とも我が軍政府によって発布せらるべき規定による以外、郵便、電報、電話、無線通信、海底通信、書面またはいかなる手段によって交付せられた情報といえどもこれを連絡すべからず。

通信だけでなく、手紙も会話も米軍によって禁止された[19]。

翌四六年八月二三日付の軍政府指令「民間通信許可の件」で、沖縄群島と日本との間の民間通信が許可される[20]。これは、日本本土と沖縄との間で郵便・通信などによる連絡が必要だったためであると思われる。しかし、同指令には他の指令のように通し番号がなく、この指令の発令で布告一〇号が無効になったとする記述はない。

布告一〇号を含む一連の「ニミッツ布告」は一九四九年七月五日、特別布告三二号の発令で廃止になった。布告がどの程度、沖縄の住民に周知されていたかは疑問が残るものの、これらの布告の内容を見る限りにおいては、占領初期の沖縄に、言論文化活動に関する自由はなかった。実質的な戦闘は終わっていたものの、沖縄の言論は、少なくとも占領初期の段階において、情報漏洩に対して厳格な「戦時刑法」が支配するきわめて特殊な軍事的状況下に置かれていたのである。

3　教育と警察とメディア

一九四五年一一月頃から発令された一連の米国海軍軍政本部指令では、復興に向けて沖縄の住民のなかから教員と警察官を育成する方針が打ち出された。これらの指令は軍政府の指示を、地区隊長経由で、村長らに徹底させることを目的として発令され、軍政府が住民を直接管理するための指針が示された。

物資支援と並行して、米国は言論管理政策を重視したが、それは、軍政府の監督下で親米的思想を持つ沖縄人を育成するための「再教育」として位置づけられている。これにより戦後沖縄の教育文化行政を親米派の沖縄の人々で固めながら、米国の軍事政策に都合のよい形で沖縄統治をおこなう目的を持っていた。

日本が敗戦を発表した一九四五年八月一五日以降、沖縄では住民代表からなる沖縄諮詢会が結成され、米国軍政府の指導のもとで戦後復興が開始されていたが、翌四六年四月二二日に発令された米国海軍軍政本部指令一五六号「沖縄民政府創設に関する件」で、沖縄では沖縄住民による行政組織の設置がようやく認可され、二四日、沖縄民政府が発足した[21]。しかし、沖縄民政府の発足を「認可」する目的で発令された海軍軍政府本部指令一五二号から一五六号をみると、沖縄民政府は、米国軍政府が「認可」した組織であると定義され、その結果、沖縄の行政は、あくまで軍政府が指名した沖縄住民の代表である「知事」を通して、軍政府の管轄下にあるという、序列が明示されることになった[22]。

たとえば、一一月一九日の米国海軍軍政本部指令四九号は「各種民養成所の設置」に関するもので、軍政府に移管された「海軍第三七設営大隊野営地」に教員養成所、英語教員養成所、警察官養成所、修理工養成所、コックおよびパン焼人養成所を設置するものだった。さらに、これらの養成所の管理と訓練プログラムの編成を軍政府の地区将校の担当とし、その地区将校の直接の管理下で教員と警察官を養成しようとした[23]。地区将校の監督業務は、一二月二六日発令の海軍指令七六号で、翌二七日から軍政府本部教育課に移管されたが、米軍政府が、警察官と教員の養成をどちらも直接管理下に置き、同じ「教育課」のもとで再興しようとしたことは注目に値する。

ニミッツ布告では、言論統制が「一般警察および安全」に関する規定のなかで、死刑を含む刑法罪として扱われていたことを前節で示したが、戦後沖縄の文化と社会を担う人材を養成する「教員」と、社会全体の治安維持をおこなう「警察官」が、この指令では、緊急に養成すべき戦後復興に不可欠な人材として扱われている。教員養成に関しては、特に「英語教員養成所」が重要であることが、別建てで強調されていた。

翌一九四六年一月二日に発令された米国海軍軍政本部指令八六号「沖縄の教育制度」では、教科書作成方針を含む学校教育の概要が示され、沖縄住民によって構成される沖縄文教部が教育制度の運営を担うことになった。しかし、米国軍政府教育課の教育官が沖縄文教部長の上位に位置づけられ、軍政府が最終決定権を留保することが定められた。同指令は、小学校の教科書を沖縄で制作することを前提に、「教科書編集部員」が作成した教科書を「印刷所」が複製し、配布することも規定している。軍政府は、教員養成に加えて、沖縄独自の教科書を導入しようとしていた[24]。沖縄で、米軍は教育をこのように細部まで徹底して管理する姿勢をみせたのである。

同年四月一七日には、米国海軍軍政本部指令一五三号「沖縄文化部の設置」により、沖縄の文化活動を促進するための「沖縄文化部」の設置が認可された[25]。沖縄文化部も軍政府教育課のもとに置かれ、軍政府牧師とともに宗教業務を担当したほか、文化部を統括する文化部長のもとに秘書課、文化活動課、美術課、博物館課が置かれることになった。沖縄文化部は、「沖縄の文化的伝統の保存に努力するとともに、沖縄固有の文化のあらゆる側面を積極的に助長しなければならない」として、その役割が定められている。

このような沖縄民政府設置に関する米軍指令をみると、実は、興味深い事実がみえてくる。それは、沖縄民政府には、まず先に「郵政部」と「文化部」の設置が認可され、その五日後に「総務部」と「官房」の設置許可が出され、徐々に発足していったことである。まずは四月一七日、米国海軍軍政府本部指令一五二号「沖縄民郵政部の設置」で沖縄民郵政部が設置され、これに続く形で出された一五三号により「沖縄の文化活動を促進するための沖縄文化部」が設置された。その五日後の二二日、ようやく一五六号「沖縄民政府創設に関する件」が発令され、沖縄住民による行政組織である沖縄民政府の形が整うのである。なぜ、このような順序で沖縄民政府が設置されたのか。本来であれば、政府全体の設置が先で、そこから部署の設置に入るのが普通だろう。初期の米軍政府が通信と文化をまず管理することを重視し、あくまで、その管理体制下で、現地の代表者に自治体の設立を許可した、と言えるのではないだろうか。

沖縄民政府が発足すると、沖縄民政府の公的記録として『沖縄民政府月報』が発刊された。同年四月三〇日に発令された米国海軍軍政府指令二号「沖縄民政府月報」は、この業務月報を軍政本部に翌月二日までに提出するように命じている[26]。この報告書は、軍政府が沖縄民政府の業務内容を掌握する目的があったと考えられる。この指令を出したのは、E・P・ファーバー（E.P. Furber）海軍副長である。ファーバーは四月から六月までの間に業務引継に関する指令を上官（不明）の「命令により」発令したが、この頃すでに四六年七月から軍政府が陸軍省の管轄となることが決まっていたことから、海軍から陸軍への業務連絡が必要だった。同時に、ファーバーは大戦下における戦時情報局など文官系からの指示を伝える役割を担っていた可能性がある。

戦時情報局の活動は一九四五年八月三一日に終了したとされてきた[27]。だが、第4章で詳述する戦時情報局スタッフの個人文書によると、第二次世界大戦末期に陸海軍の心理戦部隊と連携して沖縄戦の心理戦ビラを作成した戦時情報局の予算は、当時の米国の予算年度が終了する一九四六年六月まで計上されていたようである[28]。

ファーバーは、一九四六年五月二二日、南西諸島米国海軍軍政本部指令一一号として、「『ウルマ新報』発行の件」に関する指令を出す。そこでは、『ウルマ新報』が「米国軍政府ならびに沖縄民政府の機関紙」であると規定されている。また、同紙が沖縄民政府総務部の部員により発行されるものであるとし、さらに同紙に掲載するすべての記事は、「発行前において軍政府の認可を受ける」必要があるとして、検閲を義務づけただけでなく、記事の認可を受けるために「軍政府情報連絡将校にこれを提出すべし」と、新聞検閲の責任者を明記している。また、『ウルマ新報』の編集方針として、「軍政府の政策ならびに住民に及ぼすその影響に対し、反駁的批判をなす記事」は記載できないとして、米軍政府に対する批判の禁止を明文化した。さらに、「軍政府より公表のため配布する記事は掲載すべし」とし、軍政府の発表を記事化することを義務づけていた[29]。

同指令の内容が示すように、『ウルマ新報』は米国当局の発表を広く住民に知らせるための機関紙であった。同時に、軍政府要員がそのメディア自体を制作するのではなく、沖縄民政府を介して現地住民に地域情報を収集させ、そのメディアを軍政府が検閲する形で情報を入手し、なおかつ言論を統制しようとしたものである。このように、米軍が占領した地域の情報を現地住民によって発行される新聞等のメディアを利用して収集すること、現地メディアが破壊されていて機能不全に陥っている場合は、メディアの再建を支援し、そのメディアに対する検閲を通して地域情報を入手すべきであるというのは、第1章で述べたように、陸海軍の『野戦便覧（field manual）』のなかで明確に指示されている占領政策の一部だった[30]。

戦争終結後における占領には、その地域に国家再建をおこなう目的を含み、当時、米国は「民事活動」という活動名でその占領業務を実施した。地域情報の収集は、この民事活動の一環としておこなわれ、それは国家建設のための基礎情報だった。検閲を担当した情報連絡将校の役割は、行政府とメディアを利用して、米国の利益となる地域情報を収集することであった。いずれにせよ、米国は行政府、警察、メディアを重視し、これらを軍政府の直接の管理下に置き、沖縄における復興と国家建設の方向性を、統合参謀本部指令一二三一号のなかに示されている長期占領計画に基づき、占領開始直後から方向づけをし、米国の軍事戦略に沿う方向に導く目的で復興支援をおこなったのである。

このように、占領開始後の最初の一年間、情報と教育に対する軍法が連続して発令された。しかし、一九四六年七月一日から占領担当省が海軍から陸軍に変わった頃から、情報と教育に関する指令の発令が観察できなくなる。これは、米国の当時の国家予算の会計年度の切り替え時期にあたり、戦時予算が一九四六年六月三〇日で終了したせいではないかと思われる[31]。四六年七月の人員交替では、それまで民事活動に関する専門教育を受けた将校クラスが占領を担当していたが、彼らが帰国し、教育を受けていない民事要員が沖縄に配置され、人材の質が低下したという陸軍省の歴史家の指摘もある[32]。このような人材の質の低下は、本土占領においても指摘されている。同時に、占領初期の言論に関する軍法類が、現場レベルの判断で出されたものではなく、米国政府の年度予算を国家政策に基づく形で執行すべく、本国からの指令で発令されていた可能性を示唆している。

4　第二期・沖縄分離政策決定期（一九四九年二月～一九五〇年六月）

米軍政府が再び言論管理に積極的に乗り出すのが、一九四九年以降である。米民政府の年報『琉球列島の民事活動』第一号（一九五二年一二月発行）には、一九四八年以降、米国から映画などのメディアが沖縄に搬入された記録がある。[33] これらの公的記録によれば、一九四八年初頭から沖縄で民間情報教育部の活動が確認できる。

一九四八年は、米国において沖縄の日本からの分離政策が内部決定された時期にあたる。同年、沖縄で活動を開始した民間情報教育部は、この分離政策を円滑に押し進める目的で、沖縄住民に対する米国の好ましいイメージを構築するための活動を開始したと考えられるのである。同年一月には、対外広報政策を推進するうえでの基本法であるスミス・ムント法が米議会で可決され、対外広報に対する予算的措置が可能になった。これについては第5章で詳述するが、ここでは、このような背景をふまえつつ、一九四九年二月から一九五〇年六月までを第二期「沖縄分離政策決定期」とし、沖縄の米軍政府の情報教育政策にどのような変容がみられたかを検証する。

一九四九年二月一四日、軍政府は「情報教育的企業の免許および営業に関する規定」を出し、映画、演劇、写真、出版などの「情報教育的企業」を免許制とした。さらに、これと同時に出された軍政本部指令九号「写真機・写真用品の申告に就て」では写真機の所持を申告制とした[34]。

この二つの指令は、それまで、布告八号で、事実上の禁止に近い状態だった出版事業と写真機の所持を許可制・申告制としながらも認める内容であった点で、軍政府の統治方針に大きな転換があったことを示している。これに先立ち、米国から映画が流入し、その上映会も開かれていたことから、上映会を運営し、それに関する告知をするためにも「情報教育的企業」の営業を許可する必要があった。この指令が映画、演劇、写真、出版などに関わる企業を「情報教育的企業」としたのは、英語の「information and education」を日本語に訳して用いられたものと考えられ、そのための予算が、ガリオア予算の項目である「情報教育プログラム」であったことによる、と考えられる。

この時期の軍政府指令は、イーグルス少将の命により、軍政府副長官のジェシー・グリーン歩兵大佐の名前で発令されている。二月一四日付の二つの指令のうち、写真機に関する指令には通し番号があり、発令者がグリーンである。ところが、「情報教育的企業」に関する指令には、通し番号がない。そこから考えられるのは、この指令が陸軍省指令ではない可能性である。なぜなら、陸軍省の指令には必ず通し番号があるからである。この時期に沖縄で民間情報教育部が始動したことをふまえると、この指令が、実は、民間情報教育部の文官が起草した指令だった可能性が考えられる。日本本土においても、メディア等に対する検閲などを実施した民間情報教育局は、陸軍省武官系の本流とは少し異なる文官府的な動きをするからである。

東京の民間情報教育局がどのような指令系統で活動したかは十分に解明されていない。だが、米国のメディア政策をみると、武官府と文官府で検閲方針に違いがあった[35]。第二次世界大戦期におけるメディア政策は、戦時情報局、戦略情報局（ＯＳＳ）などの文官府が主管した。しかし、第5章で述べるように、対日占領は陸軍省の担当になったことから、極東軍の指令体系のなかで、軍内部で米兵に対する娯楽としての情報教育を担当していた要員が中心となり、戦後日本人に対する情報教育政策を管轄する民間情報教育局になった。民間情報教育局は映画の配給などを通して国務省とも近い関係にあり、しばしば武官系の組織である民間検閲支隊（ＣＣＤ：Civil Censorship Detachment）と検閲方針が異なっていたとされる。このような背景をふまえ、沖縄で発令された「情報教育的企業」に関する軍政府の指令をみると、前半部が文官系の組織である民間情報教育部の指示で、後半部にそれに対する武官系組織の検閲方針が参謀本部発行の『野戦便覧』にあくまで従う形で「参考情報」として書かれた、という解釈が可能になる。

指令によれば、情報教育的企業とは「映画劇場、演劇劇場、劇団、楽団、舞踊団、写真屋、出版業者」を指し、これらの営業許可を得るためには免許が必要であり、沖縄民政府情報課および米軍政府情報教育部（筆者注：ＣＩＥを指す）の認可を受けなければならなかった。この指令が占領直後に出された布告八号と異なる点は、許可された出版物の事前検閲を省略した点にある。しかし、すべての出版物に関して「全文原稿に対する共訳文」を添えて沖縄民政府情報課および米軍政府情報教育部に提出しなければならず、事後検閲は依然として存在する結果になった。

詰まるところ、この指令は、軍政府側が検閲をする際に必要だった翻訳の手間を、沖縄の「情報教育的企業」側に負担させる目的があったのではないか。新聞、雑誌などの定期刊行物は出版後、ただちに民政府情報課に納本することが求められた。映画に関しては、上映前に民政府と軍政府の検閲官による検閲を受けなければならなかったという点で事前検閲であった。演劇の場合は、上演に先立って脚本原稿を民政府情報課に提出しなければならなかった。ただし、演劇には、「検閲」という直接的な表現は用いられず、「批評、示唆を受けること」という、ソフトな表現が用いられている。これは、直接的な命令として「検閲」を科すことは問題である、という米国の文官府的な視点である。

布告八号では、軍政府の連絡将校が検閲責任者であったが、この情報教育的企業に関する指令では、その業務を軍政府だけでなく、沖縄民政府情報課が担当することになっていた。見方によっては、米軍政府から沖縄民政府へ次第に検閲業務を移管しているようにみえる。おそらく検閲に関わる米軍政府の手間の軽減、つまりは経費削減の狙いがあったと思われる。しかし、この指令の内容にみられるように、民間情報教育部が発足した後の米国のメディア政策は、占領開始直後の布告にみられたような、高圧的かつ命令的に言論の自由を抑圧しようとする文言が消え、米国の不利にならない言論・文化活動は認めようとするソフトな検閲方針に変わった。出版物を許可制とし、その許可取り消しの権利を留保する平時の言論管理体制に移行したのである。

前述したように、一九四九年六月二八日に発令された特別布告三二号により、同年七月五日付で「戦時刑法」とされた布告二号をはじめとした二ミッツ布告は廃止された[36]。これに伴い、言論を米軍政府が直接管理することを定めた八号、民間通信を禁止した一〇号が廃止された。

この時期は、ちょうど米国の一九五〇会計年度（一九四九年七月〜一九五〇年六月）の開始期にあたる。同年度より沖縄統治予算案は大統領行政府から米議会に提出される形になる。沖縄統治はそれまで統合参謀本部の指令下にあり、その体制はこれ以後も継続するが、その一方で、同年七月から大統領行政府による何らかの関与が始まったと考えられる。この大統領行政府の関与とは、文官府が政策決定に参加するようになったことを意味し、その背景には、国家安全保障会議・政策文書六八号（NSC68）に基づき、同年度から強化された冷戦総力体制の重要な柱となった対外情報政策の始動があったと考えられる。

5　シーツ布告の広報戦略

沖縄統治予算の新会計年度が開始された一九四九年七月、戦時指令であったニミッツ布告が廃止になった。その四か月後の一〇月、軍政副長官として沖縄に赴任したのが、ジョセフ・シーツである。シーツの沖縄政策は、経済援助と情報教育の二本柱からなり、米国に対する好ましいイメージづくりを目指していた。

シーツは在任中に情報と教育に関する二つの「特別布告」を発令した。それまで情報文化に関する軍法は軍政副長官の指令により、部下が発令する形の「指令」として発令されていたが、シーツはこれらの指令を自らが起草者となる「特別布告」として住民に向けて直接、発令する形をとった。これは、「ニミッツ布告」に倣う形で、米国の為政者が自身の存在感を住民にアピールする広報的意図があったと考えられる。どちらも文化交流に関する指令である。

ひとつ目は一九四九年一一月三日、特別布告三四号「米琉教育週間」として発令された。それは

「ニミッツ布告」の冒頭を踏襲し、「南西諸島ならびに北緯三〇度以南の近海住民に告ぐ」という始まりの文言で、次のように呼びかけた。

琉球人が各国の自由国民により行われている民主的文化および民主的政府の事を多く知るような措置をとることは必要と思われる。さて、かかるが故に、南西諸島及び北緯三〇度以南の近海を統轄する軍政府長官米国陸軍少将ゼイ・アル・シーツはここに次のように布告する。[37]

同布告で、シーツは一二月四日より一二月一〇日までの一週間を「米琉教育週間」とすることを宣言した。当時、米軍政府情報教育部に勤務していたジェームズ・タルによれば、この教育週間の目的は、一九五〇年に予定されていた知事選挙に向けて、民主主義における選挙の意味を住民に教育することだった。[38]米国は日本占領でも軍国主義撲滅を目標に掲げ、日本人に民主主義を教えることを目的に戦後改革をおこなったが、沖縄でも同様の目標が掲げられた。のちに米国は沖縄住民の代表を「知事」と呼ぶのをやめて、「主席」とし、主席公選を認めない方針を取るが、この時点は知事公選を認める方針をとっていた。国連の信託統治下に沖縄を置くために、米国は沖縄を民主的に統治しているというポーズをみせる必要があったと考えられる。

シーツが発令した二つ目の特別布告は、翌一九五〇年四月二九日付の特別布告三五号である。これは「米琉親善の日」を呼びかけるもので、呼びかける際の地域名が「南西諸島」から「琉球諸島」に変わり、限定されたものになる。実は、米国側の公文書をみると、沖縄の日本からの分離が内部決定された一九四八年頃から、[39]「琉球」という地域名が使われるようになった。戦前、日本の県名であった「沖縄」ではなく、かつて独立国であった「琉球王朝」を彷彿させる名称を用いることで、日本帰属論を封印する狙いがあったのだろう。これと時を同じくして、米国と「琉球」の「米琉親善」が宣伝され始める。

シーツの特別布告でも「琉球」という語が使われ、米国が「琉球人」の「良き友人」であることが強調された。同布告は、「米国人および琉球人が琉球における共同の目的を達成する上から相互の理解及び友情を通して相互の間に現存する真摯な協力精神を発揮することは最も肝要なことと思われる」としたうえで、一八五三年に初めて沖縄を訪問したマシュー・ペリー海軍提督を持ち出し、それから九七年目の記念日にあたる一九五〇年五月二六日を「米琉親善の日」と定めている。[40]

特別布告の出された四月二九日は昭和天皇の誕生日で、日本本土では国民の祝日である。第2章で述べたとおり、米国は沖縄で「天皇」に関する言論に特に注意を払っていたが、ちょうどこの日にペリー来航という百年前の歴史を持ち出して、あらたに琉球人の記念日を設定し、米国と琉球の友情を強調し始めたのである。米軍政府が特別布告を発令すれば、それが沖縄の新聞のトップニュースになる。しかし、米軍関係のニュースがない場合には、新聞のトップニュースは東京発の通信社電が使われることになる。この場合は、天皇誕生日のニュースがトップにくる可能性もある。それを避けるために、無理やり過去の歴史を出して、特別布告を出したようにみえなくもない。

当時、米国は「心理的要素」を重視して対日占領を実施していたが、このような心理作戦の学術的背景となったプロパガンダ論では、住民説得のために有効な方法として、万能のシンボルを用いるとよいこと、また、歴史的出来事を用いるとよいことなどが推奨されていた。米国は天皇を日本のシンボルとして、戦後復興を効率的に進めるために積極的に利用し、象徴天皇制を支持する方策をとったことを第2章で述べたが、この政策を推進した心理作戦の専門家たちは「スピンドクター」と言われる。野球で投手が変化球を投げる時にスピン（回転）をかけるのにちなんで、言葉を紡ぎ出す場合にも、スピンをかけると良いという考え方に基づいている。このような戦略的言語の専門家（ドクター）を「スピンドクター」という。シーツの配下で仕事をしていたスピンドクターは当然、このようなプロパガンダ論に通じていたはずである。

シーツの特別布告が「琉球諸島の住民に告ぐ」という言葉で始まり、文中で「沖縄人」ではなく、「琉球人」という語を用いているのも宣伝的意図があってのことであろう。シーツ軍政副長官は、それまでの米軍人に比べて沖縄で人気があり、「シーツ善政」と言われた。しかし、米国の本来の狙いは分離政策を確実に実現させることにあり、「善政」はイメージ作戦を遂行するために、スピンドクターらが考えた演出だったと思われる[41]。

沖縄分離政策決定期におこなわれたのは広報作戦だけはなかった。一九五〇会計年度は、米国が沖縄に多額の経済援助をおこなった年でもある。これまでの研究では、こちらの経済援助のほうが強調されてきたが、それは、社会基盤の整備などに投入される経済援助のほうが目に見える援助であるため、当然といえば当然である。しかし、このような経済援助に並行して、広報政策を実施する方法は、この時期の米国の海外援助全般にみられる特徴で、有名な「マーシャルプラン」といわれた欧州復興のための援助、ベトナム戦争期の物資援助においても同様の方法が取られている。

6　軍法による言論管理

米国は沖縄統治において、新聞をはじめとしたメディアが持っている認識と世論を形成する機能を米国主導で支配しようとした。そのために、米軍は夥しい数の命令を出した。これらの軍の命令は、米国内法では法律とは言えない軍法だったにもかかわらず、軍政下の沖縄の人々にとっては重要な意味を持っていた。

その軍法には、占領開始期と分離政策決定期では違いが観察できた。占領初期には軍事力を背景に死刑を含めた「戦時刑法」で言論を管理する方法が取られた。分離政策決定期には、米国と沖縄との友情を強調するなどポジティブな側面をアピールする方法で文化面を重視し、日本との関係を遠ざける広報戦略的な方法が取られた。前者は武官系の言論政策であり、後者は文官系の言論政策であったと言うことができる。しかし、前者にみられるような軍事力・警察力を背景に言論を取り締まる方法が、分離政策期に消えたわけではなく、むしろ、両者が相互補完する関係にあった。両方の方法を用いて、米国は沖縄におけるプレゼンスを維持し、住民の支持を取り付けようとしたのである。

このように、武官系と文官系の政策が混じり合っていた点にこそ、米国が沖縄で実施した言論管理政策の特徴がある。その背景については、第５章で述べるが、ここでは、日本本土に対する管理政策との違いをまとめておく。本土でも民間情報教育局が戦後のメディア政策を復興支援の一環として監督・指導したことは同じだったが、米軍が軍事力を背景に「戦時刑法」の発令で直接の住民管理をおこなったことは、沖縄占領だけにみられる特徴だった。また、本土では占領が終わると、情報教育に関する管轄は、合衆国情報庁（ＵＳＩＡ：United States Information Agency）の海外支部である合衆国情報サービス（ＵＳＩＳ：United States Information Service）に移り、「外交」として位置づけられた。ところが沖縄では、日本が独立を回復した後も、引き続き陸軍省が「情報教育の領域」を管轄することになった。

換言すれば、言論と教育という文化的側面が、軍隊の支配下に置かれ続けた。管理の対象は広く、映画・演劇などの大衆文化全般に及んだ。米国は、新聞に代表される言論の領域のみならず、映画や演劇などが大衆に与える心理的影響を重視していたからである。さらに、米国が軍法で管理しようとした領域には、教育・学校も含まれていた。それは、文化交流政策の体裁を取りながらも、狙いはきわめて政治的で、米国が沖縄で施政権を維持するためだった。

ただし、このような米国の言論管理政策が成功したかどうかの判断は難しい。第５章で述べるように、日本からの分離を見据えた重要な時期における沖縄の新聞では、日本帰属論は散発的にみられたが、全体的には低調であった。米軍支配に対する批判もあまり書かれていない。これは、米軍政府が新聞に対して許可制をとり、厳しい検閲をおこなうなかで、新聞の紙面に沖縄住民の声はまったく反映されていなかったからであろう。しかし、そのことは沖縄の世論がどこにあるのかをみえにくくし、同時に、曖昧なものにしてしまったと言える。

第1章でみたように、米国はメディアの破壊された沖縄で新聞再建を支援した。しかし、米軍政府による検閲は、沖縄のメディアから健全な世論形成機能を奪い、新聞本来の役割を機能不全に陥れた。もちろん沖縄住民の抵抗と反発があり、ここで検証した米国側の方策が必ずしも成功したとは言えないが、このような言論と文化に対する管理政策がきわめて戦略的に、また細部に至る内面干渉を含めておこなわれた事実を本章は提示したつもりである。

その一方で、ネガティブな面だけでなく、ポジティブな側面として、沖縄が日本から分離することで、沖縄独自の文化を大切にする風潮が、日本の他のどの地方よりも強くなった面があることも指摘しておきたい。なぜなら、同じ時期の日本では、高度成長のかけ声の裏で、地方独自の文化が急速に失われていったからである。皮肉な結果ではあるが、日本からの分離政策がもたらした効果と言えるのかもしれない。それでも自分たちの言論と文化が、平時に他国の軍隊の管理下に置かれる状態は健全とは言えないものである。

沖縄は日本に返還されたが、占領の遺産として米軍基地はそのまま残った。その後も米国は、占領下沖縄で実施した住民管理政策をイラク、アフガニスタンの戦後占領に応用し、「国家再建」ないし「平和構築」活動をおこなっている。その前提には米国による日本占領は成功だったという認識がある。[42]しかし、沖縄占領における住民管理政策はどうだったのか。そこで異文化に対する管理政策がどう実施されたのかを検証し、単に軍事的側面だけでなく、文化的側面を含め、どのような問題があったのかを再検討していく必要がある。[43]

第4章　占領地の心理戦

第3章では、軍政下の沖縄で米国が夥しい数の指令を出し、これにより、言論・情報・教育に対する管理政策を実施したことを明らかにした。その背景には、このように情報を重視する米国の国家政策があった。そこで、第4章では、このような言論管理のもとになった米国の対外情報活動が、どのように成立したのか、その過程を対日・対沖縄政策を中心にみていくことにする。

米国は第二次世界大戦中に戦時情報局（ＯＷＩ：Office of War Information）などの海外情報発信に関する専門機関を設置し、軍事作戦の一部としての心理戦をおこなった。(1) 大戦が終了すると一九四五年一二月、戦時情報局は解散になったが、その業務は、一九五三年九月に設立された合衆国情報庁（ＵＳＩＡ：United States Information Agency）に引き継がれた。(2) しかしながら、戦時情報局が解散した一九四六年一月から、合衆国情報庁が設立される一九五三年九月までの七年半については、対外情報活動に関する専門機関が再編の途中であったために文献調査がやりにくく、積み残しの課題が多い状況にある。

実は、この「空白の時期」は日本占領と重なる重要な時期でもある。

日本では、この時期の研究成果として、連合国軍総司令部（GHQ／SCAP）が大日本帝国と関係の深かった同盟通信社を解体した過程や、新聞・放送への包括的な指導と、メディアの再建政策がおこなわれたことが、有山輝雄の研究などから明らかになっている[3]。さらに、このようなメディア政策の一環で、第3章で紹介したように、民間情報教育局が日本放送協会に対する指導をおこなっている。教育の分野では、日本人に対する「再教育プログラム」が実施された[4]。

このような日本管理政策が米国の対外情報活動の全体像のなかで、どのような一部分であったのかについては解明の途上にある。これまでの日本占領研究は、主として米公文書である連合国軍総司令部資料の分析を中心におこなわれてきたが、それだけでは、陸軍省を中心に実施された日本管理政策が、米国政府の内部でどのような位置づけであったのかが、必ずしも明確ではない。

米国側の先行研究としては、合衆国情報庁の文書を分析したニコラス・カルによって、一九五三年の情報庁設立に至るまでの経緯を含めて分析がなされているが、戦時情報局の業務を引き継いだ国務省の動きに焦点を当てているため、陸軍省の管轄だった日本を含む「占領地（occupied areas）」を対象とした政策との関連性がみえにくかった。沖縄占領も軍部の管轄だったが、陸軍省がどのような上部組織からの指令を受け、第3章で紹介したような軍指令を出していたのかを解明する必要がある。

本章の目的は、この「空白の時期」に焦点を当て、統合参謀本部（JCS：Joint Chiefs of Staff）で特別顧問を務めたエドワード・リリーの個人文書を手がかりに、一九四五年九月から一九五三年九月までの米国の対外情報政策の成立過程を探ることにある。占領期の日本に対する「再教育プログラム」にみられるような米国の言論管理政策が、本国における対外情報政策の決定過程とどう関係しているのか。本章が、この空白の時期に関するすべてを解明できるわけではないが、リリーは政府所属の歴史家として、米国の対外情報の「発信」活動を「心理戦」と捉え、その通史の執筆をライフワークにしていた。リリーの目指した心理戦通史は未刊に終わったが、彼の執筆した草稿と資料が家族によってアイゼンハワー大統領図書館に寄贈され、同図書館で公開されている。[5] リリー文書は、米国の情報活動に関する研究に引用されてきたが、対日・沖縄政策に関する研究はない。[6] 本章では、同図書館で入手したリリー個人文書を手がかりに、占領地向けの心理戦の背景にあった米国の対外情報活動の成立過程を探る。

1　心理戦とエドワード・リリー

リリー文書を検討するうえで、彼自身の職務上の経歴も重要である。リリーは自身を「歴史家」としているが、一九四四年から一九六五年まで米国の心理戦の専門家として、米連邦政府に対する特別顧問または職員という形で米国の対外情報政策の立案などに関わった。

リリー文書によれば、彼は一九一一年一〇月一三日、ニューヨーク市ブルックリンに生まれた。父親は蒸気船会社の社長で裕福な家庭ではあったが、カトリックの教えに従って厳しく教育されたという。マサチューセッツ州のホリー・クロス大学で哲学を専攻、大学院は首都ワシントン特別区のカトリック大学（Catholic University of America）で、そこではアメリカ史を専攻し、一九三六年、同大学で博士号を取得した。その後、シカゴのロヨラ大学（Loyola University）で歴史を教えるが、エール大学でも研究の機会があった。エール大学には戦時情報局で同僚となるプロパガンダ研究者のハロルド・ラズウェルがいた。リリーは一九三九年、母校カトリック大学の教員に就任していたが、第二次世界大戦末の一九四四年六月からは大学に籍を置きながら、戦時情報局でエルマー・ディビス局長の特別顧問を務めている。

一九四五年一二月、戦時情報局が解散になると、翌四六年一月から五一年まで統合参謀本部の特別顧問を務めた。一九五一年、大統領行政府に心理戦略委員会（ＰＳＢ：Psychological Strategy Board）が発足すると、同委員会のスタッフとなり、一九六五年まで国家安全保障会議（ＮＳＣ：National Security Council）の事務局である国家安全保障局のスタッフを務めた。アイゼンハワー政権期になると、国家安全保障会議の下部組織として対外情報政策を策定した作戦調整委員会（ＯＣＢ：Operations Coordinating Board）のスタッフを務めた。[7] リリー自身は「歴史家」として連邦政府機関に関わったと述べているが、[8] その一方で、情報政策、特に「心理戦」のキーパーソンとして政府中枢にいた「スピンドクター」でもある。

戦時情報局には、先述のハロルド・ラズウェルのほか、レオナルド・ドゥーブ、シャーマン・ケントなどの全米の大学からマス・コミュニケーション研究の学者らが集められていた。彼らは、ドイツ・イタリア・日本など当時の「敵国」のメディアを分析し、政策エリートとして戦時下の心理戦の立案に関与したのである。その背景にあったのが、米国が抱く、情報の持つパワーに対する信頼である。心理戦という表現に嫌悪感を抱く人も多いと思われるが、研究者たちは新聞・ラジオなどのマス・メディアの効果を最大限に活用するために、政府の要請に応じたのである。研究者の多くは、戦争が終わると大学に戻ったが、リリーは、それ以後も大学でアメリカ史を教える傍ら、政府顧問として心理戦の立案に関与することになった。

一九五一年二月二一日付で、リリーがトルーマン大統領に送った書簡がある。その頃、リリーは統合参謀本部の特別顧問だったが、その書簡でリリーは、米国の情報活動に関する統括者を、大統領が直接指名すべきであると提言した。同年四月に設置された心理戦略委員会は、このリリー提言に促されて設置されたものと考えられる。この書簡でリリーは、トルーマン大統領に対し、心理戦の実働部隊は米軍と国務省にすでにあるので新組織はいらないが、「アメリカの心理作戦に必要なのは統括者（coordinator）で、それは貴方によって指名されるべきである」と大統領に決断を迫った。[9] トルーマン大統領図書館が実施したオーラル・ヒストリー・インタビューのなかで、リリーは「トルーマンと直接の面識はなかった」と述べているが、この証言が事実だったとしても、大統領行政府での業務を熟知し、その道の専門家として大統領に提言できる立場にいたことは確かであろう。

リリーが書いた「アメリカ心理作戦の発展一九四五‐一九五一（The Development of American Psychological Operations 1945-1951）」は、トルーマン政権期における米国の対外情報政策の成立過程を知ることができる貴重な資料である。[10] 同文書は中央情報庁（ＣＩＡ）の情報公開サイトで公開されているが（以下、「ＣＩＡ公開版」とする）、同じ文書がトルーマン大統領図書館にもあり、起草者としてリリーの名前がある。

一方、アイゼンハワー大統領図書館で公開されているエドワード・リリーの個人文書は全六〇箱である。そのうち、リリーの学者としての文書類（Ｂｏｘ一から一四）、個人的な手紙類（Ｂｏｘ六〇）を除くと、以下の三時期の文書類が心理戦の歴史に関連するものである。

（一）戦時情報局（ＯＷＩ）関連文書（Ｂｏｘ一五‐四三）
（二）統合参謀本部（ＪＣＳ）関連文書（Ｂｏｘ四四‐五三）
（三）国家安全保障局（ＮＳＣ）関連文書（Ｂｏｘ五四‐五九）

前述した心理戦略委員会、作戦調整委員会に関する文書は、（三）国家安全保障局（ＮＳＣ）関連文書のなかに含まれ、本章が分析しようとする心理戦史に関する草稿（以下、「心理戦史草稿」または「草稿」とする）は、（二）統合参謀本部（ＪＣＳ）関係文書と、（三）国家安全保障局（ＮＳＣ）関連文書のなかにある。「心理戦史草稿」は、章のわけ方によって一〇章から一二章程度で構成される文書だが、章のタイトルがあるものとないものが混在し、内容的な重複もみられる。

前掲「ＣＩＡ公開版」は、「草稿」では一、二章に相当するが、内容的にまったく同一ではない。リリーの起草した原稿が、心理戦略委員会の公文書として手直しされ、「ＣＩＡ公開版」となったと考えられるが、現在アイゼンハワー図書館にある「草稿」がその元原稿であるのか、それとも「ＣＩＡ公開版」を起草後にリリーが修正を加えたものなのかは不明である。また、「草稿」は、時系列で整理されている部分もあるが、時系列から逸脱している部分もあり、さまざまな場面で書かれた未定稿が混在している。

また、リリーは、自らが知っている情報すべてを「心理戦史草稿」に書いたのではなく、ここまでは許容範囲であろうという自身の判断のもとで草稿を作成したと考えられる。それにもかかわらず、公開されているリリーの「草稿」には、未公開の「白塗り」部分が残る。このように、未公開部分が残る文書の検討作業には限界もある。また「草稿」は、残念ながら、たとえば「心理戦とは何か」「どの地域に向けた心理戦であったか」などの肝心な点については明言していないため、わかりにくい。そのため「心理戦史」というよりは、関係組織の「変遷史」に終わっている感がある。

しかし、「草稿」とともに重要と思われるのが、彼が執筆のために集めたと思われる資料群とメモである。心理戦に関する公文書類は関係機関の文書として分散している状況だが、リリー文書の価値は、「心理戦」の関連資料が、実際に心理戦の立案に関わった当事者の視点で収集されている点にある。これらの資料群を「草稿」と併せて検討すれば、リリーが「心理戦」と呼ぶところの米国の対外情報活動の成立過程の一部が明らかになるはずである。そこからみえてくるのは、カルの先行研究で解明されている合衆国情報庁の設立に至る道程とは少し異なる、「占領地」に対する米国の「対外」情報活動の成立過程である。

結論を先に言えば、第二次世界大戦後の日本・沖縄を含む「占領地」に対する米国の情報活動は、冷戦期に「対外広報（public diplomacy）」を主管した国務省ではなく、軍事作戦を担当した統合参謀本部の管轄下に置かれていた。そのため、一九五三年設立の合衆国情報庁に関する知見が中心である米国の対外情報活動の「全体像」と、沖縄を含む日本という「占領地」とのリンクがみえにくかったのである。

2　戦時情報活動の継続

一九四五年八月三一日、トルーマン大統領が出した大統領行政命令九六〇八号で戦時情報局の解散が決まった[11]。戦時情報局の解散は「予想より早く突然訪れた」とリリーは言う。なぜなら、「執拗な自爆攻撃を繰り返してきた日本人が、意外にもあっさりと無条件降伏を受け入れ、第二次世界大戦が終わってしまった」からである。

だが、リリー文書をみると、実際には、戦時情報局の活動は一〇月一五日まで継続され、さらに、その海外活動は一二月三一日まで継続している。その間に、国務省では、広報担当国務次官補ウィリアム・ベントン（William Benton）の指揮下で、第二次大戦中に戦時情報局が担ってきた業務の引き継ぎがおこなわれたのである[12]。

同年一一月、ベントン国務次官補が部下に出した書簡には、引継業務が一〇月に開催された一連の会議で審議されたことが記録されている。書簡は、国務省内に設置された国際広報文化局（ＯＩＣ：Office of International Information and Cultural Affairs）と暫定国際情報サービス（ＩＩＩＳ：Interim International Information Serviceが正式名であるが、ベントン書簡にはＩＩＳと記されている）の職員に対して出された。書簡に日付はないが、添付された報告書「国際広報文化局・海外プログラムと組織に関する提案書」の提出が一一月一日であることから、おそらく一一月上旬頃に書かれたもので、一二月末日で解散が決まった戦時情報局の海外情報担当の職員に対する、国務省からの指示として出されたものであることがわかる。

このベントン書簡によれば、国務省は、第二次世界大戦後の世界を以下の五地区（Area Division I～V）に分類した。その分類に従って、さらに「国別計画（country plans）」を策定した。

地域Ⅰ　ヨーロッパ
地域Ⅱ　中東・アフリカ
地域Ⅲ　極東
地域Ⅳ　中南米
地域Ⅴ　占領地

上記の地域Ⅲ「極東」に含まれていたのは、中国とフィリピンである。沖縄を含む日本と韓国は、ドイツ、オーストリアとともに地域Ⅴ「占領地」に分類された。

ベントンはこの引継計画をあくまで暫定的なものとして提示した。その暫定案では、戦時情報局の業務は、以下の組織に分割して、平時の各業務として引き継がれることになった。

（一）国際報道出版部（International Press and Publications Division）
（二）国際ラジオ部（International Radio Division）

（三）国際映像部（International Motion Pictures Division）

（四）国際人材交流部（Division of International Exchange of Persons）

（五）図書館施設部（Division of Libraries and Institutions）

ベントン国務次官補の下には、プログラム計画委員会（Program Planning Board）、科学文化に関する省間連絡委員会（Interdepartmental Committee on Scientific and Cultural Cooperation）、執行官（Executive Officer）が置かれることになった。さらに、プログラム計画委員会のもとには三名のディレクター補（assistant director）が置かれ、第一ディレクター補のもとに上記一番から三番のメディア関連部署が、第二ディレクター補のもとに上記四番と五番の教育関連の部署が置かれることになった。さらに、第三ディレクターが全世界の五地区からの業務報告を受けることになった。

右の部署のうち、国際報道出版部は書籍を除く新聞・雑誌などの出版物を通した情報伝達を企画する部署として位置づけられた。ベントンからの直接依頼でノエル・マーシー（J. Noel Macy）が国際報道出版部の責任者となり、ラルフ・マックギル（Ralph McGill）が特別顧問に任命された。国際ラジオ部門は、ラジオ放送を通した情報伝達をおこなう部署で、ジョン・オジルビー（John Ogilvie）が責任者となった。国際映像部は映画をはじめとした映像メディアを扱う部署で、ジョン・ベック（John Beck）が責任者に任命されたが、ジョン・ヘイ・ウィトニー大将（Colonel John Hay Whitney）が特別顧問に任じられた。ちなみに、このベントン書簡のなかで海外情報プログラムに関する任務を明示された軍人は、ウィットニー大将だけである。

ただし、ベントン書簡では、以上の部署のどこまでが国際広報文化局の管轄で、どこからが暫定国際情報サービスの管轄かが明示されていない。だが、同書簡に対する添付書類が国際広報文化局を統括していたウィリアム・ストーン（William Stone）ではなく、ストーンとともに暫定国際情報サービスを統括する立場にあったフェルナンド・クーン（Ferdinand Kuhn）の許可を得てベントンに提出されていることから、同書簡は実質的に暫定国際情報サービスの活動継続を目的に出された指示であると思われる。

海外で情報活動を担当していた職員には、米国籍を持たない者もいた。情報活動には現地語ができる職員が必要であるが、米国籍のない職員を国務省職員として認めてよいかという課題があり、ベントンが直面したのは、このような海外情報の実動部隊をどう再編するかという問題であった。ベントン書簡が同案を「暫定的」としたのは、このためである。実際には、連邦政府職員以外に「外交補助員（foreign services auxiliary）」という枠が設けられ、この補助員が海外情報プログラムの実働部隊としての役割を担ったと考えられる。

以上の部署のもとに、各地域が配置された。中国・フィリピンを含む地域Ⅲ「極東」の責任者には、戦時情報局でアジア太平洋地域を担当していたジョージ・テイラー（George Taylor）が任命された。一九四五年一〇月一六日に開催された中国における海外情報サービスの引継会議の議事録をみると、中国では、それまで戦時情報局が雇用していた中国人を暫定国際情報サービスが引き続き雇用する方向で、中国国内の新聞等を通してアメリカ文化の広報をおこなう計画が示されている。その方針に従って、具体的に南京、上海、北京、台北、瀋陽（Mukden）、ハルビン、漢江、広東、成都、重慶、昆明の各拠点に暫定国際情報サービスの広報官が継続して配置される計画が提示された。

一八日にはフィリピンに対する情報サービスの引継会議がおこなわれた。この会議の参加者として、ジョージ・テーラーのほかに、日系アメリカ人で戦時情報局のスタッフだったジョン・マキ（John M. Maki）の名前が登場する。議事録をみると、マニラにはすでに「私たちの図書館（our library）」があるので、ここを拠点に出版物等の配布をおこなう、という計画が示されている。

重要なのは、この引継計画が、翌四六年七月一日に開始される一九四七会計年度を見込んで作成されたものではあるが、その前年度の一九四六会計年度後半期（一九四六年一月一日～六月三〇日）においても有効とされた点である。戦時情報局の海外活動は一九四五年一二月三一日で停止されると公式には発表されていた。しかし、実際には、中国とフィリピンを含む「極東地域」では、その翌日の一九四六年一月一日から暫定国際情報サービス（ＩＩＳ）として活動がそのまま継続したことになる。

3　陸軍省管轄の「占領地」日本

地域Ｖ「占領地」に含まれるのは、ドイツ、オーストリア、トリエステ地区、日本、韓国などである。これらの「占領地」については、占領が陸軍省の管轄で現在進行中である現状をふまえ、国務省の「管轄外」として扱われた。日本に対する米国の海外情報サービスについて審議されたのは一〇月二五日だったが、ここにも戦時情報局からジョン・マキが参加している。

その議事録をみると、「日本は現在、陸軍省の管轄下にあり、その軍事管理がいつ終了するか見込めないので、計画も立てられない」とされている。ただし、一九四七会計年度（一九四六年七月一日～一九四七年六月三〇日）の予算案に向けては、「きわめて緊急的な要素（emergency elements）が多い」と見込まれるため、「別枠」になったと、その除外理由が記録されている。

このような経過を経て、沖縄を含む日本は「占領地」として国務省の管轄外となったのである。これにより、日本占領に対する米国政府の予算は、ひとまず陸軍省に配分されることになったが、後述するように、情報関係の業務は、国務省などから派遣される文官が担当したため、彼らに対する予算配分や業務命令は、陸軍省を経由して実施された。周知のように、日本占領は陸軍省のダグラス・マッカーサー連合国軍司令官の指揮下でおこなわれたが、その配下には、陸軍省以外の人員が、国務省などの文官府からも配属された。そのなかで、情報を扱う業務については、文官が配置されることが多かったが、それは、第5章で詳述するように、対外情報活動の主管が国務省だったからである。ところが、沖縄を含む日本は、「占領地」で「別枠」という扱いになったため、全体の統括は陸軍がおこないながら、実際の業務は、国務省などから派遣された文官がおこなうという、一種のねじれた体系ができたのである。

実際に、一九四五年一〇月現在、国務省管轄の職員（その時はまだ戦時情報局の職員）が日本に四名派遣されており、そのうちの一名は「重要人物」として位置づけられていた。国務省の議事録に、その人物の名前は記録されていないが、この頃、ワシントンから派遣されたブラッドフォード・スミス（Bradford Smith）だった可能性が高い[13]。

さらに、スミスより少し遅れて日本に来た戦時情報局の関係者に、ドン・ブラウンがいる。ブラウンは一九四五年九月三日付で戦時情報局の宣伝ビラ課長から出版課長となり、一二月一日、東京放送会館にあった民間情報教育局に入り、翌四六年七月一日、情報課長に陸軍省の指令で就任した[14]。ブラウンは一九四六年一二月から一九四七年六月三〇日までの間、実質的には民間情報教育局に勤務していたが、陸軍省からの正式な辞令が七月一日付となったのは、おそらく同年七月一日付で、陸軍省が占領地予算の執行機関として米議会のお墨付きを得たことによるものだろう。いずれにしても、陸軍省管轄下にあった「占領地」日本では、国務省管轄の国際情報サービスのスタッフが、民間情報教育局を通して関わっていたことになる。

さらに、この引継議事録では、一九四六会計年度(一九四六年六月三〇日まで)に東京だけで一九名の米国人と三〇名の現地職員(日本人職員)を雇用し、一九四七会計年度(一九四六年七月一日〜一九四七年六月三〇日)には、現地職員を一五〇名に増員する計画が示されている。東京のほかに、関西、九州、北海道に拠点を置く計画も示された。一九四六年七月一日付で情報課長となったドン・ブラウンのもとで、多くの日本人職員が働くことになるのは、このとき国務省で提案された、この計画によるものであったと考えられる。

民間情報教育局には、情報課以外にもさまざまな部署が設けられたが、もっとも国務省に近い関係にあったのが、報道機関に対する「情報発信」を担当した、この「情報課長」のポストである。このように、日本占領は、陸軍省の主管でありながら、一部の情報活動に関しては、文官府である戦時情報局の系譜が国務次官補の指令で継承される形で実施された。

ただし、先述したように、占領下の日本は陸軍省の管轄となったため、アメリカの雑誌・映画などは陸軍省の物資運搬ルートを通して日本に到着することになった。そのほかの伝達事項も陸軍省の指令系統を通して、間接的な形で実施されることになった。このように、当時の日本占領は、基本的に陸軍省管轄であるが、そのなかに国務省管轄のコンポーネントが混じる形で実施された。

沖縄に関して言えば、陸軍省の影響が本土よりも直接的であり、後述するように、返還まで国防省の管轄下に置かれることになった。

4　省庁間連携で陸軍に委託

戦時情報局の解散に話を戻すと、国際ラジオ放送を含む米国の情報活動は、国務省管轄となった暫定国際情報サービスの広報官のもとで「外交補助員」を雇用しながら引き継がれた。

戦時情報局の海外情報サービス業務を引き継いだ暫定国際情報サービスは、一九四七年、国家安全保障局が発足すると、一二月一九日、「対外情報政策統括」（ＮＳＣ四）の政策文書に基づき、省間調整員（ＩＣＳ：Interdepartmental Coordinating Staff）と名称変更になり、さらに四九年、ＮＳＣ四三が出されると、同文書に依拠する形で、省間海外情報室（ＩＦＩＯ：Interdepartmental Foreign Information Organization）に再編された[15]。ＮＳＣ四三は、「海外諜報活動統括（Coordination of Federal Foreign Intelligence Activities）」の政策文書であることから、そこで実施された「省間連携」とは国防省と中央情報庁（CIA）との連携を意味した。

一九五〇年三月九日のNSC五九／一で、NSC四とNSC四三は無効になったが、省間連携組織としての省間海外情報室はそのまま残った。[16] そして、この組織は同年六月に朝鮮戦争が始まると、八月に国務省内に設置された国家心理戦略委員会（NPSB：National Psychological Strategy Board）となり、[17] 翌五一年四月四日のトルーマン大統領行政命令で、大統領行政府に付帯する心理戦略委員会に再編された。[18] その再編を促したのが、先述のリリー書簡である。

以上のように、戦時情報局の海外情報サービス業務は、国務省でめまぐるしく再編されながら、大統領行政府の管轄に格上げされ、心理戦略委員会のもとで継承される運びとなった。このように、第二次世界大戦の終結後、対外情報活動を平時の体制に戻そうとした米国政府は、大統領直轄の委員会を政策決定の頂点としながらも、国務省、中央情報庁、国防省との省庁間連携の体制を構築した。

5 情報発信元の開示・非開示

ここで確認しておかなければならないのが、この「省庁間連携」の体制がなぜ必要であったかという点である。

国務省の公式記録「合衆国の外交（FRUS）」は、「プロパガンダ」を「非開示行動（covert action）の第一段階」として捉える。[19] 英語の「covert action」は「隠密行動」「秘密行動」等と和訳され、映画のなかのエージェントが外国政府高官を暗殺するような場面をイメージさせるため、諸々の誤解が生じやすい言葉である。だが、情報政策に関して言えば、情報源としての国名を非開示でおこなう活動全般を指す。リリー文書でも、海外のメディアに対して国名を出さずに情報を流す活動を総じて「非開示活動」と定義している。たとえば、国務省の「合衆国の外交」は、中央情報庁が資金提供をしたとされるラジオ・フリー・ヨーロッパの事例を「非開示活動」とする。なぜなら、ラジオ・フリー・ヨーロッパの放送は、その当時、米国が支援しながらも、それが米国の放送であるという点を開示せずにおこなった情報活動だったからである。ただし、もっと高度な隠密行動を専門とする中央情報庁の側では、その程度では「秘密行動（covert action）」とは言えないという反論もあるようで、関係者の間でも認識の違いがあったようである[20]。

この相違について、リリーは、情報政策に関する「非開示活動」は、他の政治的・経済的介入などの「秘密作戦」とは異なる、正当性のあるものだという主張を展開している。これは、メディアを用いた政治宣伝の効果を考えるとき、情報源を開示しておこなう場合よりも、情報源を非開示にして情報発信をおこなった場合のほうが、受け手にとっての浸透効果が高い、と考えられていることに由来する考え方である。つまり、情報政策にとっては、情報源を開示しておこなう活動と、非開示にしておこなう活動と、両方が必要で、それぞれ補完的な関係にあるということである。このような考え方に基づき、第二次世界大戦期における米国の対外情報活動では、開示作戦を担ったのが戦時情報局であり、非開示作戦を担ったのが戦略情報局（ＯＳＳ）だった。それぞれの役割は異なっていたが、相互に補完する関係と考えられていた。

前者の活動は、冷戦期に合衆国情報庁に引き継がれ、後者の活動は中央情報庁の非開示活動として引き継がれたとされる。しかしながら、開示行動を担う戦時情報局と後継組織の変遷が明らかにしやすいのに対し、非開示行動を担った戦略情報局と後継組織の中央情報庁の活動には秘密が多いため、その活動はみえにくい。公文書には明確に記録されない。本章がこれまで検討してきた国務省内の業務引継過程についても、さらに、国務省と中央情報庁と国防省との間で、どのように「省庁間連携」がなされ、実行されたかを解明しなければ、本当のところはわからない。だが、ひとつだけ言えることは、文書にも残っている情報源を開示した情報活動は、おそらくこれを補完していたはずの、もうひとつの非開示行動を伴って、ひとつの政策を形成していた、ということである。換言すれば、国務省が主導した開示型の対外情報活動は、大統領行政府を中心に据えた省庁間連携で実施されたため、それは中央情報庁が担う「非開示行動」とも表裏一体の関係にあった。

第二次世界大戦が終わると、統合参謀本部の管轄下で非開示活動を担当していた戦略情報局も、一九四五年九月二〇日に発令された大統領行政命令九六二一号で解散になった[21]。その業務は、翌四六年一月二六日に発令された別の大統領指令（Presidential Directive）で設置された中央情報班（ＣＩＧ：Central Intelligence Group）に引き継がれた[22]。さらに中央情報班は、一九四七年の国家安全保障法で中央情報庁となり、非公然行動に関する政策文書ＮＳＣ一〇／二に基づき、中央情報庁が心理作戦においても情報源を明記しない非開示作戦を担当する形となった。

さらに、第5章で述べるように、それが全体として統一した方針のもとでおこなわれているかを監督する責任者が国務長官である、という原則が、広報外交基本法であるスミス・ムント法で定められた。

リリー文書には、中央情報庁の諜報に関する記述は少ない。ただし、同庁の心理作戦に関する記述はある。心理戦の特別顧問だったリリーが、どのくらい内部事情を知りうる立場にあったのかはわからないが、戦時情報局から暫定国際情報サービスへの開示活動の移管過程は、資料に依拠しながら書いているのに対し、戦略情報局から中央情報庁への非開示活動の移管過程については、当時者に対する「聞き取り」に依拠しながら心理戦史を書いていることが、大きな違いである。だが、機密性の高い情報が多かったのか、具体性に欠け、これが全体としてわかりにくさを生む結果となっている。戦時情報局にいたリリーが、同局の解散後、なぜ軍部の統合参謀本部の顧問となったのかも不明だが、後述するように、この時期に「占領地」を担当した軍部（陸軍省）の役割が、心理戦立案においても重要だったことは想像に難くない。

心理戦略委員会が設置されると、大統領行政府が国務省と中央情報庁との省庁間連携の場を提供する形になった。そこで重要なのは、同時に、大統領行政府が中央情報庁の主管する非開示行動に対する、一種の「隠れ蓑」として機能した可能性があることである。大統領行政府の予算局（Bureau of Budget）は、議会を通さず国家予算を申請する権限を持っていた。言論の自由を国是とする米国では、国家が国内外の情報活動をおこなうことに対し、特に国内メディアからの反発が強い。議会に予算を提出すれば、その予算で何をおこなうかが公開され、非開示活動にはならない。そのため、その予算をどうするかが課題となる。実は、心理戦略委員会が設置されるにあたって、大統領行政命令を起草したのも予算局である。同委員会の設置後、予算局が非開示心理作戦に対する経費を統括し、中央情報庁からではなく、予算局から議会に予算申請する形となる。心理戦略委員会との関係は不明だが、沖縄に対する統治予算も、ちょうど時を同じくして一九五〇年度から大統領行政府予算局からの申請となった。

6　国防省の心理戦

他方、米国で軍事を担当する国防省も心理戦の担当部署を持っていた。国防省は、国務省と中央情報庁に対するロジスティクス提供を担当するとともに、民間企業、非営利組織等に業務委託する場合の窓口になる場合があった。国防省の資料は限られるので、明快な答えを導くことは難しいが、沖縄においても、国防省はおそらくこの役割を担っていたものと考えられる。

第二次世界大戦で戦略情報局を管轄した統合参謀本部は、新設の戦略情報局よりも、実は、古参の陸海軍情報部のほうを信頼していたと言われ、戦略情報局の解散をさほど問題視していなかったようである。大戦終結後は、心理戦の専門家であるリリーを統合参謀本部の特別顧問に据えて、引き続き心理戦についての研究を開始した。この時期についてリリーは多く語っていないが、陸軍省の「戦後心理戦と特別作戦の展開（Postwar Development of Psychological Warfare and Special Operation）」（これ以降、「陸軍心理戦史」とする）をみると、同時期の国防省が心理戦をどう捉えていたかを知ることができる。[23] ここからは、この資料を中心に、一九四五年から一九五〇年に至るまでの間、戦争省（一九四七年九月まで）と国防省（同年九月以降、名称変更）において、特に、そのなかで重要な役割を果たす統合参謀本部が、どのように心理戦の企画立案に関わったのかを検討する。

「陸軍心理戦史」によると、第二次世界大戦における陸軍の心理戦は、一九四二年三月、統合参謀本部に陸海軍情報部の代表からなる統合心理戦委員会（Joint Psychological Warfare Committee）が設置されたことで開始された。同年六月、戦略情報局が設置されると、統合心理戦委員会が再編され、心理戦は統合作戦部（Joint Staff Planners）の管轄となり、同年一二月、その機能は戦略情報局の一部として組み込まれ、さらに戦時情報局との連携が開始された。たとえば、第１章で紹介した沖縄戦の心理戦ビラは、このような形で戦時情報局が制作したものである。その配布などの過程では、陸海軍が関わっていた。

第二次世界大戦が終了し、戦略情報局は解散になったが、一九四六年三月五日、統合参謀本部のもとに、海軍が陸軍に呼びかける形で軍民協同の研究班が設置され、平時における心理戦の研究が再開された。この研究班は、一九五〇年三月まで活動したとされる[24]。

心理戦研究班は一九四六年六月四日、国務省に対して、心理戦に関する付帯委員会（ad hoc committee）を置くことを提言した。この提言は、ジョン・サリバン海軍省空軍次官補（Assistant Secretary of the Navy for Air John L. Sullivan）の発案とされる。提言を受けて設置された付帯委員会は、同年一二月、平時における心理戦の組織が必要であるという報告をまとめたが、それに基づき、翌四七年四月三〇日、国務・陸海軍統合委員会（ＳＷＮＣＣ：State-War-Navy Coordinating Committee）の下に心理戦小委員会（ＰＷＣ：Committee of Psychological Warfare）が設置された。六月五日、この小委員会は、ＳＷＮＣＣ特別研究評価小委員会（ＳＷＮＣＣ－ＳＳＥ：SWNCC Subcommittee on Special Studies and Evaluation）という「カバーネーム」を与えられた。

九月、戦争省に代わって国防省が設立され、空軍が分離されると、ＳＷＮＣＣがＳＷＮＡＣＣになった。それに伴い、小委員会もＳＷＮＡＣＣ－ＳＳＥという名称に変更された。そして、九月三〇日のＳＷＮＡＣＣ三〇四／六には「国家非常事態」に備えて、平時から心理戦に対応できる組織の維持をする必要があるという方針が盛り込まれた。ここでいう「国家非常事態」とは、冷戦の進化を背景にしている。このような経緯を経て、一一月、ＳＷＮＡＣＣが国家安全保障会議に提出した報告書には、「心理戦組織（Psychological Warfare Organization）」を設置する提言が盛り込まれた。結局、その時点での提言は国家安全保障会議の承認を得られなかったが[25]、ＳＷＮＡＣＣは、心理戦に関する「統括組織」の必要性を提言していたことになる。

国家安全保障会議における論点のひとつが、「開示作戦」と「非開示作戦」の役割分担だった。ＳＷＮＡＣＣ－ＳＳＥの提言では、どちらも国務長官の責任とするのがよいとしていたが、これにマーシャル国務長官が反対した。現職の国務長官が自ら反対意見を唱えたのであるから、否決されて当然である。これを受けて、一九四七年一二月、国家安全保障会議は、ＮＳＣ四に従って国務省は開示作戦のみを担当し、ＮＳＣ四－Ａに従って非開示作戦は中央情報庁が担当する方針を決定した。

7　戦時と平時の分岐点

戦時と平時の役割分担をどうするか。これが、もうひとつの論点だった。

一九四八年夏、統合参謀本部の下に統合戦略計画委員会（ＪＳＰＣ：Joint Strategic Plans Committee）が設置され、国防長官の指令下で独自に心理戦を展開する体制が準備された。そのなかで、同年一一月一日、平時においては国務省と中央情報庁が心理作戦を担当するが、戦時においては国防省が心理戦を担当する方針が明記された。

ただし、平時と戦時をどう区別するのかが問題となり、ＪＳＰＣの提言が国防長官に承認されるまでにさらに一年かかった(26)。最終的には、国務省が平時の開示作戦を担当し、国務省で再編された省間海外情報室ＩＦＩＯが「国家非常時または戦時（national emergency or war）」における開示作戦を担当することになった(27)。このとき、戦時だけでなく、「国家非常時」における心理戦も、国務省ＩＦＩＯの担当となった。ちなみに、国家安全保障会議の政策文書は、冷戦を「国家非常時」と位置づけている。一方、国防省は戦時における心理戦を担当することになり、戦時における非開示作戦では中央情報庁と連携することになった。

統合参謀本部のもとには、「政治、経済、心理戦に関する統合委員会」が設置され、独自の作戦を展開することになった。この委員会のもとに、もうひとつの委員会が設置され、こちらが心理戦と特別作戦を担当することになった。具体的には、一九四八年七月のNSC一〇／二に従い、統合戦略計画委員会のなかに特別部（Special Section）が設置され、国防省の政策連絡官（policy liaison）が中央情報庁の政策調整室（OPC）との連絡役を務めながら、非開示の心理作戦ならびに特別作戦を実施することになった[28]。

ただし、実際には開示作戦と非開示作戦の線引きは難しかった。「グレー領域が大半であった」とリリーは言う[29]。リリーは具体的にどの領域がグレーであったかを書いているのだが、その部分は白く塗られて非公開だった。しかし、関係者の間では「グレー領域」に関する一定の合意があったことがわかる[30]。

一九四九年から一九五一年にかけて欧州復興支援をおこなった経済協力庁（ECA）は、中央情報庁の資金提供を受け、ラジオ・フリー・ヨーロッパに番組提供をおこなったが、この活動は地域によっては、米国の公式放送であるボイス・オブ・アメリカと合同（joint RFE-VOA effort）でおこなわれたとされる[31]。「グレー領域」とは、おそらくこのような事例を指していると考えられる。

一方、日本を含む「占領地」の心理戦に関しては、一九四九年二月、陸軍次官ドレイパー（Undersecretary Draper）が、戦時情報局の元ロンドン支局長ワラス・キャロルに対して意見の提出を求めている。占領地では、陸軍省再教育課（Reorientation Branch）が「教育」としての「心理戦」をおこなっていたが、キャロル提言書は、この再教育課の業務をどう再編するか、という質問に回答したものだった[32]。キャロルは、陸軍省は平時における心理戦担当部署をGS計画作戦部（Plans and Operations Division of the General Staff）のなかに置き、陸軍次官の下に民間人の専門家を置き、その専門家をフルタイムで雇用するべきであると提言した。

キャロル提言は一時保留されたが、七月五日、ウェデミアー大将（General Wedemeyer）からゴードン・グレイ陸軍省長官に送られた覚書で次の三点を決定した。

（一）民間から監督者（a civilian supervisor）を一名、指名する

（二）計画作戦部の中に心理戦に関する作業班を設置する

（三）情報主任室（Office of Chief of Information）に情報技術者の本部を設置する

この覚書に従って、九月一日、陸軍次官は民間人の監督者を指名し、三〇日付で民間人監督者が就任した[33]。こうして、占領地における心理戦では、陸軍参謀Ｇ‐３が中心的役割を担いながら、情報を専門とする民間人の監督者が指名されるという仕組みが出来上がった。

米議会歳出の占領予算をみると、実は、このキャロル提言が出された一九四九年に転換点がある。この年から日本向け予算とは別枠で、沖縄に特化した情報教育プログラム予算が配分されるからである。ちょうどこの時期に、沖縄では民間情報教育部のなかに企画課が設置され、それまでの陸軍省の軍人が担当していた民間情報部の業務に民間人が配置され、沖縄にやってきた。たとえば、そのなかにジェームズ・タルという人物がいた。彼は軍政府と一緒に行動しながらも、軍人ではなく、民間ラジオ局の設置に尽力したことで、沖縄の人々にも人気があり、信頼された人物である。

第３章で述べたように、同じ頃、米軍政府のメディア管理体制が、警察力を背景にした強権的なも

のから、ややソフトな監視・指導の体制に移行した[34]。すなわち、戦時的な体制から、平時の文官的な管理体制になったのである。この沖縄における変容と、キャロル提言との直接的な関係は明らかではないが、この時期が、沖縄にとっても重要な転換の時期であったことは確かである。

米国全体に配置された情報将校の規模を俯瞰すると、一九四九年九月付で、GS計画作戦部には四名の将校が配属された。そのうち二名は、国防省の代表として、国務省のIFISに派遣された。残り二名は、IFIOからの派遣者と連携で、陸軍省の心理戦を担当していた。

これとは別に、特別作戦を担当する特別参謀部（Special Staff Division）が設置された[35]。さらに、一一月、GS計画作戦部、計画班のなかに設けられた「助成計画課（SPB：Subsidiary Plans Branch）」には、将校一四名、文官一一名が配属されたが、そのうち、将校三名と地位の高い文官四名は、国務省に派遣された[36]。そして、この下に、各地域を担当する心理作戦班が設置されることになった。

助成計画課は一二月、統合助成計画部（JSPD：Joint Subsidiary Plans Division）に昇格し、統合参謀本部のもとで、国務省のIFIO、中央情報庁のOPCとの省庁間連携を「支援」する形になった[37]。具体的に言えば、その「支援」とは、国防省の持っていた通信網や施設、物資運搬ルートなどを活用した支援であった。この支援により、中央情報庁は、国防省が世界に展開する米軍基地と通信施設を利用でき、その費用は、中央情報庁から国防省に払い戻しされる仕組みが確立した[38]。この「統合助成計画部」という部局名の一部となっている「助成金（subsidiary）」の意味は定かではないが、中央情報庁が担当する非開示活動の一部は、民間企業・非営利組織等への業務委託によって実施された。統合助成計画部が出した「助成金」には、国防省から直接、民間への業務委託もあったが、この部署が中央情報庁との重要な窓口と位置づけられていた。

たとえば、沖縄には中央情報庁の海外放送情報サービス（ＦＢＩＳ）が「陸軍付属施設（Army Annex）」の看板を掲げていた例があった。当時、この施設で働いた人々は、ここが中央情報庁の施設であることを知らされない形で雇用されたと証言している[39]。また、沖縄の統治を担当した陸軍省であったが、統治組織には、国務省や合衆国情報庁からの出向者もいた。このような出向者に対する給料は、ひとたび陸軍省が支払うが、のちに出向元から払い戻される形になっていた。

ここまで検討してきた各省庁の役割をまとめると、国務省の役割が基本方針の決定という「頭脳」部分を担ったのに対し、国防省の役割はそれを具体化するための「手足」部分を担うことだったと言える。

一九五〇年六月、朝鮮戦争が勃発すると、沖縄を含めた日本列島は、そのための出撃基地として重要な役割を担うようになった。朝鮮戦争に向けた心理戦も展開された。この年の四月、トルーマン大統領は「真実のキャンペーン（Campaign of Truth）」宣言をする。この大統領の公式声明を米国の中長期的広報戦略として準備したのは、国務省広報部であった[40]。しかし、本章が検討したリリー文書が示すように、その裏では表向きの広報と同時に国名を明示しない非開示心理戦が同時展開されていたと考えるべきであろう。

一九五三年一月、アイゼンハワー政権が発足すると、同年九月三日、大統領行政命令一〇四八三号が出され、国家安全保障会議の下部機関として、対外情報活動の統括調整機関として、作戦調整委員会が発足した。この委員会は心理戦略委員会の業務を引き継ぐとともに、合衆国情報庁が発足した。

8　米国の対外情報活動の成立

本章は、エドワード・リリー文書を手がかりに一九四五年の戦時情報局の解散から一九五三年の合衆国情報庁の設立までに、米国の対外情報活動がどのように成立したのかを考察してきた。リリーが国防省・統合参謀本部の特別顧問を務めたこの時期は、米国の対外情報政策が大戦期から冷戦期にかけて変容した時期に当たるが、そこで、大統領行政府を頂点として、国務省・国防省・中央情報庁の間の役割分担と省庁間連携の仕組みが出来上がった。つまり、米国の対外情報活動は、国務省が方針決定など「頭脳」的役割を担う一方で、国防省が通信施設を提供するなどの「手足」部分を担い、それを支援するという形になった。

第二次世界大戦下で戦時情報局が担っていた海外情報活動は、先行研究が明らかにしたとおり、表向きには暫定的に国務省に移管された。だが、その際、日本を含む「占領地」は、陸軍省の管轄となり、国務省の外交の「別枠」として扱われたのである。トルーマン政権期からアイゼンハワー政権にかけての日米関係に関する公文書をみると、対日政策が、国務省だけでなく、国防省と「もうひとつの機関」と連携で実施されたことが記されている。そのもうひとつの機関名は、いつもそこだけ非公開であるが、そこが非公開であること自体が、その機関が中央情報庁であることを示唆している。この頃の日本における中央情報庁の関与を指摘し、その対日政策を心理戦として捉える研究もある。[41]

これまで合衆国情報庁の設立に至る過程で重要とされた、国務省を頂点とする活動は「本流」であった。しかし、それ以外に、「傍流」ではあったが、日本など「占領地」における米国の情報活動の成立過程が存在した。これまで日本占領史の成果として明らかになった情報活動の「部分」を、本国ワシントンにおける対外情報政策の決定過程ならびに全体像と関連づけていく作業は、これからも必要である。対日・対沖縄政策は、このように「占領」に伴う、米国の外交の「例外的事例」として位置づけられていたからである。

それが「外交」ではなく「軍事」の一部として位置づけられたことは、その後の日米関係、特に沖縄に大きな影響を及ぼしたことは言うまでもない。「占領」は、外国である地域に他国の軍隊が展開し、本来あるべき国家主体に替わって軍隊が異文化のなかで政治をおこなうという、戦後処理の特別な形態である。このように、米国の沖縄統治が「占領」という軍隊主導の体制から出発し、さらに、その後も継続したことで、沖縄における言論管理も軍事的色彩の強いものになったのである。(42)

第5章　米国の広報外交と沖縄

国家が海外の「公衆」に影響を与える目的でメディア等を通して何らかの働きかけをおこなうことを広報外交という[1]。米国の広報外交の基本法とされるのが、一九四八年スミス・ムント法である。同法の目的は、国際連合を中心とした国際社会で米国の海外イメージを強化することにあった。だが、米国国務省を中心に唱えられた国連主義の理想は、一九四八年から一九五二年にかけてのトルーマン政権後半期に、冷戦の進化とともに、次第に変容していくことになる。この時期は、国家安全保障会議（ＮＳＣ）の対日政策文書ＮＳＣ一三で沖縄分離政策が内部決定され[2]、沖縄では米軍政府の一部署として民間情報教育部[3]（ＣＩＥ）が発足し、住民に対する積極的な広報宣伝活動を開始した時期にあたる。一九四八年スミス・ムント法で示された米国の海外向けの広報「外交」プログラムは、沖縄で、すなわち、まだ「外交」の土俵にすら乗っていなかった占領地で、どのように実施されたのか。また、それは当時の沖縄の言論にどのような影響をもたらしたのか。本章では、これらの課題を検証してみたい。

同法に関する米国の先行研究は、一九四八年スミス・ムント法ではなく、主として一九七二年以降の修正条項をめぐって展開されてきた。具体的には、政府の米国内での情報伝達を禁止した一九七二年以降の修正条項が、言論の自由を定めた合衆国憲法修正第一条に違反するか否かが主な争点だったと言える。(4)しかし、これらの先行研究は、同法が「対外」広報政策の基本法であるにもかかわらず、それが海外の言論に及ぼした影響についてはほとんど論じてこなかった。(5)合衆国情報庁（ＵＳＩＡ）の史料に基づき米国の対外広報政策の全体像を提示したニコラス・カルの研究も、それが海外で具体的にどう実施されたか、また、そのような影響を及ぼしたかについては論じていない。(6)

他方、日本における占領史研究は、連合国軍総司令部（ＧＨＱ／ＳＣＡＰ）の一部署だった民間情報教育局が果たした役割を明らかにし、その政策が「内面指導」にあたることを指摘、(7)戦後日本の言論に与えた影響を問題視してきた。そのなかで特にスミス・ムント法が成立した一九四八年は、対日メディア政策にとっても「逆コース」が確定する重要な転換点だったことが指摘されている。(8)その背景には、当時のソビエト連邦をはじめとする共産主義国からの脅威論など、日本を取りまく国際情勢の変化があったとされる。

民間情報教育局に関しては、日本に流入するＣＩＥ映画の数が一九四八年から急増したこと、これらの映画が、一九四八年一月に発足した陸軍省のニューヨーク分室を経由して日本に届いたことがわかっている。(9)しかしながら、第４章で述べたように、映画を含めた米国の対外広報の担当部署が首都ワシントンでは「外交」担当の国務省であったにもかかわらず、日本で占領を担当したのが「軍事」担当の陸軍省であったことから、その政策の実施過程における関連性がこれまで必ずしも明確ではなかった。そこで本章では、本国で決定された米国の「対外」広報政策が、東京の連合国軍総司令部を通して、沖縄でどのように実施されたか、その関係を明らかにし、沖縄の言論に対する影響の一端を探ってみたい。具体的には、一九四八年スミス・ムント法の条文を検討し、同法が米国国家予算の海外でのフレキシブルな運用を可能にしていることを明らかにする。さらに、この時期の海外援助予算法などの議会記録と、トルーマン政権期に米国の情報政策を統括した心理戦略委員会（ＰＳＢ）などの米側公文書に基づき、スミス・ムント法で示された対外情報政策の基本方針が、沖縄に対しては日本占領と同様に軍事担当の陸軍省に委託され、「情報教育プログラム」として実施されたことを述べる。そのうえで、本章の後半では、一九五〇年の沖縄群島知事選挙の候補者公約と新聞報道をもとに、このように軍事的意味を持つことになった「スミス・ムント・プログラム」が沖縄の言論に与えた影響の一端を探ってみる。

１　一九四八年スミス・ムント法

一九四八年一月二七日に成立したスミス・ムント法は、米国の外交を主管する国務長官を「海外情報プログラム」の統括者と定めている。ここには、第二次世界大戦期から米国が設立を提唱してきた国際連合における国際広報活動を、国務省主導で実施する体制を確立しようとする狙いがあった。正式名称を「合衆国に対するよりよき理解を世界の人々の間で推進し、協力的な国際関係を強化するための法律」といい、略称は「一九四八年・合衆国情報教育交流法」だが（第一条第一項）、同法を起草したアレキサンダー・スミス上院議員とカール・ムント下院議員の名前をとって、スミス・ムント法と呼ばれている。

同法の目的は、(一)合衆国の理解を促進するための海外情報伝達、(二)教育交流の促進にあった(第二項)。つまり、「広報」だけでなく、「教育」がもうひとつの柱だった。さらに、「国連での発言力強化」が主たる目的であることが明言され(第三項)[10]、その目的の達成のために、国務省に二つの諮問委員会が設置されることになった。

重要なのは、国務長官を対外広報政策の責任者と定義している点である(第四項)。その視点は、第二次世界大戦が終結し、戦時情報局の活動が停止した一九四五年一〇月、ニューヨーク州選出のソル・ブルーム下院議員から提出されたブルーム法案を受け継いでいた。ブルーム法案で、国務省は大戦中に設置したボイス・オブ・アメリカ(VOA)などの海外放送を継続する必要性を議会に訴えていた。しかし、国家自らが海外で情報伝達をおこなうことは、戦時のプロパガンダを平時にも継続することになると議会が反発した。また、米国新聞編集者協会など国内メディアが強硬に反対し、成立しなかったものである[11]。言論の自由を掲げる米国の人々が、プロパガンダに対して強い嫌悪感を持っていたことが窺える。戦時情報局の解散で、暫定的に国務省に組み込まれたVOAなどの海外放送は、第二次世界大戦終結後も、国務省の年度ごとの予算法で、かろうじて暫定財源を確保していた。だが、継続的な予算確保に向けて、法的根拠の確立を目指していた国務省が、共産主義プロパガンダに対抗するという理由を持ち出して、二年の歳月をかけて議会を説得し、ようやく成立させたのがスミス・ムント法だった[12]。

同法が意識したのは、国連のなかでも特にユネスコである。そのことは、同法がユネスコと同様、科学・技術・教育・情報の領域での人材交流を強調している点に示されている。[13]当時、米国はユネスコを通して教育を目的とする視聴覚資料を非関税扱いで国際流通させる方針を提案していた。一九四八年一一月一七日から一八日にかけて、レバノンのベイルートで開催された第三回ユネスコ会議には、米国からジョージ・アレン広報担当国務次官補が出席したが、そこで提案されたのがベイルート協定案である。それは教育目的とする視聴覚教材の関税撤廃を求める国際協定案だった。[14]

結局、ベイルート協定は締結国が少ないままに終わった。そのため、この協定は国際社会から忘れられることになった。だが、会議では、日本人に対する再教育プログラムの必要性が議論され、米国が対日占領で映画を活用し、それを米国に対する理解と利益に結びつけようとする意図が示された。そのため、戦後日本にとってはきわめて重要な要素が盛り込まれた提案であった。ベイルート協定には、米国映画を日本へ「教育目的」と銘打つことで、有利に持ち込み、また、米国映画産業の日本市場に向けた展開を後押しする狙いがあった。一九四八年以降、日本に持ち込まれるＣＩＥ映画が急増する。その背景には、スミス・ムント法が、教育目的の予算の確保を容易にする内容だったことがあると考えられる。そのために、米国はユネスコに独自の提案をおこなっていた。沖縄にも一九四八年以降、ＣＩＥ映画が届き、上映会が開催される運びになった。そのなかには、特に教育的ではない娯楽映画も混ざっていたが、その主旨が「教育目的」である点がたびたび強調されている。[15]もちろん、その教育とは、日本人に対して米国流の民主主義を教授することであった。

一方、スミス・ムント法の成立は、米国の憲法に基づく自由な言論政策からの「重要な決別」であるとして、メディア研究者から痛烈な批判を浴びた(16)。それは、スミス・ムント法が「同法の目的のための予算が認められるべきである」（七〇一項）として、ほとんど手放しに近い形で、国家の広報予算を認める内容だったからである。同法は、言ってみれば「ザル法」だった(17)。スミス・ムント法は活動報告を半年に一度、議会に提出することを求め（六〇三項）、「事後報告」を義務づけた。しかし、この七〇一項は、行政府に対する議会の「事前監視」を半ば放棄し、行政府の行動の自由度を拡大させるものだった。

その意味で、スミス・ムント法は、民主主義の装置である議会の監視機能を著しく弱体化させる内容を含んでいた。スミス・ムント法が成立する半年前、一九四七年七月に設置された国家安全保障局（NSC）も、大統領行政府の権限拡大に寄与したと言われるが、スミス・ムント法の成立は、それを後押しする意味をもった。こうして、米国が冷戦という名の情報戦に立ち向かうための国内的装置が整備されたのである。

2　スミス・ムント・プログラム

スミス・ムント法の二条には、「スミス・ムント・プログラム」の目的が述べられ、その基本的コンポーネントが明示されている。

スミス・ムント・プログラムの第一のコンポーネントは、教育目的の人材交流プログラムである。

郵便はがき

料金受取人払郵便

神田局
承認

2420

差出有効期間
2025年10月
31日まで

切手を貼らずに
お出し下さい。

101-8796

537

【受　取　人】

東京都千代田区外神田6-9-5

株式会社 **明石書店** 読者通信係 行

お買い上げ、ありがとうございました。
今後の出版物の参考といたしたく、ご記入、ご投函いただければ幸いに存じます。

ふりがな お名前	年齢	性別

ご住所　〒　　　-

TEL　（　　　）　FAX　（　　　）

メールアドレス	ご職業（または学校名）

*図書目録のご希望 □ある □ない	*ジャンル別などのご案内（不定期）のご希望 □ある：ジャンル（　　　） □ない

書籍のタイトル

◆本書を何でお知りになりましたか？

□新聞・雑誌の広告…掲載紙誌名［　　　　　］

□書評・紹介記事……掲載紙誌名［　　　　　］

□店頭で　□知人のすすめ　□弊社からの案内　□弊社ホームページ

□ネット書店［　　　　　］　□その他［　　　　　］

◆本書についてのご意見・ご感想

■定　　価　□安い（満足）　□ほどほど　□高い（不満）

■カバーデザイン　□良い　□ふつう　□悪い・ふさわしくない

■内　　容　□良い　□ふつう　□期待はずれ

■その他お気づきの点、ご質問、ご感想など、ご自由にお書き下さい。

◆本書をお買い上げの書店

［　　　市・区・町・村　　　書店　　　店］

◆今後どのような書籍をお望みですか？

今関心をお持ちのテーマ・人・ジャンル、また翻訳希望の本など、何でもお書き下さい。

◆ご購読紙　(1)朝日　(2)読売　(3)毎日　(4)日経　(5)その他［　　　新聞］

◆定期ご購読の雑誌［　　　　　］

ご協力ありがとうございました。

ご意見などを弊社ホームページなどでご紹介させていただくことがあります。　□諾　□否

◆ご 注 文 書◆　このハガキで弊社刊行物をご注文いただけます。

□ご指定の書店でお受取り……下欄に書店名と所在地域、わかれば電話番号をご記入下さい。

□代金引換郵便にてお受取り…送料＋手数料として500円かかります（表記ご住所宛のみ）。

書名	冊
書名	冊

ご指定の書店・支店名	書店の所在地域 都・道　府・県　市・区　町・村
	書店の電話番号　（　　　）

そこには長期交換留学などの大学間交流だけでなく、職業訓練、政治リーダーの交流事業などの短期交流事業が含まれていた（二〇一項）。第二のコンポーネントは、書籍・雑誌をはじめとする教育的資料の準備・配布・交換を外国政府と共同で実施するプログラムで、米国政府が海外で他国政府と連携できる形が設けられた（二〇二項）。第三のコンポーネントは、海外での学校・図書館・公民館・実験施設の設置と支援である（二〇三項）。この項目は、占領下の日本ですでに設置されていたＣＩＥ図書館に対する予算を保証するとともに、後の「アメリカン・センター」に対する予算的根拠となった[18]。また、沖縄に相次いで開設される「情報センター」の法的根拠になった。このように、スミス・ムント法が示した基本的コンポーネントは、米国が、それまでも海外の占領地などで暫定的に実施してきた、陸軍省主管の情報教育プログラムの伝統を引き継ぐものだった。ただし、同法は、その情報教育プログラムを新たに「スミス・ムント・プログラム」と名づけ、自由民主主義の原則に依拠しなければならないとして、目的を再定義した（二〇三項）と言える。そして、何より「反共」の意思を示すものであった[19]。

以上の目的を達成するために、「メディアを利用する」と明記したのが五〇一項である。五〇一項は、国務長官は新聞・出版物・ラジオ・映画などの情報メディアを利用し、現地の情報センターと指導員を通じて米国の情報を海外に伝達する、とした。出版物の制作、ＶＯＡ等の海外ラジオ放送、ＣＩＥ／ＵＳＩＳ映画の上映会などのメディア関連予算は、この五〇一項により、その法的根拠を得ることになった。さらに、同項は、報道資料と放送原稿を現地語だけでなく英語でも作成すること、また、その英訳を議会の要求に従って提出することを義務づけたのである。

続く五〇二項では、これらの情報発信事業を政府独占でおこなうのではなく、出来る限り、民間企業を利用しなければならないことが定められた。ただし、その民間企業は米国企業に限定されてはいなかった。海外における広報活動には現地語のできるスタッフが必要になる。事業委託先を米国企業に限定すれば効果的な広報がやりにくくなるため、言語・文化の面で優れている現地企業に委託することが現実的な選択だったと言える。こうして、スミス・ムント法で具体的に示されたこれらのコンポーネントは、のちに合衆国情報庁の対外広報を特徴づける要素になっていく。

指摘しておきたいのは、スミス・ムント法のプログラムは米国的価値観を啓蒙する「情報教育」活動全般であり、後に合衆国情報庁の担当となる「広報」事業よりも広範な内容であったことである。米国は国務長官の指示で、海外で学校・図書館・公民館・実験施設を建設できた。既存施設に対する金銭と人材の援助、成人教育・職業訓練などの講座提供をおこなうことができた。沖縄では琉球大学が米国の援助で設置されたが[20]、日本本土でも、学校・図書館等に人材や図書を提供することができた。また、その目的のために、海外に展開している米政府の設備と人材を利用することができたのである。後述するように、沖縄では、一九五三年の合衆国情報庁設置前の一九四八年から一九五二年の間に、これらの「スミス・ムント・プログラム」の基本的コンポーネントが、すべて出揃う形となっている。

一九五三年、合衆国情報庁の発足で、教育目的の事業は国務省の主管となり、合衆国情報庁は広報を主管することになった。占領下の沖縄では、合衆国情報庁の支部にあたる合衆国情報サービス（USIS）は設置されなかったが、陸軍省の管轄下で民間情報教育部が、引き続き「情報教育プログラム」を実施した。沖縄における米国の「広報」活動は、このような形で、占領期に形成された住民に対する「情報教育」活動を原型としながらも、米国の民主主義を教え、共産主義に反対するという、本国の方針に沿った社会教化的な側面を持ち続けることになった。

3　海外でフレキシブルな資金運用

第４章で述べたように、トルーマン政権の後半期（一九四八年一月－一九五三年一月）に、米国は対外情報活動に関する政策文書で、関係省庁の役割分担を決定した。その過程で、国務省は、米国の名前を明示しておこなう対外広報活動の担当省として位置づけられた。一方、中央情報庁は、米国の名前を出さないでおこなう、非開示活動の担当庁と位置づけられた[21]。ただし、中央情報庁が、このような非開示活動をおこなう場合にも、その基本方針については、国務省の現地代表者と調整することが義務づけられ、全体の最終統括者は国務長官であるとされた[22]。本章で検証したように、スミス・ムント法は、対外広報の統括者としての権限を国務長官に与えていた。このことは、国名開示型の対外広報活動の主管省を国務省としながらも、中央情報庁が担当する非開示活動を含めたうえでのすべての責任者が、最終的には国務長官だったことを意味する。

たとえば、国務長官は、対外広報を目的とした予算を国務省以外の他省庁に移譲する権限を与えられていた（七〇二項）。これは、スミス・ムント法が目的とする情報伝達と教育交流活動を、国務長官が中央情報庁または陸軍省、海軍省、空軍の軍部に移譲することが可能であったことを意味する。

また、国務長官は、これらの業務を国務省以外の連邦政府職員に委嘱することができた（一〇〇二項）。その結果、沖縄に対しては、国務長官を責任者とする情報教育に関する業務が、陸軍省に委託される形で実施されたのである。

これ以外にも、スミス・ムント法には、米国の海外拠点が現地でフレキシブルに予算運用できる仕組みが盛り込まれていた。たとえば、同法の八条には「運営手続」に関する項目が並ぶ。八条をみると、国務長官は、米国人以外の個人と非営利組織に資金を提供すること（八〇一項の一）、ラジオ施設の購入、建設、管理をすること（八〇一項の三）、海外で印刷・製本をすること（八〇一項の四）ができた。また、外国語の翻訳・通訳のために外国人を雇用すること（八〇一項の五）ができた。どの項目も、言語が異なる異文化の地で、米国が広報活動をおこなうのに必要な要素である。

そのために、現地企業を必要に応じて使える仕組みも盛り込まれた。一〇〇五条では、「米企業を最大限活用するように」と求めていたが、その一方で、「米企業を含む企業と人材を使うことができる」（五〇二項）という項目もある。つまり、実際には、米企業以外の企業と人材を、フレキシブルに採用することができた。ただし、国家予算で対外広報を実施する職員については、米国人であっても外国人であっても、連邦捜査局（ＦＢＩ）による事前審査を得なくてはならないことになっていた（一〇〇一項）。

以上のように、米国の出先機関が国家予算を使って、海外においてフレキシブルで多彩な情報教育活動を展開できる仕組みを提供したのが、スミス・ムント法だった。さらに、国務長官は、外国政府と協力して情報と教育交流に関するプログラムを実施する権限も与えられていた。たとえば、新潟県におけるＣＩＥ映画上映会は米国と日本政府の合同プロジェクトであった。具体的には、占領軍本部から地方軍政部への作戦指令と、文部省の通牒で実施された[23]。スミス・ムント法には、このように米国政府と外国政府（この場合は、日本政府）が合同で米国の文化宣伝を実施する仕組みがもりこまれていた。地方軍政部からの指令があったのは、このようなＣＩＥ映画上映会の実施が、日本では、まず占領軍に委託され、そこで日本政府と合意したうえで、さらに地方軍政部への指示が出たことによるものと考えられる。

その実施過程において、外国政府が希望した場合には、科学的・技術的・専門的知識をもった米国人を雇用することができた。そのための費用は、米国の歳出とすることもできたし、外国政府や企業に出してもらうこともできた。国家活動は、議会の予算承認を得るのが原則である。しかし、このように、スミス・ムント法には、米国が海外で広報活動をフレキシブルに展開できる、諸々の仕組みが盛り込まれていた。

4　陸軍省に委託された情報教育プログラム

スミス・ムント法の仕組みは、ヨーロッパとアジアで、米国が実施主体を変えて、米国のイメージを良くするためのさまざまな活動をすることを可能にした。具体的には、第４章で示したように、占領地であった日本と沖縄に対しては、ひとまず陸軍省に予算を委託して、陸軍省が、本来は国務長官が主管のスミス・ムント・プログラムを実施する運びになったのである。

周知のように、日本占領はガリオア（ＧＡＲＩＯＡ：Government and Relief in Occupied Areas）予算でおこなわれた。これは、敗戦国である日本・ドイツ・イタリアに対する占領経費だったが、「ガリオア」という予算法があるわけではなく、予算法のなかの一項目として「ガリオア項目」がある。占領前半の一九四六年度と一九四七年度は、軍事予算法の一部として、一九四九年度と一九五〇年度は、海外援助予算法の一部として、ガリオア項目が計上されたものである。そのうち、日本に向けたガリオア予算項目のなかに、「スミス・ムント・プログラム」の基本的コンポーネントを含む「情報教育プログラム」があり、一九四九会計年度（一九四八年七月一日から一九四九年六月三〇日まで）から、「琉球列島」向けに別枠の予算が設けられている。(24)

日本占領とは別枠で琉球列島に向けた予算が盛り込まれた海外援助予算法は、一九四八年四月に成立した経済協力法（Economic Cooperation Act of 1948）に基づき、海外経済援助を実施するための予算法である。その頃、米国の反共政策で重要になっていたギリシャ、トルコを含む、その他のヨーロッパ地域と、中国を含む極東地域に対し、経済的援助をおこなうことが主な目的だった。一九四八年以降、ヨーロッパに対する米国の援助は、経済協力庁（ＥＣＡ：Economic Cooperation Administration）が中心になって実施されていたので、これらの地域に対する予算は経済協力庁に配分された。ところが、東アジアの「占領地」に対しては、その当時、極東軍が東京に本部を置き、日本占領を担当していたことから、陸軍省に対する予算として配分された。その結果、極東軍が「極東のＥＣＡ」として、日本・沖縄だけでなく、韓国を含む東アジア地域における経済支援の実施主体と

なったのである。(25)

このような地域による役割分担ができたのは、第４章で述べたように、当時、日本が占領下にあり、米国の「外交」の対象に入っていなかったからだが、ついでに韓国が極東軍の担当とされたことは重要である。それと同時に、沖縄に対する予算が別枠配分となった。米国は、国別プランで各国に対する外交政策を策定するが、その前に、このように、全世界を地域別に区分し、その地域ごとに「面」としての対策を立てる。それは、移動の効率などを考えると当然の成り行きだが、この時期に、ヨーロッパとアジアで援助の担当省が異なり、日本を含む極東地域が、軍の担当となったことは、第６章で述べるように、その後の沖縄統治に大きな影響を与えることになった。

他方、日本と同様に連合国軍の占領下にあったドイツは、米国のほかに、イギリス、フランス、ソビエト連邦との共同占領であった。そのため、占領開始当初から、日本占領よりも「外交」の要素が多く入り込んでいる。その結果、ヨーロッパでは、国務省の海外支部である合衆国情報サービス（ＵＳＩＳ）が、映画上映会を運営するなど、スミス・ムント法の原則通り、国務長官が直接、管轄する広報外交プログラムが展開された。これと並行して、一九四九年からは経済協力庁が主管する「ＥＣＡ情報プログラム」が実施されることになった。経済協力庁は、基本的には経済援助を目的とした機関だったが、そのなかで、ＥＣＡ情報プログラムは、その援助活動を宣伝する目的で設置されたものだった。

どちらも米国に対する理解促進を目的とするプログラムだったが、「ＥＣＡ情報プログラム」を監督していたのが、第４章で紹介した心理戦略委員会である。合衆国情報サービス（ＵＳＩＳ）が実施する広報プログラムと、ＥＣＡ情報プログラムとの違いは、前者は原則として米国の名前を提示して情報発信する開示活動、すなわちホワイト・プロパガンダであったのに対し、後者には非開示活動であるグレーまたはブラック・プロパガンダが認められていた点で違いがある。しかし、どちらも、書籍・雑誌・出版物・映画などのメディアを通した米国政策の広報、学校と情報センターの設置など、米国の国家方針に基づく対外広報を目的にしていた[26]。表面上はどちらも米国映画の上映会を開催したり、米国文化を宣伝する出版物を発行したりする、類似した内容で、その重複をどう解消するかが問題にもなっていた。

一方、極東地域に対するＥＣＡ情報プログラムは全面的に陸軍省に委託される形で実施されたため、類似したプログラムが並行して走るという、重複問題は起きなかった[27]。その代わり、本来は国務省を主管とする情報教育プログラムが、陸軍省に委託される形で実施されたため、国務省からの指令が十分に届かないという指示体系の混乱が発生することになった。一九四六年二月に承認された国務・陸海軍三省調整委員会文書二四七（ＳＷＮＣＣ２４７）で、国務省・国際広報文化局（ＯＩＣ：Office of International Information and Cultural Affairs）から、同局の海外支部である民間情報教育局に対する指示は、米軍が展開する占領地においても有効であると取り決められた。

この決定は、第二次世界大戦下で戦時情報局の指示が、「戦域」でも有効とされていた原則を踏襲したものだったが、それを受け入れるかどうかの最終判断は米軍司令官に委ねられていた。そのため、日本と沖縄の占領においては、国務省の指示を、東京または沖縄の民間情報教育部が受け入れるかどうかの最終判断は、米軍司令官マッカーサーに委ねられた[28]。先行研究では、映画の検閲等の方針をめぐり、参謀本部の指令下にあった民間検閲部（ＣＣＤ：Civil Censorship Division）と、国務省の指示下にあった民間情報教育局の間で、たびたび食い違いがあったことが指摘されている[29]。その原因は、このような指示体系の違いが、現地で混乱を生んだものと考えられる。

この状況は、沖縄でも同様であった。一九五二年の平和条約の発効後も沖縄では統合参謀本部を頂点とする「戦時」の指令体系が継続した。そのため、沖縄では第二次大戦末期に出された戦時指令が有効の状態が続き、現役の米軍司令官を頂点とする体制が継続したのである。したがって、国務省が沖縄で前面に出てくることはなかった。そのため、沖縄に国務省系の合衆国情報サービス（ＵＳＩＳ）は設置されなかったが、陸軍省の管轄のままで、民間情報教育部が、その情報関係の業務を代行することになったのである[30]。

翌一九五〇年度の海外援助予算法も、同様の形で、議会で審議された。下院予算小委員会で開かれた同法案の公聴会記録をみると、欧州経済援助に関する審議では、国務省と経済協力庁（ＥＣＡ）の代表者が証言した。しかし、日本と韓国への援助予算の審議では、証人が入れ替わり、国防省と米軍の代表者が答弁した。公聴会にはポール・ホフマン経済協力庁長官が出席していたが、ホフマンは、日本に一〇日程度滞在したことしかなく、「答弁するための知識を持ち合わせていない」と回答する。そこで、代わりに、国防次官と陸軍次官が極東地域に関する答弁をおこなった[31]。そして、この一九五〇会計年度予算は、占領が終了した場合、余った予算は、大統領の判断で占領経費以外の目的に流用できる、という条件付きで承認された[32]。

以上のように、日本と沖縄に配分された占領経費は、国務長官が統括者とはならずに国防省の管轄とされ、それに伴う広報政策も、その実施過程において陸軍省の武官に采配が委任されることになったのである。

米国の極東軍司令官という現役武官でありながら、連合国軍総司令部最高司令官という国際的な組織の職位を「兼務」したのがダグラス・マッカーサーである。沖縄においては一九七二年の返還まで同様の体制が継続的にとられ、現役武官である米軍司令官が住民管理政策を担当する「軍政長官」「民政長官」「高等弁務官」などを「兼務」する形が続くことになった。こうして、米国の対外広報政策は、軍事管理の一部として組み込まれていった。第3章で詳述したとおり、その実施過程で、数々の布告や指令が出され、これらの軍法が沖縄における言論の自由を制限していくことになる。

5 民間情報教育部の親米宣伝

沖縄における「情報教育プログラム」の実施主体となったのが、一九四八年に始動した民間情報教育部である。それまでは、米軍政府が戦時刑法による言論規制をおこなっていたが、一九四八年頃から、その方法が変容してきたことを第4章で検証した。その背景にあったのが、このスミス・ムント法の施行であったと考えられる。

民間情報教育部の言論管理が、それ以前と決定的に異なっていたのは、自らプレス・リリースを発行し、積極的な情報発信をおこなった点にある。また、『うるま新報』以外の新聞を許可し、ラジオ放送の開始を支援した。これらのメディア制作に関わる関係者を教育、指導し、彼らとの良好な「信頼関係」を築こうと務めた。そして、このような「信頼関係」により、メディアに対する影響力を行使することを狙った。こうして、メディアを地域の情報源として活用しながら、その一方で、コンテンツを監視し、何か問題があったら指導に出向くという、それまでよりはゆるやかな言論の管理体制に変化していく。

一九四八年一月、陸軍省民事部のニューヨーク分室が開設されると、ＣＩＥ映画が、東京を経由して沖縄にも到着した。四月に米軍放送ＷＸＬＨの局長だったジェームズ・タルが、民間情報教育部の専任スタッフになると、民間情報教育部の支援で戦後はじめての民間ラジオ放送開始に向けての準備が開始された(33)。同年五月には、『沖縄タイムス』が発行を許可され、七月には『沖縄毎日新聞』が名護を中心とした地域で活動することを条件に許可された(34)。こうして、もともと米軍の支援で創刊された『うるま新報』だけだった新聞が三紙に増えた。このように、一九四八年は戦後沖縄の「メディア元年」とも言える年になったのである。

『沖縄タイムス』は、沖縄新報社の元編集者らが一九四七年から創刊の準備を進めてきたが、軍政府の許可がおりず、創刊することができないでいた(35)。ところが、一九四八年五月、発行許可がおりて、七月一日に創刊号が刊行された。このような軍政府の態度の変化は、沖縄における民間情報教育部の発足とともに、言論を「奨励しながら、監視する」方針に変わったことによると考えられる(36)。

沖縄戦の後、民間人収容所が設けられ、厳しい軍事管理が実施された沖縄で、検閲は米軍の野戦マニュアルで住民管理政策の一環として位置づけられていたことは、すでに述べた。新聞とラジオは許可制で、米軍に対する批判は軍法で禁止され、取り締まりを受けていた点に変化はなかったが[37]、民間情報教育部は、メディアの自律性と「自主検閲」にある程度まで、まかせる方針をとった[38]。先述したように、民間情報教育部は、戦時情報局の伝統を受け継いだ文官組織で、軍とは異なる報道統制の方針をとったのである。

第二次世界大戦下の日系アメリカ人新聞に対する言論統制を研究した水野剛也は、米国の言論統制が、軍による場合と、文官組織による場合で異なることを指摘している[39]。同様の違いが沖縄における軍と民間情報教育部のメディア対応に観察できる。民間情報教育部は、東京のＳＣＡＰ印刷所、国務省のマニラ印刷所との連絡関係があり、ワシントンでは国務省ＯＩＣの海外拠点と認識されていた。ただし、日本と沖縄では、軍職員を対象にした軍内部の情報教育部（Ｉ＆Ｅ）の職員が、そのまま「異動」となる場合も多かった。

一九四八年八月、それまでフィリピンを拠点としていた琉球軍が、東京の極東軍直轄となり、東京に琉球・軍政府課が設置され、極東軍に配分されたガリオア予算が、この琉球・軍政府課を通して沖縄の米軍政府に配分されるようになった。これは、先述したように、一九四八年七月から沖縄統治予算が「琉球列島」に対する別枠で配分されたことによる措置だったと考えられる。ここから、それまでマニラ経由で来ていた本国からの指令が東京経由で届くようになり、東京との関係が強まっている。

ＣＩＥ映画も、東京で日本語に吹き替えをしたものが沖縄に届くようになった。ＣＩＥ映画は、ＣＩ＆Ｅ中央映画配布部（Central Motion Picture Distribution Unit）を通して貸し出され[40]、一九四九年になるとナトコ・プロジェクターを用いた移動ユニットによる定期上映会が沖縄各地で開催された。

一九五〇年までに、那覇、名護、石川、宮古、石垣の五か所に図書館とホールを備えた「情報センター」が設置され、そこでは映画上映会のほかに、英語教室、講演会、音楽コンサートなどが開催された。「情報センター」は、スミス・ムント・プログラムの基本的コンポーネントのひとつだが、沖縄では文化交流を強調し、「琉米文化会館（CI&E Ryukyuan-American Cultural Center）」と呼ばれるようになる。

6　選挙で消えた「日本帰属論」

それでは、このような民間情報教育部の広報活動は、沖縄の言論にどのような影響を及ぼしたのだろうか。

沖縄戦の開始とともに発令された布告・布令などの軍法が有効だった沖縄では、プレス・リリースの発行、書籍・映画などのメディア資料の配布に主眼を置いた民間情報教育部の親米宣伝は、それまでの軍政府による住民管理政策に追加された表面的なコンポーネントにすぎなかった。当時の言論状況のすべてを論じることはできないが、ここでは、一九五〇年九月の沖縄群島知事選挙における三人の立候補者の公約を新聞資料を用いて検討することで、米国の親米宣伝が沖縄の言論にもたらした効果の一端を探ってみよう。

ちなみに、一九五二年以降、米国は知事公選を認めない方針をとったが、一九五〇年におこなわれた群島知事選挙では、米国の民主主義の理念を教育する目的で、軍政府は公選をむしろ積極的に推進していた。この時点では、沖縄を国連の信託統治領にする目標があったため、米国は国際的批判を回避するためにも、「米国は沖縄を民主的に統治している」とポーズをとる必要があった。そのためには、のちに知事公選に否定的見方をとる陸軍省も、この時点では、沖縄の住民を宣伝で親米にできると、楽観的に考えていた。

一九四九年春頃から、民間情報教育部は、翌年の知事選に向けた「選挙教育キャンペーン」を開始し、民主主義における選挙の意義をアピールし、米国はそれを支持すると宣伝した。米国への人材派遣と文化交流も始まった。最初の派遣団は沖縄の政府指導者で構成され、民主主義を学ぶ目的で、米国の政府機関を視察した[41]。

一九五〇年一月にはラジオ放送局ＡＫＡＲ「琉球の声」が開局した。知事選挙が告示された八月三日には、民間情報教育部の職員による「弘報課（Public Relations Office）」が設置された。この課がプレスリリースを発行し、沖縄の新聞とラジオに対するニュース提供者となることで、メディアに対する影響力の強化を図った[42]。

このとき、知事選挙に立候補したのは、民主同盟から立候補した松岡政保、農業団体と教育関係者らの支持を得て立候補した平良辰雄、人民党から立候補した瀬長亀次郎の三名である。当時の選挙法は、米軍政府が出した布告選挙法で、告示から投票までの期間は一五日と定められていた。当初は、松岡政保と平良辰雄の一騎打ちかとみられたが、八月一三日、人民党から書記長の瀬長亀次郎が立候補し、最終的には、この三名の論戦になった。

投票は予定より延期されて九月一七日におこなわれた。その間、軍政府は布令二二号「群島組織法」を出して、選挙で誕生する政権の権限を制限する施策を打ち出した[43]。それは、誕生した新政権が、軍政府の布告・布令・指令に従って公共の事務を処理するものとされ、詰まるところ、新政府は軍政府の下部組織としての機能しか持ち得ないことを規定する内容であった。

一九五〇年当時の『うるま新報』（『ウルマ新報』は一九四六年九月から、ひらがな表記）と『沖縄タイムス』の紙面をみると、一面（表）と二面（裏）の二頁構成が基本で一面が国際ニュース面、二面がローカル・ニュース面となっている。東京発のニュースが極端に少ないことは、第2章で述べたとおりである。一面は、米国大統領の会見など米国発のものに加え、ソビエト、中国大陸、朝鮮戦争などの国際ニュースが並び、結果として冷戦の開始を警告する内容になっている。その裏面、すなわち二面に、知事選挙を伝えるローカル・ニュースが掲載されている。

一九五〇年一月一日の『沖縄タイムス』には、「琉球の帰属はどう決る（ママ）」という特集が掲載されたが、「米国管理の公算大」という小見出しが付けられていた[44]。しかし、その後は、九月一七日の選挙当日まで『うるま新報』にも『沖縄タイムス』にも帰属論に関する目立った議論は掲載されていない。

三名の候補者の公約をみても、沖縄は日本に帰属すべきだとする日本帰属論は見当たらなかった。かといって、米国帰属論を強く主張する論調も見当たらない。

ひとまず、米国帰属を前提とした公約を掲げたのが、米軍政府の公共事業と近い関係にあったとされる松岡政保である。松岡の公約は「軍政府に民意を率直に進言し、軍民政治の一体化をはかる」というものだった。これに対し、平良辰雄の公約は、「議会政治を確立し、全琉統一政府の実現をはかる」で、帰属については、あえて触れていない。後に日本復帰運動の先頭に立つ瀬長亀次郎の公約も、「人民自治政府の樹立と憲法議会の制定」で、どちらかというと琉球独自の道を模索する内容である。

選挙で当選したのは平良辰雄だった。平良は後に書いた手記のなかで、選挙期間中に各地でおこなわれた懇談会では、かならず日本帰属論を持ち出していたが、表向きには持ち出しにくく、対米批判はしにくい雰囲気があったと回想している[45]。実際、軍政府予算の使途が不明であると米軍批判をおこなった人民党の準機関紙『人民文化』が軍政府の命令で発行停止になっている[46]。このころ、米軍に対する批判は、ほとんどできない状況だった。

「布告選挙法」のような軍法を、軍政府が恣意的に発令することが許容された軍事政権下で、民間情報教育部のおこなった宣伝活動の効果のみを分けて抽出することは難しい。しかし、軍政府が軍法支配をおこなうなかで、三人の候補者の公約からは日本帰属論が消える結果となったと言えよう。検閲される新聞の側が、検閲されている事実を知ったうえで、その議論を避けたようにみえる。その結果、沖縄の新聞からは目眩しにあったように日本帰属論が消えた。その意味で、軍政府の一部署として発足した民間情報教育部は、沖縄のメディアの再興を支援する姿勢をみせながら、自己検閲を喚起し、指導・監督するという言論統制策をとることで、候補者の政治的言論から反米世論を封じる一時的効果を導き出したと言えるだろう。

しかし、このような米国の一方的な言論管理策が、住民の強い反発を招いたことも確かである。一九五一年九月、サンフランシスコで平和条約が締結され、沖縄の分離が確定すると、沖縄では日本への復帰運動が開始され、その運動が返還まで継続されることになる。米国の統治政策は、メディアを監視下に置くことで言論を管理する方策に出たが、はたしてメディア上の議論だけが世論形成の場なのか、という問題も残る。

メディア研究者は、メディアこそが世論形成の場と捉えがちである。しかし、厳しい言論管理がおこなわれている状況下では、メディアではなく、集会等での議論が「世論」を形成する場合も十分ありうる。実際、沖縄では、報道されない議論や草の根の社会運動を通して日本復帰への世論が形成されていったようにみえる。今後の課題として、メディアに表象されないレベルでの言論は、どのように世論を形成するのか。そのような水面下における言論形成の過程を捉える試みも必要であろう。

7　米国の広報外交と沖縄

本章では、米国の一九四八年スミス・ムント法の条文を検討し、同法に基づく対外広報政策が、当時占領下にあった沖縄でどのように実施されたかを検証してきた。スミス・ムント法は、国際連合を舞台に米国の影響力強化を狙って、平時の外交を担当する国務長官を統括者として予算を確保し、メディアを活用して米国文化を海外に広める狙いを持っていた。同法は基本的に国連主義に基づくもので軍事活動を目的にしたものではなかった。しかしながら、占領下の沖縄ではそのプログラムが陸軍省に委託され、冷戦の開始とともに軍事活動を支援する住民管理政策の一部として実施された。そのため、国連主義の理念が消え、冷戦の深化とともに軍事色が強まる結果となった。

一九四八年、沖縄の分離が決定されるのと並行して、沖縄でも民間情報教育部が設置され、それまで軍政府がおこなってきた住民管理に加え、親米宣伝が開始された。民間情報教育部の活動は、平時における対外広報のコンポーネントを基本にしながらも、沖縄を長期的に米国の施政権下に置く、という政治的目的をもって実行された。民間情報教育部は、映画・書籍などで米国の文化を宣伝するだけでなく、メディアに対するニュース提供者となることで、地域の情報環境を米国主導のものにし、選挙に関する政治的言論を監視した。その結果、反米的な言論は、一時的に抑えられることになった。

米国の対外広報に関する先行研究は、どちらかというと文化宣伝の側面を中心に論じてきた。しかし、沖縄の事例をみると、文化宣伝はいつも軍事宣伝とともにあった。特に分離政策決定期の沖縄における米国の文化宣伝には、軍事的で政治的な意図が明確に示されていた。米国の対外広報プログラムは、沖縄で選挙対策という政治的目的をもって実行されたからである。その意味で、本章で検討した沖縄の事例には、軍事同盟の枠組みにとらわれた日米関係の歪みが象徴的に現れていると言えるだろう。

米国の広報外交に対しては、留学などの人的交流を促進したという肯定的見方がある一方、日本人の対米依存体質を作り出す原因となったとする批判的見方もある。[47] 評価は分かれるが、ひとつだけ確かなのは、米国の親米宣伝が、敵国ではなく、軍事同盟に基づく「友好国」の住民に対しても実施されたということである。一九四八年スミス・ムント法の条文には、国連を国際社会の中心に据えようとする米国外交の理想が盛り込まれていた。しかし、冷戦の深化とともに、この理想は崩れ、同盟国の住民の反発をかうようになったとも言える。本来は「外交」担当の国務省が主管となるはずだった米国の広報外交は、日本と沖縄に対しては「軍事」担当の陸軍省に委託された。その結果、日本と沖縄に対する米国の広報外交は軍事色を強め、諸々の問題を内包していくことになる。[48]

第6章 冷戦を言葉で戦う

米国が広報外交政策を強く推進してきたことは前章で述べた。そのなかで、アイゼンハワー政権期（一九五三年一月〜一九六一年一月）は、冷戦を「言葉で戦う」ための組織と体制が連邦政府内部で整備された時期である。近年は冷戦を「情報戦」として捉え直す研究も多くみられるようになり[1]、一九五三年に発足した合衆国情報庁（ＵＳＩＡ：United States Information Agency）がボイス・オブ・アメリカなどの国際放送や文化交流を通して、広報外交を実施した米国の政策決定過程が明らかになった[2]。冷戦期の史料公開が進んだ結果だが、海外における先行研究では、広報外交を主管していた国務省と、広報および広聴の専門組織として同政権期に設立された合衆国情報庁などの文官府（civilian agencies）の役割に焦点が当てられてきた[3]。

しかし、一九四五年から一九七二年まで米国の統治下にあった沖縄に対しては、これらの文官府主導の広報外交に関する知見をそのまま当てはめることができないという問題が生じる。戦後占領政策の延長で、一九五二年四月、サンフランシスコ平和条約の発効で日本が主権を回復した後も、沖縄では占領の実施主体だった統合参謀本部すなわち軍部が引き続き主導権を握る状態が続いたからである[4]。

前章でみたように、これは米国における広報外交の主管省が、原則として国務省であったことを鑑みると、きわめて特殊な状況であった。日本の独立回復後、沖縄を除く日本本土に対する米国の広報外交は、国務省管轄下の駐日米国大使の担当になった。しかしながら、沖縄では、原則として国務省担当のはずの広報外交が、軍事担当の国防省の管轄下でおこなわれるという「ねじれ」が生じたのである。

米施政権下の沖縄は、原則として、米国の「国別計画（country plan）」のなかで「対日政策」の一部として位置づけられている。だが、その一方で、沖縄は、外交を主管した国務省ではなく、軍事を主管した国防省の管轄下に置かれた。これにより、米国の国家方針が、沖縄に対しては、入り組んだ指令体系で届くことになった。米国の連邦政府で、これらの省庁間の役割分担を調整したのが大統領行政府（Executive Office of the President）である。したがって、米国の対沖縄政策を検証するためには、この大統領行政府における省庁間調整の過程をたどる必要がある。(5)

日米関係史のなかで沖縄を扱う先行研究は、返還に至る政策決定で国防省と国務省の省間調整過程が重要であったこと、(6)そのなかで、アイゼンハワー政権期が、国防省管轄の沖縄統治に国務省の意見が次第に入り込むようになる過渡期であることを明らかにしてきた。このような省庁間調整の場となったのが、大統領行政府における国家安全保障会議（ＮＳＣ：National Security Council）の下部組織として同政権期に設置された作戦調整委員会（ＯＣＢ：Operations Coordinating Board）である。(7)しかしながら、これらの省庁間調整の過程が、米国の大統領行政府でどのように位置づけられていたのか、また、沖縄問題は、国家安全保障会議ではなく、その下部組織である作戦調整委員会が、なぜ具体的な議論の場になったのか、についての詳細な分析はなされていない。さらに、これらの大統領行政府の機関が、現地沖縄における米国の出先機関といかなる関係にあったのか、についても未解明である。その空白部分を埋めるべく、本章では、アイゼンハワー期の大統領行政府における国家安全保障会議と作戦調整委員会などの省庁間調整組織が、現地沖縄の出先機関とどのような関係にあったのかを、できる限り実証的に検証してみたい[8]。

すでに一九五〇年代後半における米国の対日政策が「占領期の延長」であったという指摘もあるが[9]、本章は、このような米国の対日政策の問題点と特徴を広報外交政策という視点から論じてみたい。そこからみえてくるのは、広報外交の主管省だった国務省が、東京の駐日米国大使館を通して国防省管轄の情報戦略である「心理作戦」との連携関係を模索し、これに伴い、日本の言語・文化に通じた日本政府の役割が重要になり、拡大していく過程である。さらに、米国の大統領行政府において、沖縄政策を議論する場が国家安全保障会議ではなく、作戦調整委員会であった背景には、米国の沖縄統治が米軍基地周辺の住民管理政策として、米国の対日外交の「本流」ではなく、軍部が管理する外交の「傍流」という位置づけだったことがある。

1　アイゼンハワーの選挙公約

第二次世界大戦下の北アフリカで、米軍司令官として陸海軍合同の心理戦部隊と行動をともにしたアイゼンハワーは、政権発足以前から米国の対外情報政策（foreign information policy）[10]を強化すべきであると主張していた。大統領選挙のキャンペーンも終盤に近づいた一九五二年一〇月、サンフランシスコでおこなわれた演説において、アイゼンハワーは、「米国人の死者を一人も出さずに冷戦を言葉で戦う」と力説し、その手段として、ラジオなどのメディアを用いた「心理戦（psychological warfare）」の必要性を訴えた。[11] 彼の選挙キャンペーンを支えた広報専門家の一人が、アボット・ウォッシュバーン（Abbott Washburn）である。ウォッシュバーンは一九五三年八月、大統領行政命令一〇四八三号で合衆国情報庁が正式に発足すると、局長代理に就任し、アイゼンハワー政権の対外広報活動を支えることになる。合衆国情報庁は、その海外支部である合衆国情報サービス（ＵＳＩＳ）に対して、米国の対外広報活動の指針を配布するなど、情報発信面で司令塔の役割を果たしただけでなく、共産圏ラジオ放送の分析などの情報収集活動をおこなった。

アイゼンハワー政権で、合衆国情報庁の発足に至るまでの過程を準備したのも、アイゼンハワーが第二次世界大戦で心理戦を率いた時からの「戦友」たちだった。一九五三年一月、アイゼンハワーが大統領に就任すると、ウォッシュバーンは早速、大統領特別補佐官に就任したＣ・Ｄ・ジャクソンとともに「国際情報活動の大統領委員会（ＰＣＩＩＡ：President's Committee for International Information Activities）」を発足させた。そこで、ウォッシュバーンとＣ・Ｄ・ジャクソンは、法務と諜報の専門家で堅実な実務家であった、もう一人のジャクソン、すなわちウィリアム・ジャクソン（William Jackson）を座長に据えた。座長名をとってジャクソン委員会と呼ばれた、この委員会が目指したのは、広報外交を大統領主導で推進するための大統領行政府の権限強化である。[12]

トルーマン政権期に心理戦を統括したのは心理戦略委員会（ＰＳＢ）だったが、心理戦略委員会は関係省庁間の「親睦の場」を提供しただけで、「調整機関」としては機能しなかったと、同委員会のスタッフを務めたエドワード・リリー（Edward P. Lilly）は考えていた。第4章で述べたような開示活動と非開示活動の連携が必要だった[13]。このような課題を解決すべく、ジャクソン委員会は、広報外交の要となる省庁間での連携を大統領主導で実施するための組織再建について検討した。ジャクソン委員会は六月三〇日、心理戦略委員会を再編する必要がある、とする報告書を大統領に提出する。この提言に基づき、国家安全保障会議に直結する下部組織として発足したのが、作戦調整委員会である[14]。そこで、作戦調整委員会は、国家安全保障会議の政策文書に対する「進捗状況報告書（Progress Report）」を作成し、政策課題を検証する役割を付与された。米国の沖縄統治に関する報告書も、この作戦調整委員会に提出され、ここで議論されている。

アイゼンハワー政権が打ち出した、もうひとつの方針が、外交における国務長官の権限強化だった。広報外交の基本法である一九四八年スミス・ムント法は、その責任者を国務長官と定義していたことは前章で述べた[15]。しかし、国務省、国防省、中央情報庁の省庁間連絡の不備が、たびたび問題になっていた[16]。そこで、対外広報政策を統一的方針のもとで進めるために、国務長官と国務省の地位を優先させると、ここで改めて明言したことになる。これに伴い、海外においても、国務省から派遣される「大使（ambassador）」が、国防省から派遣される「戦域米軍司令官（theater commander）」および中央情報庁から派遣される「主任（mission chief）」よりも上位に位置づけられることになった。

しかしながら、陸軍省主導の占領期を経て主権を回復した直後の日本では、この国務省優位の原則が確立しなかった。特に、沖縄戦以来、戦域米軍司令官すなわち琉球軍司令官が、住民統治の最高権威者として君臨していた沖縄は、この原則の「適用外」となった。国家安全保障会議は、沖縄統治の主管者を、外交担当の国務長官ではなく、軍事担当の国防長官とする決議をおこなった。その結果、国務省および合衆国情報庁などの文官府が主管とされた広報活動も、沖縄では国防省管轄下で実施されることになった。

2　対日外交の「付録」としての沖縄

米国の外交政策の「例外」となった沖縄は、実は、国家安全保障会議の公文書のなかで、対日政策に対する「付帯的決議（NSC Action）」として、または「付録文書（Appendix to the NSC policy papers）」として位置づけられている。米国の公文書のなかで、なぜ沖縄は「付録文書」扱いだったのか。結論を先取りすると、その理由は、沖縄が、米国の対日外交の「例外」として、国防省管轄下にあったためである、と考えられる。言い換えると、「平時」外交の土俵に乗っておらず、軍事が外交よりも優先される「戦時」の扱いだったからである。

アイゼンハワー政権期の国家安全保障会議は、対日政策については基本的方針を決定し、正面から論じている。[17] しかしながら、沖縄統治については、常に、対日政策に対する「付帯的」な位置づけで、その記録も「付録」として扱われている。

一九五三年六月二五日、国家安全保障会議（一五一回）は、対日政策文書一二五（ＮＳＣ１２５）に

対する付帯的決議として、決議八二四‐ｂ（NSC Action 824-b）を出し、沖縄を軍事担当の国防省の管轄下に置くことを決めた。このとき同時に出されたのが、奄美諸島の返還に関する決議八二四‐ａ（NSC Action 824-a）だが[18]、それと「対」となる形で出された、もうひとつの方針が、この決議八二四‐ｂである。

決議八二四‐ｂは、沖縄と小笠原を含む「対日条約諸島（Japanese Treaty Islands）」における米国の統治を「現状維持」として、これらの諸島を国防長官の管轄下に置くことを決めたものである[19]。この決議が、沖縄と小笠原にもたらした結果は、当時、極東軍司令官であったマシュー・リッジウェイ（Matthew B. Ridgeway）の地位が、駐日大使だったロバート・マーフィー（Robert D. Murphy）の地位よりも上位になるというもので、先に述べた政権が目指した「大使が米軍司令官より上位である」という原則に反する軍部優位の体制だった。少し説明を加えれば、米国で国防省優位の体制は「戦時」にだけ例外的に認められるものだったが、沖縄では、この戦時体制が継続する形となったのである。この決議が出された六月二九日は、確かに朝鮮戦争の最中であり、沖縄を含む日本は、そのための米軍の出撃拠点だった。朝鮮戦争の休戦協定は、この決議が出されたすぐ後の一九五三年七月に調印されるが、それはあくまで「休戦」であり、終戦ではなかった。このような状況下で、沖縄は「戦時」とみなされ、国防省の管轄下に入る決定がなされたのである[20]。

その一方で、決議八二四‐ｂは、沖縄統治に関して上位者となる国防長官は、国務省や中央情報庁、合衆国情報庁などの「その他の省庁」と連携する必要があるとし、それを義務づけた。国家安全保障会議は、もともと省庁間連携の場でもあるため、このような連携を指示したのは当然といえば当然の成り行きである。しかしながら、沖縄戦以来、統合参謀本部の主導で、戦時指令に依拠する形で統治がおこなわれていた沖縄の実態からすると、実は、この決議は大きな転換点だった。この決議に基づき、チャールズ・ウィルソン国防長官は一九五三年一一月、沖縄・小笠原を含む対日条約諸島の外交面に関する国務省の地位を公認する方針を示した[21]。

このように、決議八二四 - bは、国家安全保障会議の付帯的決議ではあったが、沖縄統治に対する大統領行政府の権限を拡大させていく端緒となった。これ以降、国務省をはじめとする文官府の役割が、徐々に沖縄でも拡大していくことになる。

3　対日政策文書に明記された「心理戦」

沖縄統治に対して、国務省などの文官府が意見を述べるようになることは、アイゼンハワー政権が目指した「言葉で冷戦を戦う」という心理戦活用の大方針とも合致していた。国際的な広報活動は、文官府が得意とする業務だったからである。同時に、国防省も、「心理戦」で沖縄住民を説得する必要があったため、このような協力関係を認める結果となった。ここからは、このような沖縄に対する「言葉の戦い」、すなわち「心理戦」が米国の対日政策においてどのような位置づけだったのか、を検討してみたい[22]。

心理戦は、米国の「国別計画」で、どのような位置づけだったのか。

その方針は、トルーマン期から引き継がれた対日政策文書一二五「米国の日本に関する目的と対応行動」（ＮＳＣ１２５）で「心理戦（psychological warfare）」という言葉で明記される。国務省が主管する広報外交は「パブリック・ディプロマシー」という語で総括されることが多いが、この語が一般化するのは一九六〇年以降である。当時の対日政策文書は、日本本土に対しても「ディプロマシー（外交）」ではなく、第二次世界大戦期の用語である「心理戦」を用いている。アイゼンハワー政権の「戦友」たちも、「心理戦」を日常的に用いており、それが対日政策文書でも使われたと言える。[23]

トルーマン政権期の心理戦は、心理戦略委員会の管轄下にあり、対日心理戦に関してはＤ二七部会が担当した。その方針を定めたのがＤ二七（ＰＳＢ‐Ｄ２７）である。この文書は未公開だが、アイゼンハワー政権発足後に開催された国家安全保障会議は、一九五三年一月三〇日付で、このＤ二七に基づく対日心理戦を「継続・強化する」ことを決定した。具体的には、同日付の政策文書（ＮＳＣ１２５／６）の付録三‐ａ‐（五）で、「心理戦」は以下のように定義されている。

対日心理戦計画（PSB‐D‐二七、一九五三年一月三〇日）を直ちに実施し、日本における中立主義、共産主義、反米感情と戦う（combat neutralist, communist, and anti-U.S. sentiment in Japan）。特に、日本の知識層に影響を与えるように努め、迅速な軍備再建を目指す人々を支援し、極東における自由主義国家と日本の相互理解を推進することを重視する。[24]

このように「対日心理戦計画」は米国の対日政策の「付録」として位置づけられ、そこでは「戦う

(combat)」という表現が採用された。さらに、軍備再建を目指す日本人知識層を支援することが「心理戦」の目的であると明記されたのである。日本の無条件降伏とともに開始された日本軍の解体作業は、戦後まもなく米国政府の方針転換によって再軍備への道を歩み始めたことが先行研究で示されているが[25]、この方針は、さらに「心理戦」という形で補強されていたのである。

この時期、駐日大使を務めていたジョン・アリソン(John M. Allison)は、前任の国務次官補時代に、対日心理計画(D二七)を策定した心理戦略委員会のD部会長を兼務していた[26]。アリソン大使は、日本の防衛力増強に期待しながらも、厭戦感が根強く残る日本の国内状況と世論に配慮して、軍備増強より保守政権の安定を優先したとされる[27]。その背景に、この「心理戦」に関する国家安全保障会議の政策文書の付録があり、それを実現するためにアリソン大使は、日本の首相をはじめとする政策立案者に軍備増強を求めた。その一方で、駐日大使は、軍部の要求とは別に、日本の国内世論を「広聴」する役割、すなわち自らがおこなっている「心理戦」の効果を検証し、これを本国に報告する任務も担っていたと考えられる。

大統領行政府で心理戦の顧問をしたエドワード・リリーによれば、心理戦は国家政策の「支援(support)」という位置づけだった。これに準ずる形で、心理戦に関する文書類は、「支援」であるから、政策文書に対する「付録(Appendix)」という扱いだった[28]。アリソン駐日大使は、対日政策に対する「支援」として、日本政府の政策決定者らに対する「心理戦」を実施する役割を担っていたと考えられるのである。

先述したように、米国の沖縄統治の文書も、対日政策文書一二五シリーズに対する「付録

（Appendix）」として位置づけられている。[29] これによって直ちに、沖縄統治がすなわち「心理戦」であったと断定することはできない。しかし、沖縄住民に対する「心理戦」は、統治政策の重要な構成要素だったことは確かである。

戦後占領を担当した米軍政府を引き継ぎ、一九五〇年一二月から一九七二年五月まで住民統治を実施したのが琉球列島米国民政府（ＵＳＣＡＲ、米民政府）である。この米民政府の設置目的を示したＵＳＣＡＲ指令（USCAR Directive）は、実は、対日政策文書ＮＳＣ一二五シリーズの「付録」としてアイゼンハワー大統領行政府の公文書に登場する。[30] そこで定義された沖縄における米民政府の役割は、米国の軍事活動に対する「支援」として明記される。その「支援」のひとつの手法が、「心理戦」だった。[31] 沖縄統治に関する文書が、対日政策の付録とされるのは、主たる軍事活動に対し、心理戦の手法を用いて住民対策を講じるような「支援」であったためであるという解釈も可能であろう。

もちろん、心理戦は米国の軍事政策の一部にすぎない。しかし、参謀本部は、軍事的行動の自由を確保するために、基地だけでなく施政権を含めて沖縄を米国の管轄下に置くことを主張した。さらに、そのためには日本復帰に対する思いが強かった沖縄の住民を「心理戦」で説得する必要があるとみていた。[32]

先述したように、心理戦専門家リリーによれば、心理戦に関する文書は、原則として国家安全保障会議の政策文書に対する「付録」としての位置づけだったという。沖縄統治そのものが、すべて心理戦だったとする確証はないが、沖縄統治が、対日政策の「付帯的決議」として扱われ、米民政府の設置指令が、対日政策の「付録」として位置づけられていることを考えると、沖縄統治は、複数の意味で「付録」であり、「例外」としての位置づけであったことになる。

4　作戦調整委員会の進捗状況報告書

アイゼンハワー政権期に、国家安全保障会議の下部組織としてこのような省庁間の政策調整を実施したのが、作戦調整委員会である。前述のように、ジャクソン委員会の勧告で、作戦調整委員会は、国家安全保障会議に対する直属の下部組織として発足したが、その重要業務のひとつが、国家安全保障会議の政策文書に対する「進捗状況報告書（progress reports）」を作成し、政策達成度を検証する仕事だった。

一九五四年一〇月二八日、作戦調整委員会は政策文書一二五／六に対する進捗状況報告書を国家安全保障会議に提出した。報告書は、米国の理解を推進する目的で、日本で「精力的な情報プログラム（vigorous information programs）」が「さまざまな関係庁（various agencies concerned）」によって実施されていると報告し、具体的には労働組合「総評」をターゲットにした心理戦が、日本で展開されていると報告した。さらに、対日心理戦計画（D二七）の強化が必要であると提言、その計画がアリソン大使を中心に日本国内で進行中であると報告した。そこでは、原爆に対する日本人の「暴力的な反応」が原爆実験を妨げる要因であるという見解が示される。[33] このように、日本人の核兵器に対するアレルギーを問題視し、それをなんとか鎮めようとする心理戦を展開していた。[34] また、作戦調整会議の内部に設けられたワーキンググループが、原子力広報の統括をしていたことが報告されている。[35]「進捗状況報告書」には、米統治下にある沖縄と小笠原に対する日本人の心情も報告されている。そこでは、琉球諸島と小笠原諸島を返してほしいという日本人の国民的感情が強いことを認めたうえで、これらの島々が米国の統治下に置かれる必要があることを、引き続き「印象づけておく必要がある」という指摘がなされている。[36] 作戦調整委員会は、沖縄返還に向けた住民運動を戦略的に回避し、米国の施政権を維持する目的で、心理戦を「対日政策」の重要な一部として、展開していたと考えられる。進捗状況報告書の内容は心理戦に関するものだけではないが、心理戦に関する報告も重要な要素として扱われている。

５　国務省の役割の明示

作戦調整委員会の進捗状況報告書を受け、国家安全保障会議が次なる対日政策文書として起草したのが、一九五五年三月二九日付の政策文書五五一六「米国の対日政策（NSC 5516 U.S. Policy toward Japan）」である。同政策文書は四月九日の二四四回会議で承認され、政策文書五五一六／一（ＮＳＣ５５１６／１）となる。[37]

この政策文書は、五四節（Par 54）で琉球諸島に対する国務省の役割を明記した。[38] 先述した決議八二四‐ｂを一歩進め、日米関係を良好に保つために、日本の琉球諸島と小笠原諸島に関する要求を

「米国の安全と利益を阻害しない形で考慮する」とし、対日外交を主管する国務省の役割を限定的ながらも具体的に定義することになった[39]。

この五四節に基づき、五月三一日、ダレス国務長官はウィルソン国防長官と覚書を交換し、国務省から那覇に領事を送り、駐在させることを決めた。那覇領事は、東京の大使館に対して、沖縄の状況を報告する役割を担うことになり、ここに、「国務省(ワシントン)→駐日大使(東京)→那覇領事(沖縄)」という国務省の指示体系が完成する。国務省は、日米関係の阻害要因としての「沖縄問題」に関する発言権を獲得し、その意見を国家安全保障会議に提出するお墨付きを得たのである[40]。

以上のような経緯を経て、一九五七年六月に発令された大統領行政命令一〇七一三号は、沖縄統治の最終責任者を大統領とする意味をもった。行政命令の発令とともに、米民政府は東京の合衆国情報サービス(USIS、合衆国情報庁の海外支部)と共同で沖縄のマス・メディアに関する調査を実施する[41]。この調査については、第7章で詳述するが、この調査は、合衆国情報サービスから東京の調査会社に委託され、この調査会社が沖縄の調査員を使って日本語で実施したものである。だが、このとき、米民政府は、これが米国の調査であることを知らせると、正直な回答が得られないと判断した。そのため、米国の調査であることは回答者には示されなかった。いずれにせよ、日本語による調査であったことから、米国は日本企業に委託するしかなく、日本人の協力が必要だったことは確かである。

これ以降、米民政府の方針書には、国防省と国務省の役割が並列的に明示されるようになり、米民政府は合衆国情報庁の広報外交の指針を受け取るなど、国際広報を主管する文官府との繋がりを深めていく。国防省側も、高まる復帰運動に封じ込める方策として、沖縄での広報活動を強化する必要を認め、国務省主管のラジオ・映画・雑誌などのメディアを用いた広報活動のノウハウを「心理戦」に積極的に活用するようになる。こうして、国防省が主管する沖縄に、国務省が主管する広報外交、さらには駐日大使が主管する外交の要素が次第に入り込んでいく契機が訪れる。この段階で、国務省の役割は、あくまで国防省の「支援」と定義された。同時に、沖縄問題に関して日本政府に対する交渉を担当する役割を担うことになった。

アイゼンハワー期は、次第に日本政府の対沖経済援助が拡大していく時期であったことがすでに先行研究で指摘されている。国務省は、この時期にすでに米国の沖縄統治予算を削減するために、日本の対沖経済援助を支持していた。しかし、国防省は、これによって日本の影響力が沖縄で強まることを危惧していたため、日本の対沖経済援助に反対の姿勢を取り続けた。ところが、このように経済援助の是非をめぐっては対立していた国務省と国防省が、心理戦の強化という点においては、むしろ積極的に協力する姿勢をみせていたのである。対外広報政策を重視したアイゼンハワー政権の基本方針が、この両省の協力を後押ししたとも言えるだろう。

6　沖縄の「ＯＣＢ機関」

作戦調整委員会は、沖縄にとっても重要な組織だった。同委員会は、在沖縄の「ＯＣＢ機関（the machinery of the Operations Coordinating Board)」を通して「年二回の報告（semi-annual review)」を受け取っていた。これをもとに、琉球諸島に関する「進捗状況報告書」を作成し、それを国家安全保障会議に提出する役割を担っていた。[42]

沖縄の状況は、先述の政策文書五五一六／一で認められた那覇領事から国務省に報告された。さらに、これを受け取った国務省は、作戦調整委員会に委員として出席していたウォルター・ロバートソン（Walter S. Robertson）極東担当国務次官補から、国務次官（Under Secretary）を経由して、作戦調整委員会に提出した。

このような上申の過程を記録しているのは、作戦調整委員会の記録ではなく、国務省文書のロットファイルとして、これまでも日本の沖縄研究者の間でその存在が知られていた「琉球文書」である。この「琉球文書」は、一九五七から一九五八年の二年間、那覇領事から国務省宛の「公式・非公式（official-informal）」と銘打たれた書簡類の複写（carbon copies）で構成される。これらの「琉球文書」は、一九五七年から一九五八年の間に、国務次官として作戦調整委員会の議長を兼任したクリスチャン・ハーター（Christian Herter）が、那覇領事から受け取った「公式・非公式」書簡をもとに、琉球諸島の法的位置づけについて検討し、さらに、作戦調整委員会に報告を上げるために作成された文書類であるとみられる。前述した政策文書五五一六／一の五四節で、国務省の役割が「公式（official）」に認められながら、依然として沖縄は国防省の管轄下にあったため、「非公式（informal）」でもある書簡として、国務省に届けられた書簡群であろう。この「琉球文書」に示されているのは、沖縄の状況がキプロスのような内戦状態に陥りかねないという危機感と、その当時、国防省管轄下にあった米民政府のやり方に対する不信感である。

一九五六年一二月、人民党の瀬長亀次郎が那覇市長に選出されると、国務省の危機感は顕著になった。国務省が問題としたのは、那覇市長に選出された瀬長の影響力が他に波及するかもしれないということだった。もとより米民政府は沖縄に「反米政権」が誕生しないように世論の監視をおこなっていたが、特に、住民から人気のあった瀬長の存在を「共産主義者を煽動する政治家」として危険視していた。沖縄に「反米政権」が誕生すると、米国は施政権を維持できなくなる可能性が高まると考えたのである。米民政府は琉球銀行から那覇市への資金提供を凍結するなど瀬長市政に圧力をかけたが、翌一九五七年一一月二四日、布令二号「市町村自治法」を改正し、瀬長を市長職から追放した。しかし、一九五八年一月一二日におこなわれた再選挙でも、瀬長の後継者として立候補した兼次佐一が当選し、米国統治に対する批判が押さえ難い状況となっていた[43]。

このような状況に対し、ロバートソンは米民政府の組織再編が必要であると提言し、さらに、日本政府への協力要請をダレス国務長官に打診した[44]。国務省の関心が、琉球における政治状況にあり、それが米国の施政権維持という目的を阻害しないように、ロバートソンが国防省を「支援（support）」する役割を担っていたことがわかる。国務省は国防省の主管する沖縄統治を批判することはあったが、両者は対立したのではない。国務省は世論管理という立場から国防省を支援したと言える。その両省間の役割分担と政策調整の場が作戦調整委員会だったことになる。

これと並行して、沖縄の状況をみると、この頃、米民政府に渉外報道部（Office of Public Information）が設置された。一九五七年四月には沖縄メディアを定期的にモニターし、言論監視の役割を持つ調査分析部（Research and Analysis Division）が発足する[45]。そして、これらの組織が併合され、広報局が開設された。それまで沖縄では常駐の広報官が不在だったが、広報局が設置されると、広報専門官が派遣され、住民対策としての広報政策が大きく変容することになった。広報局は、東京の駐日大使館とのリエゾン的役割を果たすとともに、沖縄のメディアと住民に対する広報広聴活動を担当した。また、東京の合衆国情報サービスと共同事業も手がけ、共同で世論調査を沖縄で実施し、ワシントンの合衆国情報庁からの広報指針を受け取り、沖縄のメディアに対する記者会見などの活動をおこなった。

このように、国防省管轄下の米民政府のなかで、広報局は文官府との連絡役を務めるようになる。アイゼンハワー期に沖縄統治予算が削減されるなかで、この時期、唯一、拡大したのが米民政府広報局の機能である。「心理戦」で冷戦を戦うと公言し、対外情報活動を重視したアイゼンハワー政権の基本政策が沖縄統治に反映された結果と言えよう。

別の文書では、国務省が在沖縄の「ＯＣＢ機関」を通して沖縄住民に対する情報教育プログラムを展開していたことを示唆する記述がある。たとえば、一九五七年一二月一七日付で、元駐日大使館公使リチャード・ラム（Richard H. Lamb）から国務省極東局のジェームズ・マーチン（James V. Martin）に宛てられた書簡では、琉球諸島の戦略的位置づけに関する議論が展開される[46]。そのなかでは、米国が沖縄の住民に対して「成人政治教育（adult political education）」を展開する計画が述べられる。ラム書簡では、この「成人政治教育」について、詳細は語られていないが、米国は占領政策の一環として日本人に対する再教育政策を計画的に実施した[47]。同様の情報教育プログラムが沖縄でも施政権維持を目的として実施されたことがわかっている。「成人政治教育」とは、このような言論管理のプログラムを指すものと思われる。

さらに、この文書でロバートソンは、「このような言論管理の施策に関して、日本政府の協力を求めるべきではないか」という意見を述べている。一九五七年以降、米民政府は文化交流を重要視し、琉球文化を尊重する素振りをみせるようになる。これと並行して、英語ではなく、日本語による広報活動を展開するようになった。一九五七年から一九五八年にかけて、広報局は日本語月刊誌『今日の琉球』を創刊するなど活発な広報活動を展開した。このほかにも数々のパンフレットやポスター類が日本語で制作されるなどの活動がおこなわれた[48]。これらの広報活動が日本語で実施されたのは、日本語の媒体で広報活動をおこなわなければ効果がないと広報官が判断し、方針を転換したからである。そこには、米国の民主主義を宣伝する冷戦戦略の基本方針が観察できる一方で、現地語に通じた現地企業等との協力関係を保持しなければ、米国の対外広報政策が実施できなかった現実がみえる[49]。

一九五八年二月、国務省は米国予算削減を目指して、米民政府に対する予算措置は必要ないとする文書を作戦調整委員会に提出し、日本政府の対沖援助を公式に支持した[50]。このとき米民政府の最高職位者であったジェームズ・ムーア高等弁務官は、日本からの経済援助に反対する立場を取ったが、沖縄政策が作戦調整委員会で調整された成果として、国務省の管轄下にある駐日米国大使館に、経済分野に限定するという条件付きで、日本政府との交渉権が与えられることになった。このことは、その後、沖縄問題の解決に向けて駐日大使に与えられた権限が拡大していく契機になった。

7　米国の広聴・広報政策の変容

一九五八年は、土地問題をめぐり、沖縄から安里積千代を座長とする訪問団がワシントンを訪れ、米国政府要人に一括払い政策の見直しを直接要求した年でもある。訪問団は、そこで、マンスフィールド・スプラーグ（Mansfield D. Sprague）国防次官補と直接面談し、「問題解決への手応え」を得たという[51]。しかし、安里らと直接面談したスプラーグには、国際安全保障担当国防次官補として、沖縄現地の世論を聞く役割、すなわち広聴者としての任務があったため、ていねいに面談したと考えることができる。一九六〇年、アイゼンハワーはスプラーグに同政権発足以来の対外情報政策の検証を命じた。その成果は彼が委員長を務めた委員会名をとって「スプラーグ委員会報告書（Sprague Committee Report）」として知られる[52]。この報告書に関する記述は、作戦調整委員会の記録にもあり、スプラーグの署名入りの書簡が残されている[53]。

米国は施政権を維持するために沖縄の住民を説得し続ける必要があった。スプラーグ国防次官補は、そのために沖縄訪問団と面談し、作戦を調整する必要があった。作戦調整委員会は、そのための調整の場だった。アイゼンハワー大統領行政府で、沖縄政策を議論する場が国家安全保障会議ではなかったのは、施政権を維持するという基本政策は決定済みだったからであるとも考えられる。その政策に従って米国の安全保障政策の実現に向けて、世論管理を含めた心理作戦を省庁間で調整する場が、作戦調整委員会だった。そして、その背景には、次章で述べるように、現地住民の意見を広聴し、社会科学的な調査に基づき政策を立案しようとする政権の方向性があった。それが、スプラーグが沖縄訪問団にみせたような対話的姿勢を生むことになったのである。

ロバートソンは、世論管理政策に対して日本政府の協力が必要であると提言したが、これは、言語も文化も異なる米国人がそれを実施するよりも、日本語に堪能な日本人と日本政府にやらせたほうが、効果的な住民説得ができるという考えに基づいている。沖縄の住民に対する言論管理を日本政府がやってくれれば、米国としては統治費の削減になる。また、それは、アイゼンハワー政権が目指した軍事費の抑制にもつながっていくと考えたのだろう(54)。そこで、日本政府との調整役として、駐日大使の役割が強化された。このことは、沖縄統治に対して、あくまで大使を通してではあるが、日本政府が意見を言う窓口ができた、とも言えるものだった。そこから沖縄をめぐる問題は、駐日大使館を窓口として外交交渉の土俵に上がっていく。こうして、日本政府との間で、返還交渉が開始されることになる(55)。

8　国防省管轄下の言論

アイゼンハワー政権期における対日政策では、第二次世界大戦期の言葉による「心理戦」を採用し、沖縄に対しても、対日政策の一部として「心理戦」が実施された。大統領行政府における省庁間調整の場となったのは作戦調整委員会で、沖縄の状況を上告する現地機関が沖縄に置かれることになった。

本章で検討した文書にあった「ＯＣＢ機関」がどの組織だったのかは、明示されておらず、わからないままである。しかし、国務省に沖縄の状況が定期的に報告されることで、米国の上層部も「沖縄問題」を認識するようになった。これにより、米国の沖縄統治の実態は、次第に変容していくことになる。

一九五七年、アイゼンハワーが出した大統領行政命令一〇七一三号は、沖縄が米国大統領の直接の管轄下にあることを明言するものだった。それまで沖縄統治の最高責任者は琉球軍司令官であったが、この大統領命令の発令に伴い、「高等弁務官」と少しだけ行政官のような名称で呼ばれることになった。しかし、このとき「高等弁務官」に就任したのは、琉球軍司令官で、現役の軍人が沖縄統治の最高責任者である体制に変化はなかった。

当時の沖縄の人々は、この大統領行政命令の発令で、米国の施政権がこれからも続くのかと不安になった。この頃から、沖縄では島ぐるみ運動が展開され、復帰に向けての声が高まっていく。米国としても、このような住民側の動きをみて、本章で検討したように、次第に「広報活動を日本政府に任せたほうがよいのではないか」という見方が強まっていくことになる。

アイゼンハワー政権期が沖縄政策の重要な転換期であることは、これまでの研究も指摘していたが、本章では、このような国務省の発言権拡大の背景に、広報外交政策を重視した同政権期の方針があったことを明らかにした。また、これまで米国の政策文書に関する研究は、対日政策に対する沖縄の付帯的位置を明確にしてこなかった。本章は、このような米国の沖縄政策を対日政策との関連で分析した[56]。そこからみえてきたのは、沖縄は引き続き国防省の管轄下にあったが、次第に、日本政府に委譲すべき業務は、委譲しようとする方向に向かっていく米国の内部変容であった。

第7章　沖縄マス・メディア調査

前章では、広報の専門家を大統領補佐官に採用するなど、アイゼンハワー政権が政策実現のためにメディアを積極的に利用したことを述べた[1]。なかでも、同政権が設置した合衆国情報庁は、ボイス・オブ・アメリカ（ＶＯＡ：Voice of America）などの国際放送を運営する広報外交政策の専門組織だった。合衆国情報庁は、これらの情報発信活動のほかに、メディア調査や世論調査などの各種調査活動を世界各地でおこなった。一連の調査は、日本を含むアジアの主要都市でもおこなわれ、そのうちのひとつが米国の施政権下にあった沖縄でも実施された。それは、沖縄の人々が新聞・雑誌・ラジオ・映画などの各種メディアをどう利用しているかを調べたもので、戦後沖縄における初の本格的マス・メディア調査であった。調査を実施したのは、一九五七年、沖縄に設置されたばかりの高等弁務官府（Office of High Commissioner）で、合衆国情報庁の海外拠点として東京にあった合衆国情報サービス（ＵＳＩＳ）との連携で、日本語でおこなわれた。本章では、この「マス・メディア調査」の概要を明らかにし、沖縄で本調査を実施された背景を考察する。

これらの調査活動を担当したのが、合衆国情報庁の一部署であった調査局（Office of Research）である。合衆国情報庁の活動については、ニコラス・カルの研究等で全体像が明らかになりつつあるが、[2]どちらかといえば、これまでの研究は、合衆国情報庁の情報発信活動すなわち広報活動に焦点を当てる傾向にあった。これに対し、調査局が海外でおこなった調査活動については研究が少ない状況である。広報というと、情報を発信するほうが注目されがちである。しかし、同時に、その情報発信の対象が、どのようなオーディエンスであるかを調べる「広聴」活動も、情報発信と同様、広報活動の一環と考えられている。実は、合衆国情報庁は、一九五〇年代から六〇年代にかけて、東京を拠点に日本でも夥しい数の各種調査を実施している。[3]担当の調査局は、このような調査を現地の支部を経由して、民間企業などに委託して実施することが多かった。外国でおこなう調査は、現地語に精通していなければ不可能だったからである。だが、東京の支部が、日本政府および日本企業とどのような関係にあったのかについては未解明の部分が多い。本章では、沖縄で実施された「マス・メディア調査」の概要を明らかにするとともに、その実施過程にも注目する。これにより、米国の調査が、単に米国人職員のみで実施されたのではなく、日本および沖縄の行政と日本企業が関与して実施された過程がみえてくる。

前章で述べたとおり、一九五七年七月、アイゼンハワー大統領の行政命令で統治組織である米民政府の再編がおこなわれ、琉球軍司令官が「高等弁務官」と呼ばれる最高職位者となった。[4]本章が紹介する「琉球におけるマス・メディア調査」は、この再編で新設された沖縄の高等弁務官の補佐をする高等弁務官府が、いの一番で着手した業務でもある。

沖縄における「マス・メディア調査」は、どのように実施されたのか。また、それは、どのような目的を持っていたのか。

1　合衆国情報庁の社会科学調査

「琉球におけるマス・メディア調査」は、米国立公文書館の合衆国情報庁調査局「国別事業ファイル一九五一～一九六四」のなかにある。[5] この文書群には、一九五〇年代から一九六〇年代半ばまでの時期に、調査局が世界各地で実施した調査研究（survey research）の報告書が保存されている。調査地域はヨーロッパ、中東地域など広い範囲に及び、合衆国情報庁が世界各地の「人々」の意識および態度について、膨大な数の質問票調査を実施していたことがわかる。合衆国情報庁には米国籍の職員以外にも、現地語に堪能な現地採用の職員がいたが、多くの調査研究は現地の企業または調査会社に委託されておこなわれた。報告書に添付されたカバーシートには、委託企業名が明記されている場合がある。

日本で実施された調査研究も多く、一九五〇年代半ばから一九六〇年代前半にかけて、合衆国情報庁が東京支部を通じて、日本国内でさまざまな調査をおこなっていたことがわかる。「世論調査（public opinion survey）」や「総合態度調査（general attitudes survey）」が多いが、東京支部が開催していた展示会の来場者に対する調査もある。たとえば、一九五五年五月、東京の「世論科学協会（Public Opinion Science Institute）」が実施した国際貿易展示会の来訪者に対する調査、一九五六年四月と一九五七年二月に日本の五都市で実施された「平和のための原子力展（Atoms for Peace

Exhibits)」に関する来場者の反応をみる調査などである。[6]

「国別事業ファイル」には、調査を請け負った業者が作成する「受注者資料（contractor materials）」と、発注者である合衆国情報庁が作成する「企画・運営・分析（planning, administration, analysis）」資料があり、この資料群を整理するときに付けたと思われるカバーシートが添えられている。前者は英語もしくは現地語で、後者は英語で書かれている。これは、調査の企画・運営を合衆国情報庁側がおこない、実際の調査は現地語に精通した業者に委託され、その業者が報告書まで作成したことを示唆する。

日本における調査の多くは、時事通信社調査部を母体として設立された「社団法人・中央調査社（Central Research Agency）」（当時）に委託されていた。同社が調査を担当する調査員に配布したと思われる、日本語で書かれた「調査要項」「回答例」などのマニュアル類も保存されている。日本語話者である調査面接指導者が、面接を担当する「調査員」を指導する形で調査が面接式で実施されたことがわかる。[7]「国別事業ファイル」で、この調査以外に沖縄に関するものは、翌一九五八年一二月の「総合態度調査（general attitude survey）」だけである。[8] この調査も、中央調査社が受注している。

沖縄で実施された上記の二つの調査と、本土で実施された調査を比較すると、本土での調査には「メディア」に特化した調査はなく、「世論調査」や「総合態度調査」が大半だ。おそらくこれは、NHK放送文化研究所が一九六〇年から「国民生活時間調査」を五年ごとに実施するなど、[9] メディア接触状況に関するデータが、日本のメディアから得られていたためであると思われる。外国の機関が調査をしなくても、これを翻訳し、分析すれば事足りる。

これに対し、沖縄では、人々がどのようにメディアに接しているかという調査が本格的におこなわれていなかった。返還後にNHK沖縄放送局の関係者が編纂した『沖縄放送協会史』には、一九五〇年、ＮＨＫの技術者が沖縄を訪問し、米軍政府の依頼を受けて、同年、開局したばかりのラジオ放送「琉球の声」（ＡＫＡＲ）に対する技術協力と「ラジオ放送網調査」をおこなったという記述がある。ＮＨＫ技術者は沖縄本島、先島諸島、奄美諸島で「放送所建設場所の選定」をおこなった。その結果に基づき、翌一九五一年、東芝から三キロワットの放送機二台が沖縄本島に「輸出」された。[10]この記述をみるかぎりでは、この「ラジオ放送網調査」は、社会学的な「サーベイ・リサーチ」ではなく、技術的な調査だったのだろう。一方、「琉球におけるマス・メディア調査」にも一九五一年、米民政府が沖縄群島でラジオに関する調査を実施したという記述がある。この調査は、当時、米民政府の管轄下にあったＡＫＡＲについて「一般の人がどの程度ラジオを聞いているか」「どういう意向をもっているか」を調査したものとされる。[11]だが、合衆国情報庁の「国別事業ファイル」には一九五一年の調査報告書と思われる文書は、残念ながら保存されていない。

いずれにせよ、本格的メディア調査が存在しないなかで、一九五七年、合衆国情報庁が、沖縄で「マス・メディア調査」を総合態度調査や世論調査よりも先行して実施したことは注目に値する。報告書には、この調査が高等弁務官府の「作戦的必要（the operational needs of this office）」のために実施されたと述べるクレセンツォ・ガイダ中佐（Crescenzo F. Guida, Lt. Col.）の書簡が添付されている。[12]どのような「作戦的必要」なのかは明記されていないが、米国が沖縄の住民を統治するための「作戦（operation）」または「工作（operation）」のための基礎資料として調査がおこなわれたことが推察できる。

米民政府の設置目的は住民管理政策の実施にあったが、その部局として設置された広報局の目的は、米国による沖縄統治が必要であるとメディア等を通して住民を説得することにあった[13]。そのために米民政府はメディアを積極的に活用すべきであると考えていたため、「マス・メディア調査」を先行させたのであろう。調査には、調査対象者にラジオをよく聞く時間帯を具体的に尋ねるなど、放送番組編成に直接関わる「実践的」な質問が含まれている。限られた予算のなかで、どのような時間帯に、どのような番組を放送するのが効果的であるかなど、番組編成に対する高い関心がうかがえる質問設定である。だが、合衆国情報庁の文書には、このガイダ書簡以外に、発注者である合衆国情報庁の企画意図、結果分析、所見などの文書は添付されておらず、詳しい背景は不明である。

これを補完する意味で有効なのが、米民政府文書の検討である。たとえば、米民政府文書のなかには、「琉球におけるマス・メディア調査」の「英語版」が断片的にではあるが保存されている[14]。また、調査の背景を知るための手がかりが含まれている。たとえば、一九六〇年代の記録だが、米国が中央調査社に委託して沖縄で実施した調査は、米民政府の名前を「明示せず（unattributed）」に実施した調査であると記録されている[15]。米民政府にとって、調査は「非開示活動」のひとつだったのである。

米民政府で広報・広聴活動を担当していたのが広報局である。広報局文書には、米民政府が定期的に受け取っていたとみられる合衆国情報庁の対外広報指針書（information guidelines）が多く含まれており、広報局は合衆国情報庁の連絡窓口であったことがわかる。一九六〇年代になると、広報局長は、合衆国情報庁からの派遣で、その人件費は合衆国情報庁から支出された。その広報局の部署のなかで、特に合衆国情報庁の調査局と似たような役割を果たしていたのが調査分析部である。

米民政府・調査分析部は、「マス・メディア調査」を現地沖縄の企業ではなく、東京の調査会社に委託する理由として、本格的な調査を実施するだけのノウハウが、まだ「沖縄にはないからである」と述べている。[16] しかし、実際には、一九五五年の国勢調査では、琉球政府統計部の職員が東京の総理府統計部に研修に行き、集計業務を勉強して実施している。したがって、これは米民政府側の間違った認識であるが、[17] 琉球政府統計部とも連絡を取り合う関係で、統計部職員が、本土で統計調査に関する研修を受ける際に、米軍機の出動を依頼するなどの支援をおこなっている。[18]
「マス・メディア調査」では、調査の概要は米国側が政策意図に基づき企画したが、実質的な部分は、東京の受注会社と沖縄の行政職員が日本語で実施し、報告書作成までを担当したと考えられる。このような作業によって、当時アメリカで盛んにおこなわれていた社会科学の方法に基づく「サーベイ・リサーチ」が、サンプリングの方法を含めて、東京の調査専門会社、そして、沖縄の行政職員に、ひとつのノウハウとして伝授されたと考えられる。調査の実施には、このような教育的意義もあったと言えるだろう。

2　沖縄メディアの概況

戦後沖縄におけるメディアの状況はどのようなものだったのか。

沖縄戦で新聞社と放送局の社屋が破壊され、メディア事業の中断を経験した沖縄における社会状況は、中断を経験しなかった本土のメディア状況と大きく異なっていたことは第1章で述べたとおりである。繰り返しになる部分もあるが、もう一度、マス・メディア調査に至るまでの沖縄メディアの概況をここで概観しておこう。

新聞については、一九四五年七月、ガリ版刷り新聞『ウルマ新報』が発行されたが、新聞は米軍の受信機で入手した英語ニュースを日本語に翻訳する形で始まった。その後、購読料を取る商業紙となり、一九五一年九月、現在の新聞名である『琉球新報』になった[19]。

一方、放送については、那覇にあったNHK放送局が一九四五年三月の空襲で放送停止に陥ったが、米軍が電波監理をおこなっていたため、戦後五年間、何度かの実験放送がおこなわれた以外は、日本語ラジオ放送は不在だった。一九五〇年、米軍政府情報教育部の支援で、「琉球の声」（AKAR）としてラジオ放送が開始されたが、その後、米側の支援が途絶えるなどの試練を経て、商業ラジオ放送「琉球放送」（RBC）となった[20]。

調査が実施された一九五七年当時、沖縄でテレビ放送はまだ開始されていない。前年、沖縄テレビ（OTV）がテレビ放送免許を琉球政府に申請したが、沖縄でテレビ放送が開始されるのは一九五九年である[21]。

以上が、一九五七年当時の占領下沖縄におけるメディア概況である。

したがって、「琉球におけるマス・メディア調査」は、一九五七年の時点で、沖縄の人々がラジオ・映画・新聞・雑誌等のメディアにどのくらい接触しているかを調査しているが、テレビに関する項目はない。また、この調査は、現在おこなわれているメディア調査と同様、全数調査ではなく標本調査である。そのため、標本抽出の方法に疑問は残る面もあるが、今となっては、当時の沖縄の人々のメディア利用状況を垣間見ることができる貴重な資料でもある。

3　調査概要とサンプル・デザイン

「琉球におけるマス・メディア調査」の報告書は全二一三頁で、冒頭にまず「サンプル・デザイン」に関する説明があり、本体は「第一部・ラジオ」「第二部・映画」「第三部・新聞・雑誌・書籍」の三部で構成される。

対象地域は八重山諸島を含む琉球列島全体で、現在の沖縄県に相当する地域である。標本数は一〇〇〇を目指したが、「欠票」があり、「回収数」は八五三だった。調査票は八頁（内訳はラジオ二頁、映画一頁、新聞・雑誌・書籍四頁、基礎情報一頁）で、調査員が質問を示し、回答を調査者が聞き取り、書き込む面接方式で実施された。

冒頭の「マス・メディア調査　琉球・個人」では、その「サンプル・デザイン」に関する説明がある。まず、琉球政府統計部が一九五五年一二月に実施した国勢調査の調査区から、各調査区の産業人口を考慮して一〇六の調査区が選ばれた。さらに、各調査区で、それぞれ一五歳以上の者から一〇人程度の調査対象者を抽出した[22]。具体的には、一九五五年国勢調査で「農業地域」と「普通住宅地」に居住する人が全人口の八七％を占めたことから、全調査区のなかから「農業地域」と「普通住宅地」

に該当する調査区が選出され、残りの調査区を「工業地域」「商業地域および料亭特飲街」から選んだ。

調査対象となった一〇六調査区の一覧をみると、沖縄本島および島嶼部が含まれ、都市部と農村部の両方が調査対象に含まれている。各調査区における調査対象者は、市町村および地区の名簿等に基づき「系統的に抽出された」が、標本数としては少ない。調査対象者は、性別・年齢に基づく層化抽出ではなく、「農業地域」と「普通住宅地」という地域特性に基づき抽出された。

「琉球におけるマス・メディア調査」が実施された時期は、米国ではメディア受容に関する量的調査の黄金時代である。そこでは、まずは科学的調査に基づきメディア情報受容者の特性を明らかにし、その受容者特性に基づき、広報方針ならびに対策を決定するべきであるという価値観が重んじられた。このような社会科学的の考え方が持ち込まれたと言えよう。

翌一九五八年一二月、米民政府広報局は、再び合衆国情報庁の東京支部と中央調査社と連携で別の調査を実施する。今度はメディア調査ではなく、「総合態度調査」と言われる調査だった。この「総合態度調査」は、一九五七年マス・メディア調査の調査対象者に対して、同一人物を追跡する形で実施されている。当時、米国で盛んにおこなわれていた「パネル調査」の方法が使われている。

4　ラジオの利用状況

報告書「第一部・ラジオ」の調査結果からは、テレビ放送開始前の一九五七年当時、ラジオが重要なメディアであった状況が浮かび上がってくる。

ラジオの普及率は七四％で、中央調査社が一九五五年に日本本土の普及率としていた八四％という数字と比較すると低かったが、平均すると一日四時間程度、主として午後四時から九時頃の時間帯にラジオを聞いている人が多かった。一番よく聞く番組として挙げられたのが琉球音楽で、次がニュースだった[23]。当時のラジオがおそらく現在のテレビのように人々に娯楽と情報を提供する役割を果たしていたことがわかる。後述するように、新聞を月極めで購読している割合が三五％であったことを鑑みると、ラジオの生活時間に占める存在感は今よりも大きかったようである。

当時、沖縄で普及していたのは現在のような無線ラジオではなく、「親子ラジオ」とよばれていた簡易有線放送である。親子ラジオを運営していたのは地方公共団体もしくは民間企業で、「親ラジオ」は役場または運営会社に置かれ、それを有線で結び、各家庭には「子ラジオ」と呼ばれる受信機とスピーカーがあり、そこから音声が聞こえてくる仕組みだった。琉球放送の番組を流す親子ラジオが多かったが、なかには役場に設置された親ラジオのマイクから村内放送を流したり、自社制作のローカル情報番組を放送したり、コミュニティ放送といえる性質を持っていた[24]。

沖縄で親子ラジオが普及した背景として考えられるのが、終戦直後は米軍政府がラジオなどの通信機器を所持することを禁止していたことがある。禁止は数年で解除されたが、それ以降も受信機を所持することへの恐怖感があったという証言もある。また、米軍政府がガリオア資金で「親子ラジオ」の受信機を配布した経緯もあった。親子ラジオの形態は、実は、本土の農村などでもコミュニティ放送として用いられていたものである。「琉球におけるマス・メディア調査」は一九五〇年代後半、「コミュニティ・メディア」としての親子ラジオが全盛だった頃のメディア状況を伝える。

5　映画の視聴

ラジオと並んで、テレビ放送開始前の沖縄で重要な位置を占めていたのが映画である。「第二部・映画」によれば、七二%の人々が年に一五回程度、映画を見に行くと回答している[25]。映画を見に行く回数を日本本土と比較すると、映画館が多くあった東京都区部の人々が映画を年平均二〇回程度見ていたのと比べると低かったが、全国平均の一一回と比較すると高い頻度で沖縄の人々が映画に親しんでいたことがわかる。ラジオ視聴に関して年齢・学歴に対する差はなかったが、映画をよく見に行く人には若い世代が多く、教育程度の高い層が多いという違いがみられた。また、外国映画よりも、日本映画を見る者が多かった。「一番よかったと思う映画」として挙げられたのが、日本映画では『明治天皇と日露大戦争』『米』『母星子星』『君の名は』『二四の瞳』、外国映画では『エデンの東』『白鯨』『わんぱく物語』『風とともに去りぬ』などである。「よく見る映画」としては、日本映画では時代劇、外国映画では西部劇が挙げられていた。

本調査の特徴としては、映画を「映画館以外で見たことがありますか」という設問が設けられ、さらに、「それはどこですか」と見た場所を記述式で尋ねていることが挙げられる。結果は、映画館で見る人がもっとも多かったが、それでも映画館以外の場所で映画を見たことがあると回答した人が二三％ほどで、その具体的内訳は、学校、公民館、村役場、琉米文化会館、米軍キャンプ、組合事務所、村のクラブ、教会、喫茶店、療養所などだった。沖縄では米民政府の運営する米琉文化会館などでアメリカ映画フィルムと映写用機材の貸し出しをおこなっていた。琉米文化会館で見たという人は全体の二％程度で数は多くなかったが、そこで見たという人が確かにいた。米民政府広報局では、つねに自分たちの運営する映画上映などの教育文化プログラムの反応を気にしていて、これ以降も、読者アンケートのような調査を繰り返しおこなっている。これは、おそらく米民政府の意向で設けられた設問であろう。

さらに、本調査は、映画を見ないと答えた人に対して「見ない理由」を聞いている。興味深いのは、「経済的理由」「近くに映画館がない」「見る暇がない」のほかに、「標準語がよくわからない」という理由が挙げられていることだ。「標準語がよくわからない」という回答は、六〇歳以上の年齢層では一五％に達する。実は、後述するように、この調査では面接時に調査員が「読解力がない」と判断した人がどのくらいいたかも調べている。あくまでも、調査員が受けた印象ではあるが、「全然読めなかった」と感じた人は一六％に上った。調査に協力したくないため、文字が読めないふりをした可能性も否定できないが、報告書は、「標準語の理解力の不足しているものが多い」と結論づけている。(26)映画鑑賞に必要とされる能力は、「音声として語られる標準語に関する理解力」だが、東京で制作される映画に「不慣れ」な層が少なからずいたことを示している。テレビは日本語の標準語化を進展させたと言われるが、テレビ放送開始前の視聴者の状況を示す興味深い結果が提示されている。

6　新聞・雑誌・書籍

「第三部・新聞・雑誌・書籍」では、沖縄の人々がどのくらい新聞・雑誌・書籍などの印刷メディアに接触しているかを分析している。ここでも「新聞を読めない」と答えた人が二〇％に達している。それ以外の理由、たとえば「目が悪い」「新聞がこない」「新聞を読む目的がない」などの理由および「理由不明」を含めると、一五歳以上の四二％が新聞を「全然読まない」と答えていた。反対に「毎日読む」が二九％、「時々読む」が三〇％で、五九％が何らかの形で新聞に接触しているという結果だった。月極めで新聞を取っていたのは全体の三二％にすぎなかった。

ネット・メディアの接触率が増え、急速に新聞離れが進む現在からすると決して低い数字ではないが、同じ頃、一九五六年の本土における調査で、新聞を「毎日読む」または「時々読む」をあわせると八七％で、「全然読まない」が一三％にすぎなかったのに比較すると、沖縄における新聞接触率はかなり低かったと言える。映画と同じように、新聞にも教育程度による差異がみられ、学歴が高い者ほど新聞を読む傾向にあった。調査では、学校に行かなかったと答えた者だけをみると、年齢が高くなるほど新聞を読まない傾向がみられ、六〇歳以上では八五％が新聞を読んでいなかった。逆に、年齢が若くなるほど購読率が上昇し、二〇代を中心とした若年層にもっとも高い頻度で読まれていた。この調査報告書は、新聞を全然読まない者が全体の四一％に達したことをふまえ、この点について

「ニュース伝達上の問題として注目すべきである」とコメントしている。[27]つまり、明確には述べられていないが、新聞は沖縄で重要なメディアではないと結論づけたかったのだろう。

米軍政府は、沖縄戦直後から新聞の再建を支援するなど、新聞を最重要メディアとみなしていた。しかし、その新聞をターゲットにして、米軍の記者会見および発表をおこなうことの意義が問われることになった。

一方、新聞メディアの特性も明らかになった。購読紙別に新聞購読者数の内訳をみると、もっとも購読者数が多かったのが沖縄本島の都市部に読者数をもつ『沖縄タイムス』で全調査対象者の二三％、次が同じく那覇市を拠点とする『琉球新報』の六％だった。英字新聞を読んでいる人は一人もいなかった。一方、購読紙は地域によって異なり、たとえば、宮古諸島では『宮古朝日』『宮古毎日』『南海タイムス』、八重山諸島では『八重山タイムス』『八重山毎日』『海南時報』などの地域新聞を購読する者が多かった。[28]新聞はラジオや映画よりも地域性が高いメディアだったのである。

さらに、新聞に対する要望として「書いて欲しい記事」を聞いているが、そこでは実に多様な意見が出ている。たとえば、「正しい事は正しく正々堂々と扱ってくれ」「なんでも新聞を信用していますので、真実のまま伝えてくれ」「社会に対する批判記事をもっとほしい」「不正確な記事が多い」という内容に関する意見もある一方で、「土地問題について、もっと新聞に書いてほしい」「農村のことをもっと載せよ」「僻地の記事を多く載せよ」など具体的注文もある。「誤字が多い」「内地の新聞に比べると何となくおとっている」「値段が高い」などの批判もあり、八重山諸島の人からは「月遅れで来るのが残念です」などの意見が出ている。[29]一九五七年当時の新聞に対する接触率はそれほど高くなかったが、新聞に対する期待は総じて高かったことが伺える。「漢字にふりがなをつけてください。そうするとゆっくりよめる」という要望もあった。

報告書の第三部では、雑誌についても調査している。調査では、最近一か月の間に何か雑誌を読んだかを質問しているが、結果は調査対象者の五三%が一冊以上の雑誌を読んだというものだった。到達率でみれば新聞よりも高く、雑誌を読んでいる人の割合は日本本土における同時期の調査とほとんど変わらなかった。

当時、沖縄における出版物の発行には米民政府の許可が必要だった。雑誌を読んだと答えた人のほとんどが、日本から「輸入」された雑誌を読んでいた。米民政府広報局が運営していた琉米文化会館には図書館があり、そこには日本語の雑誌もあったが、「今後ぜひ読みたい雑誌がある」と答えた人は三三%で、「婦人雑誌が読みたい」という意見が全対象者の九%に達している。多く読まれている雑誌は『平凡』『明星』『キング』などの大衆娯楽雑誌で、農村地域では『家の光』を読んでいる人が多かった。『週刊読売』などの週刊誌、『婦人倶楽部』『主婦の友』などの婦人雑誌、児童雑誌、まんが雑誌などを読んでいる人もいた。[30] その一方で、『世界』『中央公論』などの評論誌を読んでいる人は少ないという結果が出た。ただし、米国統治下では読書会などの集会についても監視対象となっていたので、調査対象者が正直に答えなかった可能性もある。

書籍については、最近一か月の間に書籍を一冊以上読んだ人の割合が一九%で、新聞を読んでいる層が書籍も読んでいて、文芸書、娯楽書が多く読まれていた。[31] 今後読みたい本について聞くと、娯楽書、文芸書、専門書など多岐に渡り、内村鑑三からトルストイ、塗料の塗り方に関する実用書まで、さまざまな本の例が挙げられている。書籍に対する人々の渇望のようなものが伺える結果となっている。本土から輸入される書籍だけでなく、沖縄論、琉球論など沖縄関係のローカル本が読みたいという要望も出ている。

最後に、新聞・ラジオなどのメディアは「あなたにとってなくてはならないものだと思いますか」という問いには、調査対象者の八三％が、「なくてはならぬ」必要なものだと思う、と答えている。現状はともかく、メディアは必要だという見方が大勢を占めた。

以上が、「マス・メディア調査」の概要である。テレビについての質問項目はないが、ラジオから新聞・書籍までについて、メディア横断的に、当時の人々のメディア利用状況と潜在的なニーズについて詳しく聞いている点で、当時のメディア視聴者および読者の全体像が浮かび上がってくる。

7　調査結果とメディア政策

「琉球におけるマス・メディア調査」の結果が、その後のメディア政策の立案にどう活用されたのか。これに関して言及した資料は、残念ながら報告書に添付されていない。したがって、どう活用されたかは推察するしかないが、ここでは調査結果が米民政府の広報政策およびその方策にどのように活用されたかを考察してみよう。

本調査が一九五七年七月の米民政府再編と同時に実施されたことは先に述べた。それまでの統治体制ともっとも異なる点は、米民政府の最高責任者として高等弁務官が置かれたことだった。繰り返しになるが、高等弁務官制度が、それ以前の統治体制と違っていた点は、沖縄が米国の大統領行政府の直接管轄下に置かれるようになったことにある。アイゼンハワーの大統領行政府は、現地における広聴および調査結果を客観的に分析し、その分析結果に基づいた政策を立案することを目指していた。本調査は、社会科学的データを基礎資料とする政権の姿勢を体現したものと言えるだろう。

変化の兆候は、一九五七年から一九五八年にかけての米民政府の広報活動にも現れている。一九五七年一月、広報局は日本語月刊誌『今日の琉球』を創刊した。『今日の琉球』は、沖縄の知識人層を対象にした雑誌で、大学関係者や新聞人などからの寄稿記事によって構成された「読者参加型」の雑誌だった。たとえば、創刊号には、地元の新聞『沖縄タイムス』編集局長の上地一史が「自由を愛する」という記事を寄稿した。一九五九年には、もうひとつの雑誌『守礼の光』が創刊された。こちらは農漁村に住む民衆を対象にした雑誌とされ、高等弁務官が写真入りで巻頭言を述べる形が取られた。『守礼の光』は、実際の生活に役立つような実用的情報の掲載を目的としていた[32]。

このように、異なる読者層を意図した二種類の雑誌を日本語で刊行した理由を明示的に示す資料は見つかっていないが、広報局は沖縄に二つの読者層がいることを認識していた。そのため、『今日の琉球』と『守礼の光』という二誌は、異なる読者層に向けて発行されたと、その理由を説明している[33]。この二つの雑誌に共通する点は、沖縄の編集者が日本語で執筆・編集するという方針が取られたことである。調査で明らかになったのは、英字新聞を読んでいる人が全然いなかったことだった。実際には、いたのかもしれないが、この調査結果からは、その姿がみえてこなかった。

日本語に関しても、比較的高学歴で日本語が読める層がいる反面、日本語が読めない層も一定程度いることがわかった。報告書では、新聞購読者の割合が低かったので、報道資料を新聞社に配布することに対する疑問も提示されていた。これに対し、雑誌を読む人の割合が高かったことが、雑誌創刊という方針に至った理由だったのかもしれない。また、調査で出された意見のなかに、沖縄独自の情報がほしいという要望があったことが考慮され、二誌とも琉球・沖縄に特化した雑誌として刊行された可能性もある。

さらに、一九五九年、テレビ放送が開始されると、米民政府は、琉球放送に対して「ＴＶウィークリー」という一五分番組を、テレビ沖縄には「人・時・場所」という三〇分番組を提供した[34]。どちらの番組も地元沖縄のスタッフの手で制作され、日本語で放送された。米民政府のメディア政策は、沖縄のテレビ放送開始期において、メディア先進国・米国の主導で実施され、地域に立脚したテレビ制作者を育成する、という意味においては意義のある投資だったと言えよう。しかしながら、米民政府広報局が目標としていた「沖縄住民に対して米国が施政権を維持する理由を説得する」「そのために米国に対する良い印象を与える」という意味においては、どうだったのだろうか。単に一五分から三〇分程度の番組を提供するだけでは、おそらく不十分だった。その効果については疑問が残ると言わざるを得ない。

8　マス・メディア調査の功罪

本章は、一九五七年、米国が沖縄で実施した「琉球におけるマス・メディア調査」の概要を明らかにし、この調査がおこなわれた目的と背景を考察してきた。アイゼンハワー政権は、このような社会科学の方法に基づく量的調査を世界各地で実施したが、それはまさに、同政権が実施した華やかな対外情報政策のあり方を象徴するものだったと言える。各地域における読者・視聴者の潜在的ニーズを本格的に調査し、そのニーズを分析したうえで情報政策を立案した。その際には、メディアの専門家を大統領補佐官に採用し、大統領自らもラジオで演説するなど多彩な活動を展開した。アイゼンハワー大統領と彼の側近たちは、メディアの影響力に対してたいへん楽観的であり、そのため、その効果を過大評価しすぎていたとも言える。しかし、だからこそ、大きな期待を込めて、膨大な調査に対する国家予算が投入されたとも言えるだろう。

沖縄でおこなわれたマス・メディア調査は、この頃、米国で盛んにおこなわれていた社会調査および統計学の方法を東京の調査会社に伝えただけでなく、それを沖縄に紹介することになった。実際、合衆国情報庁の文書に保管されている報告書の内容は、テレビ放送開始前の沖縄のメディア状況を生き生きと今に伝えてくれる貴重な資料と言える。同時期に再編された米民政府広報局は、調査結果を参考にしたと思われる雑誌を創刊、テレビ番組の制作に関わるという多彩なメディア活動を展開した。

一九五七年から一九六〇年にかけて広報局がおこなった多彩なメディア関連事業には、メディア政策を重視し、また過信したアイゼンハワー政権期の特徴が反映されていたと言えよう。

その活動を沖縄で監督した米民政府の広報担当者は、メディア先進国である米国流のメディア調査の方法、そしてメディア制作現場の技術および手法を紹介する役割を担ったと言える。しかし、その一方で、実際の制作現場で使われた言語は、英語ではなく日本語だったことから、米民政府の担当者が、どのぐらい現場を「監督」できていたのだろうかという疑問も残る。米国にとっての良いイメージを提示するという米国の広報外交政策の本来の目的は達成されたか、といえば、おそらく不十分だった。メディアで良いイメージを提示しようとしても、実際、沖縄でやっている占領統治のあり方のほうが、住民に問われる結果となったはずである。メディアを通したメッセージには限界がある。効果も限定的である。さらに、そのメッセージが言語と文化の境界を超えた時、発信者の意図したとおりに伝わらないことはよくあることだ。

メディア政策を国家方針として打ち出すことは容易である。しかし、言語の違う外国の土地で、その方針を具体化するために必要なのは、現地語のできるスタッフと現地の文化に精通した実働部隊である。結局のところ、メディア制作は現地の人材に頼らざるを得ない。メディア政策は言語を通して成立する。アイゼンハワー政権期に合衆国情報庁が担った対外情報政策は、現地でメディア関係者を育成するという意味では意義があったかもしれない。しかし、同時に言語と文化が異なる沖縄で、メディア政策の持つ本質的矛盾を露呈したと言えるだろう(35)。つまるところ、その効果は情報の受け手次第なのである。

第8章　地方選挙の情勢調査

米国は占領下の沖縄でどのように地域情報（local intelligence）を収集したのか。本章の目的は、一九六五年一一月に実施された第七回琉球立法院議員選挙に関する米陸軍参謀文書の分析を通して、その情報収集プロセスの一端を明らかにすることにある。冷戦期を通して米国は世界各地で地域情報を収集し、それに基づく情勢評価報告を対外政策立案の基礎資料としてきた[1]。しかし、米国外交の先行研究は、その政策決定のプロセスに焦点を当てながらも、その基礎資料となる地域情報が収集されたプロセスにはあまり関心を払ってこなかった。その実態を示す文書の入手が難しいことも一因であろう。そのなかで、本章が注目した陸軍参謀文書には、一九六四年後半から一九六五年にかけて、ワシントンの陸軍作戦参謀室が沖縄から受け取っていた選挙情勢報告のファイルが保存されている。同ファイルには、米国が占領下の沖縄でどのように情報収集をおこなっていたかに関する記述がある。本章は、この「一九六五年選挙ファイル」の検討を通して、当時の沖縄のインテリジェンス・コミュニティの情報収集の実態と報告ルートの一端を探った。

国家はさまざまな目的で情報収集をおこなう。その内容は、平時において行政府が政策立案のためにおこなう広聴活動から、戦時に軍隊が軍事作戦を立案するためにおこなう軍事諜報までさまざまである。米国は冷戦期を通して世界各地で情報収集をおこなったが、その活動を支えていたのが、一九四七年国家安全保障法により設置された中央情報庁（ＣＩＡ）をはじめとするインテリジェンス・コミュニティである。近年では国家の情報収集活動が「政策」の一部として捉えられるようになった一方で、(2)諜報活動の持つ基本的な問題点も議論されている。(3)日本占領史研究では、メディアに対する「検閲」の視点から「諜報」の問題が指摘されてきた。(4)沖縄においても住民管理政策の一部として諜報が実施された。(5)これらの先行研究で得られた知見をふまえ、本章では、米施政権下の沖縄で住民統治を担当した琉球列島米国民政府（米民政府）が、どのように地域情報を収集したかを明らかにしてみたい。

第七回琉球立法院選挙がおこなわれた一九六五年は、米国の沖縄統治政策にとっての転換点といえる年だった。同年八月、日本の首相である佐藤栄作が戦後初めて沖縄を訪問し、そこから日米間で返還合意へ向けての道筋が模索されていくからである。米民政府は、佐藤首相の沖縄訪問を迎えるにあたり、「軍事同盟」に基づく日米間の「友好」を印象づける目的で「フレンドシップ作戦（Operation Friendship）」という広報作戦を企画した。(6)この作戦と並行して実行されたのが、同年一一月に予定されていた立法院議員選挙に向けた「沖縄選挙タスクフォース（Okinawa Election Task Force）」というプロジェクトである。その目的は、日本本土の自由民主党を通して沖縄の保守政治家のグループを支援し、これにより、米国の施政権を維持できるような選挙結果を目指すことだった。米国が沖縄の選挙にどのように「政治介入」したか。その全貌はわからないが、「一九六五年選挙ファイル」には、このタスクフォースのために沖縄で実施された選挙区情勢調査がある。本章は、同ファイルをもとに米国の情報収集の実態を検討する。

以上の検討を通して、本章では、占領下の沖縄における米国の地域情報の収集が、沖縄で米国の施政権を維持するという、あらかじめ決定された政治目的に向けて、沖縄に親米保守政権を誕生させるために戦略的に実施された「諜報」活動であったことを明らかにする。さらに、その「諜報」活動が、行政府による日常的な情報収集活動や、メディアの取材活動との連携でおこなわれていたことを示す。これらの検証をもとに、本章は、国家が政治的意図をもって選挙介入をおこなうことの問題点を考える。

1　東アジア情報拠点としての沖縄

沖縄では、米国機関による情報収集活動が一九四五年の軍事占領開始から一九七二年の返還まで継続して実施された。その活動は、第二次世界大戦期における軍事作戦立案のための作戦諜報（combat intelligence）に始まり、敵国人に対する対敵諜報（counter intelligence）、民間人に対する民事諜報（civil intelligence）、そして、メディアを利用したオープンソース諜報（open-source intelligence）に至るまで、さまざまな種類の諜報活動で構成されていた。[7] 冷戦下の沖縄では、中央情報庁の管轄下にあった海外放送情報サービス（ＦＢＩＳ：Foreign Broadcasting Information Service）がソビエト連邦、中国、ベトナムなど共産圏からのラジオ放送と通信社電を傍受、これをもとに『ＦＢＩＳ日報』が作成されている。

ＦＢＩＳの通信傍受の目的は共産圏メディアの内容をモニターすることにあったが、『琉球新報』『沖縄タイムス』『琉球放送』などの日本語メディアもモニター対象となり、定期的に英訳され、『ＦＢＩＳ日報』に掲載された。たとえば、一九六五年八月二三日付のＦＢＩＳ日報・極東版には、同月二一日、佐藤栄作首相に対する記者会見での質疑応答の模様が掲載された(8)。同じ号には、佐藤訪沖を報じた北京の新華社通信の報道があわせて掲載され、その論調が報告されている。このように、冷戦期を通して、米国は共産主義の「封じ込め」を目的としながら、共産圏のメディアと、その「周辺」に位置した沖縄メディアの論調を注意深く監視していたのである。

このように、沖縄は東アジア地域（region）を対象にした情報収集活動の拠点だった。同時に、琉球諸島という限定的地域（local）を対象にした情報収集・分析活動は、「ローカル・インテリジェンス（local intelligence）」活動と呼ばれ、それをまとめたものが『地域諜報週報（Local Intelligence Weekly）』として在沖米軍関係者に回覧されていた。『週報』には「諜報（intelligence）」という言葉が使われているが、その内容は、沖縄における政党、企業、労働組合、メディアなどにおける民間人の日常を調査報告したものである(9)。この週報をみると、特定の団体が匿名の情報提供者にマークされていたことがわかる。

このような日常的情報（routine information）の収集活動に加えて、一九六五年には沖縄の政治情勢調査がおこなわれ、ワシントンの陸軍省民事参謀室に報告されていた。これらの報告書類は、具体的には、各選挙区にどの政党のどの候補者が立候補して、どの候補が優勢であるかという情勢調査である。これらの情勢調査をもとに、劣勢とされた沖縄民主党の議員に米国が資金援助を検討した記録も残されている。

2　直接選挙を求める住民の声

沖縄の地域情報は、どのようなルートで収集され、どこに集約され、どのようなルートで米国ワシントンに報告されていたのか。

陸軍参謀文書の「一九六五年選挙ファイル」に保存されている情勢調査は、一九六四年一〇月一五日、沖縄に着任したばかりのアルバート・ワトソン（Albert Watson）高等弁務官が、ワシントン陸軍省に宛てた書簡を起点として開始された。この書簡で、ワトソンは、沖縄で自分たちの代表を直接選挙で選ぶ「自決権」の実現を求める要望が高まっている現状を報告し、選挙に関する調査を陸軍省に求めた。ワトソン報告を受け、陸軍省長官は沖縄における選挙実施の是非を調査するように民事参謀室に指示する。これにより、民事参謀室からの指示で政治情勢調査が始まることになった[10]。

戦後沖縄で初めて市町村レベルでの選挙がおこなわれたのは一九四八年である。これ以降、市町村レベルの首長選挙と地方議員選挙が実施されてきた。しかしながら、現在の沖縄県にあたる「県域」レベルでの知事選挙は、一九六八年まで実施されなかった。例外として、一九五〇年九月に「群島知事選挙」が実施された（第5章を参照）が、この選挙結果をみて、知事公選を継続すれば、施政権の維持が難しくなると判断した米国は、それ以降、知事公選を認めない方針をとった。米民政府の監督下に「琉球政府」を設置し、その首長である「琉球主席」を米国が指名する体制をとった。現在の沖縄県議会に相当する「琉球立法院」の議員選挙はおこなわれていたが、米民政府が「拒否権」を発動することがあった。

このような民主的とは言えない状況下で、琉球主席公選の要求は、住民から繰り返し出された。一九五二年一一月一五日、琉球立法院は独自に「行政主席選挙法」を可決し、主席公選を米民政府に要求した。米国側の公文書には、この要求を受け、主席公選の是非を一通り検討した記録が残されている。だが、大統領行政府予算局と陸軍省民事軍政部の間でおこなわれた協議では、米国の属領・準州で首長公選を実施した結果、米国の統治が難しくなった前例をふまえ、公選に対する慎重意見が出された。このような内部協議の結果、一九五五年頃までに、米民政府の上部機関だった陸軍省民事部では、琉球主席公選を認めない方針が暗黙の了解として出来上がっていった。

一九五七年の大統領行政命令の発令で、高等弁務官が琉球諸島における米国側の最高権威者となると、米国は琉球立法院に対する「拒否権」をなるべく発動しない懐柔策に転じる。これは拒否権の発動が沖縄住民の反発を招き、それが日本への復帰運動を刺激し、逆効果になるとみたからである。拒否権の発動を回避するために、高等弁務官と米民政府の役割は、琉球主席と密接な連絡を取り、「良好な関係を築くことにある」という指示が出されていた。

一九六四年、高等弁務官として沖縄に赴任したワトソンは、沖縄戦の経験がある陸軍省の現役武官であったが、赴任前にワシントンでは国務省、東京ではライシャワー駐日大使とその基本方針を打ち合わせる機会があった。そこで、ワトソンはライシャワーから、沖縄が日米外交の火種とならないようにと、釘をさされていた。このため、ワトソンは琉球主席との関係構築こそが自らの任務であると認識していたはずである。そこで着任まもないワトソンに突きつけられたのが、主席公選の問題だった。ワトソンは、主席公選を求める要求が高まっている現状を報告し、これに関する調査を求めたのである。

3　公選に関する内部調査

ワトソン高等弁務官の提案を受けて、二つの内部調査（Staff Study）が実施された。ひとつはワシントンで、もうひとつは沖縄で実施された。

ひとつ目の調査は、陸軍省民事部が実施したもので、民事部政治問題課のポール・ノイランド（Paul A. Neuland）主任が、ジョン・ステッドマン（John M. Steadman）陸軍次官代理と民事部長のジョン・ダフィ大将（Colonel John Duffy）の指示で実施した。調査内容は、一六頁の報告書にまとめられた[11]。

同報告書は、米国が琉球列島で実施した一九五五年のマーカット調査団の報告書などをふまえ、大統領行政府予算局で一〇年前、プエルトリコやパナマなど米国の属領・準州担当の予算官だったハロルド・サイドマン（Harold Seidman）博士の意見を引用し、これらの属領で首長公選を実施し、米国の統治継続が脅かされた事例を挙げ、公選の実現は難しいと結論づけた。そして、妥協案として、立法府で最大多数を獲得した与党党首を米国が「琉球主席」に任命する「パーラメント型政府（parliamental government）」を対案として提示した。ただし、選挙で「左翼（leftists）」が多数党となれば、米国の既得権が失われるため、高等弁務官に琉球主席任命に対する「拒否権」を残すのがよいという意見が付け加えられた。

この民事部調査は、陸軍長官にも提出され、その過程で、国務省のビル・バンディ（William "Bill" Bundy）極東担当国務次官補、中央情報庁の担当官と情報共有されている。陸軍省の内部調査が主席公選について出した結論は一〇年前と同じだったが、ケネディ政権（一九六一年一月―一九六三年一一月）以降は、このように事務官レベルの文書作成の過程で、国防省、国務省、中央情報庁との省庁間調整が実施されるようになっていた。それと並行して、対日政策では、東京の駐日大使と、沖縄の高等弁務官の連携が事務レベルでおこなわれるようになった。こうして、米国の沖縄統治には少しずつではあるが、「軍事管理」に「外交」の要素が入り込んでいった様子が伺える。

二つ目の調査は、右の民事部調査をふまえたもので、一九六五年二月に米民政府が沖縄で実施した。こちらの調査の責任者は米民政府・執行武官（Executive Officer）のジョン・フォード大将（Colonel John M. Ford）だったが、そのもとで、実質的な報告書作成を担当したのは米民政府渉外局だった。調査報告書は、「沖縄の住民は日本への返還を希望している」という一文で始まる。そして、住民からのもっとも強い要望は日本への「返還」だが、それに次ぐ要求が知事公選であると報告した。しかし、この米民政府の調査も、民事部の調査と同様、知事公選を認めれば、「左翼」の知事が選出される可能性が高く、米国の利益を阻害するため、公選は承認できない、と結論づけた。

米民政府の調査報告書は、そのなかで、日本の外務省が一九六四年一二月二八日、駐日米国大使館を通して、現在の琉球主席の任命制に代わる「適切な選出方法」について調査・検討するように求めたことに言及する[12]。これは、第６章で述べたように、米国の国家安全保障会議が、対日政策文書で日米関係に支障がないように沖縄統治を実施するように求めたことを受け、駐日大使館が米民政府の方針に意見したものである。その背景には、翌年一月に佐藤栄作首相のワシントン訪問が予定されていたことがあった。そのため、駐日米国大使館が日本の外務省からの要求を米民政府に伝え、日米外交に支障が出ないように求めたのである。

米民政府の調査報告書は、当時、高等弁務官の政治顧問だったＶ・Ｊ・マーチン（V. J. Martin）に意見を求めたうえで作成された。さらに、同報告は、陸軍省のＳＯ担当・軍事作戦参謀に提出され、承認された。「ＳＯ」とは国防省で「特殊作戦（Special Operation）」の意味で用いられる略語である。陸軍参謀文書に保存されている一九六五年一一月選挙に向けた政治情勢報告が、陸軍省の「特殊作戦」とどのような関係にあったのかは、残念ながら明示されていない。しかし、米民政府の報告先である民事参謀室は、軍事作戦のなかにおける民事作戦の計画立案をおこなう部署であったことをふまえると、沖縄の「政治」状況は、国防省の「作戦」対象であったと考えられるのである。

冷戦期を通して、米国は民間人を対象とした諜報活動を「軍事作戦」の一部と捉えていた。米国の沖縄統治は「軍事管理」としておこなわれてきたが、その過程で、民主的におこなわれるべき選挙への介入が、作戦として計画されていたことになる。

4　沖縄選挙タスクフォース

米民政府の調査報告書がワシントンに送付されたのは、一九六五年三月一二日である。それとほぼ同時期に、自由民主党の小坂善太郎議員が沖縄を訪問、ワトソン高等弁務官と会談した[13]。この会談の内容は明示されていないが、三月末、ワトソンは米連邦議会の予算公聴会に出席するためにワシントンを訪れた。このとき、ワトソンは一九六五年一一月選挙に向けて「沖縄選挙タスクフォース」の「計画書（planning paper）」を陸軍省に持参した。

「沖縄選挙タスクフォース」とは何だったのか。「沖縄選挙タスクフォース」と題された文書は一頁の短いメモで、作成者も作成日も不明だが、全文は以下のとおりである。

題：沖縄選挙タスクフォース

一九六五年三月一六日、沖縄に関する私たちの代表者（our representatives）が訪れ、沖縄選挙タスクフォースの状況について以下の通り、報告した。

a　タスクフォースは結成されたが、第一回目の会合はまだ開かれていない。高等弁務官が三月二六日頃、予算公聴会のためにワシントンに出発することをふまえ、ネピア大将が計画文書（planning paper）

をいつまでに作成すべきか指示した。

b　松岡政保は沖縄民主党の計画書を二通、高等弁務官に提出した。一通は、米国政府の支援拡大を求める無味乾燥な選挙区調査で、もう一通は日本の自由民主党に二〇万ドルを要望する、より包括的調査である。沖縄民主党は勝利に向け、三〇万ドルが必要とみている。[14]

このメモからわかるのは、一九六五年一一月の選挙に向けた「タスクフォース」が、小坂善太郎自民党議員の訪問と前後する形で、三月中旬までに結成されたこと、ワトソン高等弁務官のワシントン訪問に向けて、沖縄民主党を勝利に導くための計画書が準備されたこと、そして、その計画書の一通は米国に支援を求めており、もう一通は日本の自由民主党に支援を求めていたことである。メモには作成者もタスクフォースのメンバーも書かれていないが、文中には松岡政保琉球主席とワトソン高等弁務官が登場し、当時の沖縄における沖縄住民代表と米国人の行政トップが協力して、沖縄の保守政党である沖縄民主党にテコ入れするための実働部隊を立ち上げたことがわかる。さらに、沖縄民主党を勝たせるために、日本の自由民主党との保守連携が示唆されている。

三月一九日付の電報で、ワトソンは小坂との会談内容を、駐日米国大使館に報告している。この電報によれば、ワトソン・小坂会談で、ワトソンは一一月の立法院議員選挙で沖縄民主党を勝利に導くことが、米民政府にとっての重要課題であると小坂に伝えた。さらに、日本政府側も米民政府と沖縄の「保守」系政治家の関係が親密であることを理解している様子であると述べた。これをみると、「沖縄選挙タスクフォース」は、本土の自由民主党と沖縄民主党との保守連携を模索する計画だったことが推測できる。一九六五年立法院選挙で、米国が「親米」とみなしていた沖縄民主党が過半数以上の議席を確保することを望んでいた米国の思惑と、沖縄を返還に向けて何とかしたいと考えていた当時の佐藤政権の思惑が一致したことになる。

三月に結成された「沖縄選挙タスクフォース」の求めに応じて、実際に米国政府と日本の自由民主党が沖縄民主党に資金提供をおこなったのかどうかの裏付けはない。沖縄民主党の過半数維持に向けて、米国は沖縄の地方選挙に「介入」したのか。その全貌はわからない。しかし、「介入」を検討した形跡はいくつか残されている。

たとえば、ジョージ・ワシントン大学の国家安全保障アーカイブス（National Security Archives）には、一九六五年七月二二日、国家安全保障会議に付帯する「三〇三委員会」で琉球立法院選挙に向けての対策を検討したことが記録されている。三〇三委員会は、米国の海外における非公然行動を審査する目的で設置された委員会で、その記録は公開されていないが、三〇三委員会の開催に先立ち、七月一六日、国務省で開かれた陸軍省との連絡会議で、当時のエドウィン・ライシャワー（Edwin O. Reischauer）駐日大使が、沖縄の選挙に米国が直接介入するのはリスクが大きいので、日本本土の保守政治家を通して、沖縄の保守政治家を支援する方策が望ましいと提案したとされる。この計画は「秘密行動計画（Secret Action Plan）」として議事録に記録された[15]。

この会議には、陸軍省側からはスタンレー・レゾ（Stanley R. Resor）陸軍長官が出席したが、秘密行動計画について、ライシャワーと沖縄の状況を議論したのが、長官とともに出席した国際問題担当のジョン・ステッドマン陸軍次官代理（John M. Steadman, Deputy Under Secretary of the Army）である。ステッドマンは、沖縄のワトソンから提供された情報をもとに、日本の自民党を通して支援する計画も、沖縄に直接資金提供する計画も、いずれもリスクは同じであるとして、沖縄選挙に直接介入する方向を主張した。これは日本政府の沖縄に対する影響力をできるだけ排除したいとする米民政府の意見を代弁するものだった。

ステッドマンのもとには、沖縄から前述した「沖縄選挙タスクフォース」メモのほかにも、一九六五年、定期的に実施されたとみられる選挙区ごとの情勢調査報告が届けられていた。そこから、米国が沖縄の選挙で沖縄民主党を「親米」とみなして支援し、社会大衆党と人民党を「共産主義者」であるから「反米」であると位置づけていたことがみてとれる。そして、親米政治家の勝利が、米国の施政権維持のために必要不可欠な条件であるとして、定期的な情勢調査をおこなった。

5　沖縄インテリジェンス・コミュニティ

米民政府は沖縄でどのように選挙情勢を調査したのか。

選挙区ごとの情勢は、琉球立法院の星克議員が実施した。その調査が松岡政保主席に提出され、松岡主席から米民政府のジェラルド・ワーナー（Gerald Warner）民政官に手渡された。つまり、米民政府の調査報告書は、琉球立法院が作成し、琉球主席がまとめたものだった。

琉球主席は、琉球政府を代表して、米民政府の高等弁務官ならびに民政官と定期的な会合をもち、政策などの打ち合わせをしていた。前述したとおり、米民政府は、ワシントンの陸軍省から、琉球主席との関係を良好に保ち、細かく提言をおこなうことで琉球立法院の立法に対する「拒否権」の発動をできる限り押さえるように指示されていた。選挙区ごとの情勢調査報告の提出は、このような両者の情報交換の一環としておこなわれた。

ワーナー民政官のもとで、政治概況調査の事務方を務めていたのが渉外局である。米民政府のなかで渉外局は、琉球政府との連絡役だっただけでなく、佐藤首相を迎える広報作戦では東京の米国大使館との連絡窓口としての役割を担った。渉外報道局とよばれ、沖縄メディアとの連絡役だった時期もある。渉外局で長い間、勤務したのがエドワード・フライマス（Edward Feimuth）である。実は、一九六五年選挙ファイルにも、フライマスが作成した選挙概況に関する書簡がいくつか保存されている。選挙区ごとの情勢報告は、松岡主席からワーナー民政官に渡されたが、ワーナー民政官のもとで報告書を作成したのが、フライマスと、ＥＭＭＥという署名で渉外局文書を作成した人物で、これらがワーナー民政官のもとに届けられた。

ワーナー民政官のもとには琉球政府主席から上がってくる選挙区の情勢報告書以外にも、複数の情報収集のルートがあり、これらを民政官が集約し、ワシントンへ報告した。一九六五年七月二一日、ワーナー民政官が陸軍省に宛てた書簡によれば、民政官のもとには以下の四つの情報収集ルートがあった。

（二）第五二六諜報支隊（526th INTC Detachment）

（二）民政府（Civil Administration）
（三）琉球警察（Police Department of the Government of the Ryukyu Islands）
（四）ＣＡＳ地域事務所（local CAS office）[16]

右のうち、ひとつ目の第五二六諜報支隊は、フォート・バックナーにあった諜報部隊で、時期によっては第五二六対敵諜報支隊（526th Counter Intelligence Corps Detachment）と呼ばれていた。米民政府とも関係が深かった部署で、米民政府文書のなかにも同支隊の諜報報告がある。これをみると、同支隊は政党から住民団体まで民間人を対象とした幅広い情報収集活動をおこなっており、住民の日常を監視していたことがわかる。「ＣＩＣ」として沖縄の人々に恐れられた部隊である[17]。同支隊の報告書は、五段階評価で住民団体の共産主義の度合いを評価していた。そこから、民間人に対する諜報の目的が、共産主義的人物をマークし、その行動の封じ込めにあったことがわかる[18]。

二つ目に挙げられた民政府からの情報は、前述した琉球主席からの公式ルートをはじめとし、米民政府と琉球政府の部署間の連絡網に基づくさまざまなルートで収集されていたと考えられる。それが民政官のもとに集約されていた。米民政府広報局は、沖縄の新聞と放送からローカルニュースを収集していたが、このようなオープンソース・インテリジェンスもここに含まれる。

三つ目の琉球警察からの情報は、米民政府公安局を通して集約された。米国の民事官が統治をおこなう際に使っていたフィールド・マニュアルには、現地の警察を必要に応じて活用するべきであるという方針が示されていたが、その原則に則り、警察との情報交換を米国は重視していた。現地の警察に任せられる部分は任せることが米国予算の削減にもなる、という理由であった。警察情報がインテリジェンスとして米国側にどのように伝達されたのかは、一九六五年選挙ファイルからはみえてこないが、米民政府文書には、琉球警察から犯罪情報が提供されていたことが記されている。

四つ目に挙げられているCAS地域事務所は、中央情報庁の現地連絡事務所を意味する。沖縄タイムス紙が米民政府文書のなかから見つけた「CGSリポート一九六六」によれば、中央情報庁の現地事務所は、現地で別の「みせかけ」の名称を名乗っていたが、ワシントンではその名称が知られていないので、その代わりにCAS（Controlled American Sources）という連絡用コードを使用していた[19]。沖縄にあった中央情報庁の施設は、読谷村にあった海外放送情報サービス（FBIS）と、知念にあった混成サービス群（CSG：Composite Service Group）であるが、それ以外にも現地の民間企業を装ったCAS事務所があったと考えられる。中央情報庁の秘密作戦では、米本国とコンタクトを取る場合、米国政府機関と直接連絡を取るのではなく、民間企業などを経由して間接的に連絡することを原則としていたからである[20]。米民政府と密接な関係があった企業に、石油大手スタンダード・オイル系列のカルテックス社、通信基盤整備を担当したRCA社などがある。

いずれにせよ、米民政府の民政官は、以上のような「沖縄インテリジェンス・コミュニティ」の集約者としての役割を担っていた。民政官は、武官職であった高等弁務官のもとで、実質的な米民政府の責任者であり、文官職としては一番高い職位に当たる。米民政府が担っていた役割は、もちろん諜報機能だけではないだろうが、米民政府は「ローカル・インテリジェンス」の集約者としての機能を持ち合わせていた。

6　ルーチン情報としてのメディア

米民政府・民政官のもとで集約された沖縄の地域情報は、ジェラルド・ワーナー民政官からワシントンのジョン・ステッドマン国際問題担当・陸軍次官代理（John M. Steadman, Deputy Under Secretary of the Army, International Affairs）に送られた。前述したライシャワー駐日大使との会議で、沖縄への直接介入を主張したのがステッドマンだったが、彼は米民政府から送られてくる情報をワシントン側で集約する立場にいた。

ステッドマン陸軍次官代理は四月六日付のワーナー民政官に宛てた書簡で、三月下旬のワトソンとのワシントンでの会談をふまえ、一一月選挙に向けての政治情勢を定期的に把握できるように、できれば月一回程度の頻度で報告してほしいことを伝えた。その書簡によれば、陸軍次官代理は米民政府・民政官からの報告を以下の三つのルートで「ルーチン情報（routine information）」として入手していた。それは、以下の三つであった。[21]

（一）諜報報告書（intelligence reports）
（二）沖縄新聞翻訳ハイライト（Okinawa Press Translation Highlights）
（三）米民政府広報局のプレス・リリース

ステッドマン陸軍次官代理からワーナー民政官に宛てられた書簡は、これらのルーチン情報の報告書類に加えて、今年は沖縄政治の状況報告を送ってほしいというものだった。(二)の「沖縄新聞翻訳ハイライト」と、(三)の「米民政府広報局のプレス・リリース」は、どちらも米民政府広報局がルーチン業務として作成していたもので、米民政府広報局文書の大半を占める資料群である。これらの広報局が作成した資料は、陸軍参謀室にも送付されていたとみられ、陸軍省文書にも参考資料として添付されている。メディアは米国政府にとっての貴重な情報源であった。(一)の「諜報報告書」以外にも、陸軍省参謀室は開示情報源(オープンソース)を基本とする「ルーチン情報」として、(二)の「沖縄新聞翻訳ハイライト」、(三)の「米民政府広報局のプレス・リリース」を受け取っていたことになる。

「沖縄新聞翻訳ハイライト」は、米民政府広報局の調査分析部が作成していたもので、『琉球新報』と『沖縄タイムス』の一部の記事を英訳したものだった。全訳の場合もあったが、要約の場合も多く、沖縄での出来事を在沖米軍と軍属らに知らせる目的で作成され、関係者の間で広く回覧された。その一部が本国ワシントンにも送られたとみられ、陸軍参謀文書のなかにも「切り抜き」として保存されている。一九六四年後半から一九六五年八月にかけては、佐藤栄作首相の沖縄訪問に関する記事が収集され、分厚い報告書が作成された。沖縄の新聞が日本の首相の訪問をどう捉えていたかを分析する目的で作成されたと考えられる。

しかし、ステッドマン陸軍次官代理は、この「沖縄新聞翻訳ハイライト」に対して、「役には立っているが、しばしば沖縄の新聞論調は偏っている」という評価を下し、これ以外に背景的な情報を送るように求めた。「沖縄新聞翻訳ハイライト」は、陸軍省で「あくまで参考情報である」とみなされ、一九六五年選挙に関して、ステッドマンはこれを補完する追加の情報提供を米民政府に依頼したのである。「沖縄新聞翻訳ハイライト」とともに、陸軍参謀室が受け取っていた「ルーチン情報」が、米民政府のプレス・リリースだった。これは広報局情報部ニュース課で作成され、沖縄のメディア各社に対し、米民政府の方針を伝える広報資料だったが、日米両語で準備された。沖縄には、日本語メディアだけでなく、在沖縄の軍人・軍属をはじめとした米国人を対象とした英語メディアの記者がおり、その編集部が置かれていたからである。占領下の沖縄を拠点としていた英語メディアには、『スターズ・アンド・ストライプス（Stars and Stripes）』『モーニング・スター（Morning Star）』などの新聞、『ディス・ウィーク・オキナワ（This Week Okinawa）』などの雑誌、米軍放送、ＲＢＣ英語放送などがあった。それらの英語メディアのほかに、共産圏に向けた韓国語放送、中国語放送などが沖縄を拠点に放送されていたとされる。冷戦期の沖縄は、東アジアにおける米国の情報政策の拠点だった。

米民政府の内規によれば、広報局はこれらの多様な在沖メディア関係者に対するリエゾンとしての役割を期待されていた。広報局情報部は、ワシントンの合衆国情報庁が海外支部向けに発行していた、米国の対外広報政策の指針（ＰＰＤ：Policy Program Directives）を受け取り、その指針をふまえ、在沖陸海空軍の情報担当官、東京の米国大使館とＵＳＩＳ東京などと広報方針をローカルレベルで調整した。そのうえで、記者会見を開き、プレス・リリースを沖縄のメディアに配布した。さらに、広報局の英語版プレス・リリースが、ワシントンに対する報告資料としても使われていた事実は、英語版を作成する目的が、陸軍省への活動報告でもあったことを示している。

前述以外のルーチン情報として、ステッドマン文書は、「諜報報告書（intelligence report）」の存在を挙げている。これが具体的に何を指しているのかはわからないが、「一九六五年選挙ファイル」から、前述した「沖縄新聞翻訳ハイライト」「米民政府のプレス・リリース」を除くと、そのあとに残るのは、同じ人物によって作成されたと思われる手書きメモ類である。ステッドマンのもとへは、出版されたメディア・コンテンツだけでなく、定期的に手書きの草稿が届けられていた。書き手の名前は書かれていない。しかし、一連の手書きメモを見ると、書き手は沖縄の選挙事情とその進展状況にたいへん詳しく、記者会見に定期的に出席し、その進展を追いかけることができた人物だったことがわかる。

その手書き草稿のなかには、最初の三行のみがタイプされており、「Naha, Okinawa, Nov. 15 (UPI)」のバイラインがそのまま残されている一枚がある。[22] この原稿の左肩には、「ＵＰＩ　Ａ９６」と書かれている。これらの記述は、この草稿がもともとは「ＵＰＩ通信社電」として書かれた原稿であったことを示すものであろう。通信社の記者が自らの取材メモと草稿を任意で陸軍参謀に提出していたのか。それとも、記者の身分が「カバー（偽装）」だったのだろうか。

米国の通信社は第二次大戦中、戦時情報局に対してニュースを提供していたことが知られている。戦時情報局のロンドン支局長を務めたのはＵＰＩ元ロンドン支局長ワラス・キャロル（Wallace Carroll）であり、国家と通信社は密接な協力関係にあった。[23] このような国家と通信社の「蜜月」関係は大戦が終了した一九四五年一二月をもって解消されたとされる。しかし、陸軍参謀文書のこの手書きメモは、その後も米国政府とＵＰＩ通信社との関係が何らかの形で続いていた可能性を示唆する。

一九六五年頃、米国籍の民間メディア企業であるＡＰ通信、ＵＰＩ通信、そしてＣＢＳの沖縄連絡事務所は、当時、沖縄在住の米国人向けに発行されていた英字新聞モーニング・スター社のなかにあった。米民政府の広報官らは、これらの現地民間メディア関係者とも密接な連絡を取る役割を期待されていた。広報局は、これらの米国メディアの沖縄連絡事務所とも連絡を取り合っていた。

7　琉球立法院議員選挙の情勢報告書

以上のようなルーチン情報に加えて、一九六五年には、ステッドマン陸軍次官代理の求めに応じて、選挙区ごとの詳細な政治情勢報告がワシントンに届けられた。

「ワーナー氏のブラック・ブック（Mr. Warner's Black Book）」は、一九六五年五月二四日から二七日、ジェラルド・ワーナー民政官が松岡政保琉球主席とともにワシントンを訪問した際に持参した文書である。そのブラック・ブックの写しとされる「ファクトシート（Fact Sheet）」類が陸軍参謀文書にある。「ファクトシート」は、米民政府文書とその上部組織にあたる陸軍参謀文書の両方によくみられる文書のスタイルで、収集した地域情報を「事実（fact）」であるか確認しながら、要点を箇条書きに整理したものだ。この「ファクトシート」に基づき、「問題点（problems）」を明らかにし、その問題点に対する解決策を対案も含めて提示し、分析したうえで、論拠を示して「提言（recommendations）」を述べるのが、米民政府で勤務した文官の報告スタイルだった。

ブラック・ブックの写しとされるファクトシートには、以下の三点に関する事実関係が箇条書きで報告されている。作成日は、すべて一九六五年五月一九日である。

（一）選挙区改正（作成者：EMME/71267）

（二）日本の選挙援助と資金（作成者：EMME/71267）

（三）立法院選挙で予想される結果（作成者：Freimuth/71184）

（一）「選挙区改正（Redistricting）」と題されたファクトシートには、一九六五年選挙に向けて三月六日、それまで二九区だった選挙区を三二区にする改正案が琉球立法院に提出され、成立する見込みであることが報告された。さらに、改正後の選挙区で議席を得る可能性の高い政党が記されている。この頃、沖縄では小選挙区制が取られていたが、これに対し、野党議員から小選挙区制を廃止し、本土と同じような中選挙区制とし、全体で三つの中選挙区にするのがよいという、要望があったことが報告されている。[24]

（二）「日本の選挙援助と資金」と題されたファクトシートでは、一九六二年に実施された立法院議員選挙においても、日本が八万ドルの資金援助をおこなったとみられることが報告された。さらに、一九六五年選挙では、沖縄民主党が、日本の自由民主党に対し、二六万ドルの現金を要求したことが報告されている。そこには、日本の保守系政治家は沖縄の「政治的同胞（political brothers）」を喜んで支援する意思を示したと書かれている。三月に発足した「沖縄選挙タスクフォース」が、五月までに日本の保守系政治家との協力関係を進めていたことがわかる。選挙と関係があるのかは不明だが、なぜか沖縄産の砂糖を日本政府が買い取る計画が並行して進められていたと報告されている[25]。砂糖を買い取る代わりに、何らかの資金を出すという前提だったのだろうか。

（三）「立法院選挙で予想される結果」と題されたファクトシートでは、沖縄民主党が勝利した場合、社会大衆党、人民党が勝利した場合に予想される、米民政府に対する影響が見積もられている。それによれば、沖縄民主党が過半数を確保し、勝利すれば満足のいく（satisfactory）結果といえ、米民政府と琉球政府の関係は現状維持でいけるであろう。しかし、それ以外の結果であれば、米民政府が琉球政府に対する強権を発動しなければならない事態になる、という予想が述べられている。

一九六五年には、これらのファクトシートに続き、定期的に沖縄から選挙区ごとの詳細な各候補者の優勢・劣勢の情勢が報告された。そして、選挙直前の一一月七日付の政治概況（ＰＯＬＳＵＭ）報告には、第二区の沖縄民主党・宮城善兵候補に対する支援として、「高等弁務官の一般資金（HICOM General Fund）」から五〇〇〇ドルが提供されたと記録されている[26]。

「高等弁務官の一般資金」とは、沖縄統治予算として米議会が歳出計上したガリオア予算を元手に購入した、ガリオア支援物資を売却して得た見返資金を積み立てた基金である。「高等弁務官特別援助資金」とも言われる。沖縄に派遣された歴代の高等弁務官たちは、米議会の歳出予算以外に、このような特別資金を使うことができた。その資金は、米国と琉球の相互利益になる目的に支出する方針があり、たとえば、米国への人材派遣費・交流費などに使用された。一九六五年には、米民政府から琉球政府への「贈り物」として援助金が支出されている。

米国務省の公式記録である『合衆国の外交（FRUS）』は、一九五八年から一九六八年にかけて、中央情報庁が米国のビジネスマンを通じて非公然行動を実施し、日本の選挙に資金援助をおこない、政治介入した事実を明らかにしている。[27] ニューヨークタイムス記者のティム・ワイナーの著作によれば、中央情報庁との連絡役を務めたのは自由民主党の賀屋興宣で、一九五九年二月六日、賀屋は米国を訪れ、中央情報庁でアレン・ダレス長官と会談、日米間で情報交換をおこなう正式契約を締結したという。[28] 陸軍参謀文書の「一九六五年選挙ファイル」が資金提供を示す文書を含めて米国公文書館で一般公開されたのは、すでに、国務省の公式記録が日本の選挙に対する介入を認めていたからだろう。さらに、「沖縄選挙タスクフォース」メモに書かれた内容は、日本の政治家が沖縄の政治家に資金提供をする内容だった。これは、日本国内の問題であり、米国の直接介入ではない、と捉えることが可能な範囲の記述になっている。

しかしながら、「高等弁務官の一般資金」であっても、特定の候補者に対する資金援助を当局がおこなうことは、選挙の公平性に対する「介入」であることは間違いない。米国の高等弁務官たちは、共産主義の恐怖を訴えるなかで、琉球列島こそは民主主義の砦であることをたびたび強調し、選挙の意義を沖縄の人々に教授するキャンペーンまで展開していた。しかし、その裏で、民主主義に反する選挙介入まで計画したのである。しかも、選挙情勢調査の結果は、行政府の代表である琉球主席から堂々と米国に手渡されていた。

一九六五年一一月一四日に実施された立法院議員選挙では、米国と日本の自由民主党が支援した沖縄民主党が、全三二議席のうちの一九議席を獲得し、勝利を収めた。一九六五年選挙に向けた日米政府合同のキャンペーンは、ひとまず成功したと言える。しかしながら、米国が施政権を行使する状況への不満は収まらず、各地で住民のデモがおこなわれ、復帰を求める声が高まっていった。一九六五年一一月選挙に向けての情勢調査と政治介入は、沖縄の人々と米民政府の間に穏便な解決策を生むことはなかった。ワトソン高等弁務官は同年末、復帰を求める住民デモへの対策として民事活動部隊の増派を本国に求め、米国は沖縄の住民運動を力で押さえ込むために、準軍事的な体制を取ることになった。

8　諜報の心理的効果と問題点

米国が沖縄で選挙情勢を調査し、日本の自由民主党を巻き込んで政治介入を検討したのは、施政権を維持するためであった。その意味で、同年におこなわれた情勢調査は、その結果に基づいて政策を立案するための基礎資料として実施された「広聴」活動ではなかった。「軍事施設の自由使用するために施政権を維持する」という目的は最初から決まっており、そのために、沖縄社会に張り巡らせたローカル・インテリジェンス網を駆使しておこなった米国の軍事中心主義に基づく「諜報」活動であったと言える。しかし、住民の復帰を求める声はその後ますます高まっていった事実をみると、これらの調査活動や心理作戦は選挙結果に対する一次的効果をもたらしたが、その一方で住民の強い反発を生み、逆効果となった側面は否めない。そのあたりに諜報活動や心理作戦の限界があったように思われる。

米連邦政府レベルで広報外交の最終責任者とされたのは国務長官だった。広報政策に関する省庁間調整は大統領行政府でなされたが、その調整の結果を受け、米国の海外広報の拠点に統一指針を発行していたのは合衆国情報庁である。米国の広報指針の主な配布先は各国に設置された合衆国情報サービスだったが、沖縄は当時、米国の占領統治下にあり、支部は設置されず、代わりにこの指針を受け取っていたのが米民政府広報局だった。そのため、米国の広報政策は、沖縄で陸軍省に「委託」される形で実施された。公開された議会記録をみると、それは「情報教育プログラム」として歳出に計上された。しかし、米国の公文書には明示されない非開示の領域があるとみられる。米民政府広報局員であったアレキサンダー・リオスノフのオーラル・ヒストリー・インタビューによれば、それらの広報活動は「心理戦」と位置づけられている[29]。

このように、本来は国務長官を最高責任者としながら、海外で他省庁の海外拠点に米国の「広報」方針が伝達される過程で、その方針と方法に対する解釈に食い違いが生じることが頻発した。ジョンズ・ホプキンス大学の作戦研究所（ORO：Operation Research Office）は、陸軍省の委託を受けて心理戦の研究をおこなっていた大学機関だが、同研究所が一九五八年に発行した『心理戦の事例研究』には、米国の情報政策が海外で一定の国家方針に基づき活動ができなかった事例、すなわち失敗例があると報告されている。そのため、同書は、合衆国情報庁の広報指針を原則としながらも、現地レベルの担当者間での綿密な調整が、心理戦や広報活動には必要であると提言している[30]。

本章が検討した「一九六五年選挙ファイル」は、このような現地レベルでの調整過程を記録し、ワシントンに報告した過程の記録である。米民政府は、その意味で、現地での調整役の役割を果たした。米民政府の公式活動報告として、アイゼンハワー政権期に発行されていたのが『琉球列島の民事活動（Civil Affairs Activities in the Ryukyu Islands）』で、これは米民政府の報告先だった陸軍省民事軍政部に届けられていたが、国家安全保障会議の付帯組織として大統領行政府で省間調整業務を担った作戦調整委員会に対する活動報告であり、さらに大統領行政府から連邦議会に提出され、承認された沖縄統治予算に対して義務づけられていた半年に一度の報告書としての意味を持っていた。次のケネディ政権が誕生すると作戦調整委員会は廃止された。それと時を同じくして『琉球列島の民事活動』は発行停止となり、それ以降は『ファクトブック』が米民政府の公式活動報告書となった。

このように、陸軍省の作戦参謀にローカル・インテリジェンスを送り続けた米民政府とは何だったのか、という問題もある。表向きには、琉球政府を指導する「行政府」の役割を演じていたが、そこでは活発な情報収集活動がおこなわれ、政治面に関するインテリジェンス集約者としての役割を持っていた。行政府が政策立案のために地域情報を収集するのは当然のことであるが、本章が検討してきたように、統治下の沖縄では、収集された情報は、陸軍の作戦参謀に直接届けられた。作戦参謀は沖縄に基地を維持し、施政権を維持する目的でその情報を利用した。その情報収集の過程では、琉球警察を含めた現地沖縄の行政府による情報収集活動、また、民間メディアによる取材活動までもが、米国の政治的目的を達成するために日常的に利用されていた。

本章で検討した米施政権下の沖縄におけるインテリジェンス収集の過程は、米国が世界各地で実施している情報収集活動の一事例にすぎない。おそらく一九六五年選挙の事例は、その後、施政権が日本に返還され、沖縄で政治情報を収集していた米民政府が過去の組織となったことで公開されたものと思われる。

9 国家と情報

国家は情報収集活動をルーチン業務としておこなっている。しかし、その情報収集のやり方、何を目的として情報収集をおこなうかは問われるべきである。

米国の大統領は毎朝、国際情勢の調査報告を受ける。このような大統領向けのブリーフィングは、世界中に張り巡らされた米国の諜報網を駆使したものである。収集される情報の多くが、メディアなどのオープンソース・インテリジェンスに基づいていると言われる。しかし、それでも諜報活動による情報は、その前提に特定の団体または人物を「敵」とみなす「戦争」のバイアスを含んでいる[31]。

冷戦期を通して、沖縄は米国の諜報網の一拠点だった。一九四七年国家安全保障法で設置された国家安全保障会議と中央情報庁は、これらの諜報網の拡充が第三次世界大戦の勃発を回避するために必要不可欠である、という「論拠」に基づき、東アジア地域での心理戦に力を注いだ。陸軍省は、アジア人を対象にした心理戦に関する研究を大学に委託した。沖縄では、米民政府が実施した広報活動も「心理戦」として位置づけられ、その情報収集によって得られた選挙情勢は、選挙対策の基礎資料として使用された。そこで重要なのは、政策立案の基礎資料となる地域情報が、どのように収集されたかという、その過程と目的であろう。

一九六五年琉球立法院選挙に向けての情勢調査の事例では、その情報収集活動は、米国の施政権維持という政治的目的をもって実施された。その背景には、沖縄基地を自由使用するという米国の軍事的意図があった。このような軍事的かつ政治的意図があったうえでの情報収集活動は、国家的戦略に基づいており、沖縄住民の声を傾聴することを目的とする「広聴」ではなかった。「広聴」と「諜報」という概念は重複する部分もありながら、それが住民本意でおこなわれる場合には「広聴」、国家利益が優先される場合には「諜報」と表現するのが適当であるように思われる。

国家が政策立案の基礎資料とするべく実施する情報収集活動は、その地域独自の状況を知るための活動であり、本来は「広聴」であるべきである。しかしながら、本章が検討した事例では、その情報収集活動は政治目的に依拠して実施されたという点で「諜報」であったと言える。

このような諜報による情報活動のさらなる問題点は、その国際情勢に関する報告が具体的にどのような内容だったかを知りうるのは政府内部者のみであり、その内容が外部には明らかにされないまま、つまり、そこに含まれうる誤謬が修正される機会を持たぬまま、対外政策に関する内部決定が下されていくことにある。諜報活動による情勢判断はしばしば誤りをおかすことが指摘されているが[32]、この秘密性ゆえに、その情勢判断が間違っていたか否かが、後年の歴史家の検証によるしかない状況で世界が動いていくことになる。そのため、諜報活動にも説明責任があるという視座が近年は重要になっている[33]。

これまで、米国の対外情報政策に関する先行研究は、どちらかというと情報発信の過程、すなわち広報政策に焦点を当てる傾向にあった。その一方で、これらの広報政策が立案される過程で、その基礎的情報がどのように世界各地で収集され、ワシントンに報告されていたかに関する広聴政策、あるいは諜報政策（intelligence policy）については、どちらかと言えば、政府関係者による論考が中心で、資料が入手しにくい問題もあり、あまり研究されてこなかった。本章は、米国側で公開された史料に基づく形で、沖縄選挙の情勢調査を事例とし、米国のローカル・インテリジェンスの収集過程の一端を明らかにした。本章が明らかにできたのは、ほんの一事例にすぎない。しかし、その波及効果の大きさを考えると、国家がインテリジェンス情報をどのように収集するのか、その収集の過程と方針に問題はなかったのか、さらなる検証が必要である[34]。

沖縄で地域情報の収集には複数のルートが用いられ、メディアも重要な地域情報収集のツールとして位置づけられていた。匿名の情報提供ルートもあった。秘密裏におこなわれるインテリジェンス活動は人の心を疑心暗鬼にする。そこでは、このようなインテリジェンス活動に対する民衆の「恐怖」もまた、心理戦のツールと積極的に活用すべきである、と考えられていた。

このような「恐怖」や「疑心暗鬼」が戦後沖縄の社会に及ぼした効果は、きわめて大きかったように思われる。何より、これらの疑心暗鬼が、健全で自由な言論を自主規制する原因になったのではないか。それに正面から対抗し、闘った人々もいた。しかし、全体としてみれば、米国の軍事植民地・沖縄では、軍隊が力で言論を抑圧する、そんな構造があった。

終章　軍隊と言論

1　占領特権の制度化

一九六九年一一月の日米共同声明で「沖縄返還」が発表されると、米民政府広報局は、その方針に沿う形で日本と沖縄との友好関係を強調するようになった。つまり、それまで本土と沖縄とを分離するために尽力してきた広報の方針を転換した。しかし、この転換で、沖縄の言論管理が終わったわけではなかった。その背景には、沖縄の言論管理を、文化的にも近い日本政府に任せたほうが賢明であるという米国側の政治的判断があった。

第7章で紹介したマス・メディア調査の結果が示したように、沖縄の人々のメディア利用の状況は、日本語の情報や文化を強く嗜好する傾向だった。さらに、第8章で検証した議会選挙に関する調査をみると、沖縄における地方議会選挙の状況は、日本本土の保守政党の動向と連動し、密接に関わっていた。これらの経験を踏まえ、米国としては、沖縄に基地を残すことは譲れないが、それ以外の条件については、核兵器の撤去を含めて、日米交渉のカードとし、沖縄返還交渉が開始された。そのなかで、米民政府広報局が担っていた沖縄の言論管理政策は、同盟国である日本政府に任したほうがよいという判断に至ったのである。米国は、それまで住民管理政策を担ってきた米民政府の解体を決め、この統治組織がおこなってきた業務の仕分け過程に入ることになった。

一九七一年六月、日米両政府が調印した沖縄返還協定に基づき、翌七二年五月、沖縄は日本に復帰した。あれから半世紀を経た今も、私たちは「沖縄返還」という当時の日本政府の宣伝文句に惑わされがちである。しかし、米国の公文書で解体過程を詳細に分析すると、米国が統治下で持っていた権限のすべてが日本政府と沖縄県に返還されたのではない。米民政府が担っていた業務のなかには、日本政府にも沖縄県にも返還されず、在日米軍や在日米国大使館の業務として引き継がれた業務が少なからず存在した。

具体的に、それぞれの業務が日本のどの行政組織に移譲されたかについては、さらに日本側の文書と付き合わせて解明していく必要がある。本書で紹介してきた米国の「軍事管理」に関する業務のなかには、日本側に委譲されたものもあったが、そのすべての権限が日本側に移管されたわけではなかった。沖縄返還交渉では、日本政府が対米関係を主導したことで、それまでは米国側と直接の交渉が可能であった琉球政府の権限が縮小した。その結果、返還後に新設された沖縄県の米国に対する権限が弱まった。これ以降、沖縄県の権限は、日本本土の「他県」と同じ規模になってしまった。

一九七二年五月一五日、沖縄県は日本に復帰した。

これ以降、米軍基地問題は、都道府県レベルの管轄ではなく、日本政府の「専権事項」であると位置づけられた。他方、沖縄返還協定は、米国が沖縄戦以来の「戦時占領」の特権として保持していた権限、一部の軍法の効力を返還後も認める内容だった。返還協定という国家間の新しい法的枠組みによって、軍事色の強い統治制度の一部が固定化され、制度化されたことになる[1]。

2　米軍基地と言説

沖縄戦から八〇年の年月を経て、今も沖縄には米軍基地がある。その基地の周辺では、米国の軍隊に対して日本政府が付与した「治外法権」と呼べるようなさまざまな「特権」が残された。このような米軍特権は、たとえば、以下のような事件が報道されるとき、本書が論じてきた「軍事植民地」の問題が、決して過去ではない現在進行形の現実として突きつけられることになる。

二〇〇四年八月、宜野湾市の沖縄国際大学の構内に、普天間基地の海兵隊へリコプターが墜落する事件が起きた。すると、米軍が直ちに墜落したヘリコプターの周辺を封鎖し、沖縄県の警察も、大学関係者も立ち入ることができない状況となった。取材に訪れたメディア関係者も入れなかった。警察が入れなければ主権などない。メディアの取材が許されなければ、言論の自由もない。このような事態が、沖縄県だけでなく、日本各地で起こっている。

米兵犯罪が裁かれない事態も問題になっている。「基地・軍隊を許さない行動する女たちの会」の調査によれば、沖縄では裁判にすら至らなかった夥しい数の米軍関係者による性犯罪が起こっている。[2]一九九五年九月四日、沖縄本島北部の住宅地で、小学六年生の少女が米兵三名に暴行される事件が起きた。当時の大田昌秀知事が、沖縄の政治は小さな女の子の尊厳すら守れなかったと遺憾の意を示し、被害者の少女が勇気をもって訴えを起こす決断をしたことで、この事例は、那覇地裁で裁判がおこなわれることになった。翌年、米兵三名は、実刑判決を受けた。

ところが、この流れに逆行する事件も起きている。二〇〇七年一〇月一四日未明、広島市の繁華街で、一九歳の女性が山口県・岩国基地所属の米兵四名に集団暴行され、金銭を盗まれる事件が起きた。広島県警は容疑者を特定したが、身柄引き渡しを要求しないまま、一一月、事件を書類送検した。しかし、広島地方検察庁は事件を不起訴とし、日本側の裁判権を放棄する結果となった。裁判は、岩国基地内の軍法会議でおこなわれた。新聞社・放送局に所属する記者は代表取材を認められ、軍事裁判を傍聴することができたが、一般の傍聴は許されなかった。被告四名は軍法会議で有罪になったが、一年から一年半の軽い量刑に終わり、米兵は本国に帰った。[3]日本で起きた犯罪が、日本の裁判所で裁かれなかった。はたして、日本は本当に主権国家なのか、という疑念が湧いてくる。

日米地位協定は、公務中の犯罪の場合には、米軍が裁判権を持つが、公務以外での犯罪の場合には、日本に裁判権があるとしている。たとえば、この広島市の集団暴行事件は、どうみても公務中ではない。しかし、日本政府が裁判権を行使する気配は、まったくみられなかった。身柄の要求もしなかった。

地位協定は、日本側が裁判権を放棄した場合には、「この限りではない」としている。日本側に裁判権があるとされても、ほとんどの場合、その権利を放棄しているのが実態である。そのため、市民団体からは、米兵の犯罪が起こるたびに、日米間に何か「密約」があるのではないか、という疑念が提出されている。沖縄県は継続的に地位協定の抜本的改正を日本政府に求めている。しかしながら、日本政府は、地位協定の改正に消極的である。

このような状況に対して、日本政府は、米国流の「スマート・ヤンキー・トリック」に乗せられて、米国への「自発的隷属」が日米関係の伝統になってしまったと指摘する研究者もいる。「スマート・ヤンキー・トリック」とは、交渉相手に上手に、つまりスマートに、良い条件を示しながら、最終的には、その決断を交渉相手がみずから進んでしたかのように思わせる、米国流の交渉のテクニックを指す[4]。「国際環境の変化」というきわめて曖昧な表現で、軍事的な脅威を示して「恐怖」を植えつける。そのうえで、米軍がいると安心であるという「魅力」を示す。この魅力を使って相手を説得する。このような交渉手法は、確かにスマートなマジックと言えるのかもしれない。もし、このような言説管理の魔法に、日本政府をはじめとした日本人全体が説得され、行使すべき権利を放棄しているとすれば、原点に立ち返る必要がある。

3　軍隊による言論管理

本書が検証してきたように、地上戦を経験した沖縄の戦後史は、その始まりから本土とは大きく異なっていた。戦闘と同時に開始された「戦時占領」は、日本が無条件降伏を受け入れた後に始まった本土占領とは違う性質のものだった。沖縄では、このような戦時の占領軍の特権により、警察・教育・言論など生活のあらゆる面での住民監視が続けられた。それは、米国支援で発行された『ウルマ新報』が伝えたように、米国の軍隊による「軍事管理」と言える性質のものだった。

一九五〇年以降、この軍事管理を米民政府が担うことになったが、これらの住民管理政策は、一九五二年のサンフランシスコ平和条約の発効で、日本が独立を回復したのちも継続した。さらに、米国は沖縄を施政権下に置き続けるために、住民の復帰運動を阻止する目的で、住民の内面や思想までを監視しようとする言論管理政策を実施した。それは、本書が示してきたように、施政権維持という明確な政治的意図をもっておこなわれた「内面管理」と言えるものだった。

冷戦の深まりとともに、共産主義の脅威を強調しながら、沖縄こそは「民主主義の砦」であると米国は宣伝した。確かに、第二次世界大戦より前の時代における大日本帝国の強権的な手法より、米国のやり方は少しだけソフトで民主的な部分はあった。だが、軍隊の駐屯に対する住民の反発は強かった。そして、何より、軍の布告、指令の発令という軍事主義的な手段を講じて、住民の行動や言論を管理しようとする米国のやり方に対する反発が、次第に強まっていくことになった。

一方、米国は、沖縄で民主的な選挙や、言論の自由を許容すれば、施政権の継続は直ちに不可能になる、その現実をよく理解していた。そのため、反対を唱える住民の声を抑えこむために、人々の内面にまで干渉するような管理政策を断行した。そのために、メディアや広報を専門とする米国の民間人スタッフを送り込んだ。このような言論管理が、国家政策として、国家予算を投じて、実際におこなわれたのである。

情報の力を重視した米国の言論管理政策は、沖縄戦とともに始まったものである。最初は、日本本土攻撃の基地として、沖縄を利用するために、軍事的に管理するという意味合いが強かった。沖縄の人々を収容所で管理したのは、対日攻撃という目的達成に向けて妨げになる要素を管理すること、具体的には、敵性スパイの監視、敵国日本との通信遮断などが主な目的だった。したがって、懲罰的な内容であり、カメラやラジオなど通信機器の保持を禁止する厳格な住民管理政策だった。そこで、もっとも重い刑は「死刑」だった。

これらの軍事管理政策は、第二次世界大戦下において、日本関係の専門家を動員し、日本メディアを収集し、米国とは異なる文化を徹底的に研究し、日本人の心理を分析したうえで立案・実施されたものである。そして、この軍事管理政策は、米軍の司令官が発令する布告、布令、命令などの軍法で規定された。このような米軍の指令は、その後、改訂され、次第に緩和されていった。話し合いで解決しようとする懐柔策もとられた。

たとえば、第8章で述べたように、選挙期間に、高等弁務官の一般資金による「贈り物」が米国から贈られる場合もあった。米国の沖縄統治は「アメとムチ」の政策であると言われるが、このような「アメ」は、民主主義の基本をなす選挙の際に、金銭で堂々と贈られることも、あったのである。他方、戦時的意味合いが濃厚な軍法が、たびたび発令されたことは、「ムチ」の側面であった。このような軍法による管理と、軍隊のプレゼンスが相俟って、沖縄の言論に与えた心理的影響は大きく、その後にも負のレガシーとして残存することになった。

4　修辞的大統領制の課題

米国は「言論の自由」を標榜する国である。しかしながら、米軍の最高司令官を兼務する大統領は、戦域米軍司令官に自らの行政権限を条件付きで移譲する過程を経て、現役武官らに沖縄の行政官としての地位を与えた。具体的に、この権限を移譲したのが、一九五七年の大統領行政命令である。大統領行政命令が、議会の承認を得ていないのにもかかわらず、法令の効果をもつことの是非については、米国でも研究者の間で民主主義に悖るものであるという指摘がある。だが、米国の政治史を振り返ると、このような大統領行政命令は、初代ジョージ・ワシントン大統領以来、歴代の大統領によって継続的に発出されている。

その法的根拠は合衆国憲法第二章第二条にあるとされる。しかしながら、米国の研究者らは、合衆国憲法は、大統領が行政命令を出せる十分な根拠を示していないと反論し、大統領行政命令を「一方的行為（unilateral action）」であると批判的である[5]。沖縄統治に関する大統領行政命令が出された一九五七年にも、米国議会では、大統領行政命令のあり方が物議を醸し出していた。だが、現実問題として、その後も米国の大統領は、あるときは議会からの批判を交わすために、あるときは国家安全保障上の理由があると言い、次々と大統領行政命令を出し続けている。このように米国内では批判があった大統領行政命令に対し、沖縄の統治者らは、この大統領行政命令こそは「沖縄の憲法である」など吹聴し、したがって「沖縄は大統領直属の地域である」などと、自慢までしていた。

大統領行政命令の歴史をたどると、一九三七年の連邦登録法（Federal Register Act）に基づき、『連邦官報（Federal Resister）』に収録されるようになった。米国の大統領制度研究者であるウィリアム・ハウエル（William G. Howell）は、このような政治的過程を記録する行為が制度化されたことで、大統領行政命令は公共政策を規定する効果を持つことになったと指摘する[6]。まさに、沖縄ではその効果が最大限に「活用」される結果となった。

さらに、現代の大統領制においては、大統領が専属のスタッフライターを雇用し、すべての大統領声明の文言を、修辞的技法を取り入れて、入念に検討するのが伝統になっている。このような大統領政治のあり方を「修辞的大統領制（rhetorical presidency）」という。このように、声明を公表する前に、スタッフライターが修辞的文言の検討をおこなったうえで声明を出すホワイトハウスの伝統が、議会における熟議、さらには、市民社会における世論形成の阻害要因となっていると警告する研究者もいる[7]。

このような形で、大統領をはじめとした政治家たちの言説が、メディア空間を支配する現状は、実は、米国だけでなく、民主主義を標榜する国家が抱える根源的な問題でもある。メディアが情報流通を媒介した現代社会が抱える本質的な矛盾であるも言えるだろう。米国占領下の沖縄の場合にも、米国の統治者たちは、入念に発表原稿を検討し、言説管理を通して住民管理をおこなっていた。

一般に、マス・メディアの機能はみえにくい。大統領を含めて、その利用者たちはその効果に無意識であることが多い。しかし、「修辞的大統領制」は、政治家のメッセージを媒介するマス・メディアの存在をなくしては、あり得ない制度である。大統領行政命令を、大統領の「一方的行為」だとする見方も同様で、現代のメディア環境が、大統領の職権拡大に多大な影響を与えている。大統領にさまざまな情報が集まってくる。その情報を最初に聞き、判断できる立場にいる大統領の権限が強大化する。沖縄を統治した陸軍省は、このような大統領の権限をうまく活用し、アイゼンハワー大統領に大統領行政命令を出してもらい、それを米国が沖縄統治を継続する法的根拠としたと言える。

沖縄では、言葉で住民管理をおこなうために雇用された、米民政府広報局の広報専門官が修辞的な表現を考え、米国のメッセージをメディア空間に送り出した。換言すれば、広報官は行政府からメディア空間に出ていく文言を「出口管理」する役割を担当した。さらに、第3章で検討したように、沖縄では、大統領行政命令で権限が委託された現地の米軍司令官が、夥しい数の布告、指令、命令を出した。これらの、正式な法令とは言えない「軍法」の規定が、「法」としての効果を持ち、統治下沖縄の言論を規制したのである。このような統治者の「出口管理」が、沖縄における政治的言論を阻害したことは確かであろう。

しかしながら、その阻害効果には限界があった。沖縄の言論人たちは統治者の言論管理にしぶとく抵抗し続けたからである。その抵抗はさまざまな形をとった。沖縄戦の後、米軍支援で『ウルマ新報』をつくった人々は、米軍が印刷機器の提供を申し出たのを断り、あえて粗末なガリ版印刷を用いて新聞を発行した。これは、ささやかな抵抗と呼ぶことができる。また、米側の事前交渉には快く応じたふりをしながら、ちょっとした表現を変えることで、その抵抗を示した新聞人もいた。言論ではなく、島ぐるみ闘争のような住民運動で抵抗の意思を示すこともあった。絶対的な権力を掌握していた米国の軍隊と統治機構を前にして、沖縄の人々は、言葉を通した表立った反論ではなく、行動による不服従で、しぶとく、そして、したたかに、抵抗の意思を示したと言えるのかもしれない。

5　メディアは魔法の弾丸ではない

沖縄の人々がしぶとい姿勢で抵抗したのに対し、首都ワシントンでメディアに対する情報発信で米国の視点を説明し、言葉で基地周辺の住民を説得しようとした国家戦略の企画者たちは、総じて楽観的であった。彼らは、言語も文化も異なる沖縄の人々に対し、自分たちの理想を言葉で説明できると信じ込んでいた。マス・コミュニケーションの持つ説得の力を単純に信じ込んで疑わなかったと言えるだろう。

米国の社会科学研究史をたどると、確かに、メディアの効果が、まるで「魔法の弾丸のように」強力である、と信じられていた時代があった。二〇世紀初頭に大衆社会が出現し、新聞・ラジオ等のマス・メディアが影響力を示し始めた一九二〇年代から三〇年代である。このようにメディアの影響力が「弾丸のように」強力であるとする見方を、メディア研究では「魔法の弾丸効果論」と呼んでいる。しかしながら、社会科学的な方法で視聴者調査をやってみると、メディアからの影響は、個人によって異なり、必ずしも全員に対して強い影響力を持っているわけではない事実が判明する。そこで、一九四〇年代頃からは、メディアの効果は、むしろ限定的であると考えられるようになった。このような見方を「限定効果論」という。さらに研究が進んで、一九七〇年代頃からは、メディアは人間の行動変容を起こすほど強力ではないが、人間の認識レベル、すなわち「頭の中のイメージ」に対してはきわめて強い影響力を持つと考えられるようになった。

このようなメディア効果論の知見をふまえて、米国が沖縄でおこなった広報戦略をみると、統治者たちは、まさに「魔法の弾丸効果論」的な考え方のもとで住民説得をおこなっていたと言えそうである。米国が沖縄統治は一九四五年から一九七二年であり、その頃のメディア研究の知見を取り入れていたとすれば、「限定効果論」にたどりつくはずである。だが、米国の国際広報の企画者たちは、依然として古い「魔法の弾丸効果論」に基づき、広報戦略を企画していたようにみえる。おそらく、彼らは科学的知見よりも、魔法のようなメディアの力を信じたかったのであろう。実は、広報・宣伝に携わる者であれば、これは誰もが陥りやすい罠である。なぜなら、メディアの効果を最大限に見積もる方が、そのための広報予算が獲得しやすいからである。メディア効果が限定的であるという前提に立てば、当然、広報のための予算は通らない。したがって、その効果が限定的であることは認識していても、広報政策の立案者らは、メディアの効果を最大限に見積もりたいのである。

序章で述べたように、ジョセフ・ナイのソフトパワー論では、「魅力」を用いて、対象の気持ちを「吸引」すなわち「引きつける」ことがソフトパワー政策の目的とされていた。はたして、米国の統治者たちは沖縄の人々に米国の魅力を伝達できたのだろうか。その魅力で、沖縄の人々の心を引き付けることに成功したのだろうか。

占領当初は、旧日本軍との比較で、米国による統治のほうが「ましである」という理由で、それを受け入れようとする言説も散見された。しかし、このような言論管理政策が、はたしてどれほど効果的であったのか。その点は今一度、問い直されるべきである。自由・平等を謳う米国的な価値観に対して、確かに、統治者の狙い通りの「魅力」を感じた沖縄の人々もいたことだろう。だが、その魅力による吸引力だけで、米国が施政権を維持する現状についての、十分な納得は得られなかった。言葉では、自由や民主主義を唱えつつも、統治の方法が、自由を規制し、民主的ではなかったからであろう。このように宣伝するメッセージと現実がまったく異なる場合、宣伝は機能せず、失敗する。米国の沖縄統治における言論管理は、このような失敗例だった。

統治者は、ワシントンからの指示のとおり、米国の「魅力」を宣伝した。しかし、メディアの力を魔法の弾丸のように強力と信じた、楽観的な広報企画者らの狙い通りには、沖縄の人々の心を引きつけることはできなかった。ソフトパワーを用いた戦略が、狙い通りの効果が得られない場合があることは、ナイ自身が認めているところだが、沖縄における米国の言論管理政策は、このようなソフトパワーの本質的な弱点を露呈したと言える。

6　言論の植民地

失敗の原因は、米国の沖縄統治政策の背景にあった植民地主義な思想であったと言えるのではないか。第二次世界大戦の戦勝国である米国は、敗戦国である日本を自らの植民地にはせず、日本の独立を認めた。沖縄についても植民地化をすることはなかった。しかし、そこで沖縄の住民が展開する復帰運動を抑えようとしたこと、そして、住民の自決権を阻止しようとしたことは、ポストコロニアル主義的な行動だったと言えるだろう。[8]

冷戦研究者であるO・A・ウエスタッドは、冷戦における悲劇は、「もともとは純粋に反植民地的であった二つの歴史的企てが、古くさい支配の仕組みの一部になってしまったことである」と述べた。[9] ここでいう「二つの歴史的企て」とは、米国を中心とした自由主義陣営と、旧ソビエト連邦を中心とする共産主義陣営が、それぞれの影響力拡大を狙ったことをさす。米国は自由主義という理想を掲げ、ソ連は共産主義という理想を掲げた。これらの理想は、確かに、過去の「植民地」という古い考え方とは一線を画す国家の「歴史的企て」であり、その起源は、確かに「反植民地的」であった。

しかし、結果的として、米国もソ連も、かつて植民地であった発展途上の地域に対して、みずからの影響力を拡大しようとした。そこでいう影響力の拡大とは、すなわち、米国は自由主義、ソ連は共産主義という理念の浸透であり、それらを国際社会で宣伝することを意味した。冷戦は、必ずしも情報レベルの対立だけだったのではない。朝鮮戦争やベトナム戦争の例にみられるように、ハードパワーを使った「熱い」戦争も展開された。だが、冷戦がイデオロギーの対立と言われた背景に、このような政治宣伝を可能にした、グローバル化したメディアが存在したことを忘れてはならない。冷戦とは、米国とソ連がそれぞれの情報発信力を駆使して、さらに、そのために国家予算を組んで、グローバルなメディア戦略を展開したソフトパワーの戦いでもあったと言えるだろう。

第6章で述べたように、アイゼンハワー大統領は、「冷戦を言葉で戦う」ことを公約に掲げて大統領になった。そのことは、メディアがグローバルな規模で米国発のメッセージを伝えてくれることを前提にしている。冷戦を戦うために、互いの陣営は、敵に対する脅威を訴え、同盟国に対する結束を呼びかけるという宣伝戦略を用いたのである。その結果として、このような米国とソ連の持つ情報発信力の影響下に置かれた、情報的にも弱者であった国々は、どちらかの陣営に入ることを余儀なくされた。先のウエスタッドの指摘に戻ると、その結果として、冷戦構造は、それ以前の強者と弱者の関係であった植民地的構造をそのまま引きずることになった。このウエスタッドの言葉は、もともと「第三世界の冷戦」に向けられたものだが、実は、沖縄の事例にも当てはまる。

米国の対外広報政策は、表向きは対等な文化交流を強調しながらも、異文化である沖縄の文化を下位に見下し、さらにそれを政治的に抑圧しようとした。それが、軍部による「軍事管理」から始まった「言論管理」だったことも、このような植民地的色彩を強くした。

7　軍隊と言論

軍事植民地・沖縄は、外国の軍隊の現役司令官が、行政の首長として君臨する社会であった。米国から派遣され、統治下の沖縄で「高等弁務官」という行政官のような肩書きを持つ現役武官が、現地の新聞記者らを相手に記者会見をおこなう様子は、平時のものではなく、戦時の言論管理の形態だったと言える。

高等弁務官が開いた記者会見の場に弾丸は飛んでこなかった。だが、それらの記者会見は、「米国の軍事活動を支援する」という明確な目的をもって実施されたものであった。沖縄は国防省の管轄下にあり、軍隊を管理する国防省が、言論を管理した。このような国防省管轄下のメディア管理政策は、占領という特殊な状況下で生まれたものだったが、軍法による言論管理が続いてしまった。

復帰後の一九八三年、米軍が出した夥しい数の軍法をまとめた書籍が刊行された。本書でも紹介した『アメリカの沖縄統治関係法規総覧』全五巻である。この書を編纂した月刊沖縄社の佐久田繁は、「あとがき」で次のように述べる。

> 誰かが、いつかは必ず作らなければならない本がある。これもその一つだと思う。(中略)アメリカ民主主義の恥部—とも言われるこの法令の一件一件に、自治の拡大、社会・経済・教育等の発展に苦労した二七年間の県民の忍耐と涙が染み込んでいることを考えると、その法令に立ち会った私たちが目の黒いうちに、後世に伝える責任があるのではないか、復帰一〇周年がその好機ではないか、という使命感も手伝って出版を決意した。(10)

佐久田は『月刊 沖縄』という雑誌を発行する出版社を経営していた。右の文で、彼は軍の指令を「法令」と表現している。統治下で言論を規制された者にとっては、確かに、それは「法令」だったのだろう。一件一件に「県民の忍耐と涙が染み込んでいる」という表現に実感がこもっている。このような当事者の実感を受け止めつつ、これらの軍法類を「アメリカ民主主義の恥部」として過去のものにしてしまうのではなく、なぜ、このような民主主義の恥部が生まれたのか。そこにあった矛盾と構造を考える必要がある。

なぜなら、このような沖縄の事例は、決して過去のものではないからである。戦後処理を担当する軍隊が引き続き、占領を担当する例は日本や沖縄以外にもある。たとえば、アフガニスタンやイラクに対する「戦争」の処理行為として、米国はアフガニスタンやイラクの国家建設を支援するという名目で米軍を駐留させた。その過程で、本来は国務省の管轄だった広報外交政策が、国防省の管轄下に置かれるようになった。国際紛争の形態が変容するなかで、アフガニスタンやイラクにおける戦後処理のために、対日占領の経験が米国の政府の参考事例として取り上げられるようになるとともに、(11)米国の軍部が、再び広報活動の必要性を強調するようになった。(12)

二〇二二年には、ロシアがウクライナ東部に侵攻したが、その占領地において、ロシアは、住民投票をおこない、民主的な支配体制であるように国際社会に対してみせかけるアピールをおこなっている。また、そこで、ウクライナの住民を「親ロシア派」として教育しているなどの事例が報告されている。アジアでは、軍部が実権を掌握したミャンマー、米軍の撤退で武装勢力による支配に戻ったアフガニスタンなどで、軍部が政権につき、言論を厳しく規制している例もある。これらの最近の例をみるとき、本書が論じてきた軍隊と言論の問題は、単に占領下の沖縄だけの問題ではなく、現代社会におけるきわめて根源的な問題であることがわかる。

さらに、このような沖縄における言論管理政策が、沖縄を含む日本に与えてきた長期的な心理的影響も重要である。本書では、沖縄政策を中心に分析してきたが、それは米国の対日政策の一部であった。沖縄の日本復帰後、一見すると沖縄をめぐる日米関係は「外交」の土俵に戻ったようにみえた。しかし、米民政府がおこなっていた広報関係の業務は、日本政府に引き継がれたとされる。だとすれば、その後の米軍基地に関する言説管理は日本政府が担当してきたことになる。さらに、日米関係には依然として、軍隊を管理する部署である国防省の影響力が大きいという形で「占領の残滓」が存在し続ける。

日本人が米軍基地問題を語るとき、目に見えやすい軍用機の発着や騒音、性被害の問題などに注目が集まりがちである。それらの問題は、もちろん重要だが、私たちの認識そのものが、本書で述べてきたような「言説管理」によって、ある一定の方向に誘導されているかもしれない、そのことを忘れるべきではないだろう。「言説管理」は以前にもまして巧妙になっているようにみえる。

軍隊と言論の問題は、軍事政権下に置かれた社会だけでなく、言論の自由が認められた現代の日本のような社会でも起こりうるということである。なぜなら、メディアは多様化し、政治家は情報の力をさまざまな形で利用しようと目論んでいるからである。米国のトランプ大統領は、旧ツイッターなどのSNSを駆使して、聴衆に自らの「魅力」を発信し、有権者を「吸引」しようとする行為を続けている。米国では大統領に情報が集中する傾向にあるが、その大統領が直接的な情報発信のツールを身につけた結果、さまざまな混乱が起こっている。

伝統的に広報活動に無関心だった日本の首相らも、近年は記者会見の文言に気を使い、独自のスピーチライターを置くようになった。このことは、米国の「修辞的大統領制」と同様の現象が、日本の政治家とその周辺にも及んでいることを示している。実際、日本で国会の議論がないがしろにされ、いわゆる「閣議決定」がそれに代わる「政策決定」としての力を持ち始めている。アイゼンハワー政権期における大統領行政府の権限拡大でみられたのと同様の現象が、日本の首相官邸とその周辺でも起こっている。首相官邸の権限拡大、首相の「一方的行為」の多発である。その背景にメディア社会がある。その結果として、議会における建設的な議論や、市民による世論形成の過程に、明らかな障害が出ている。

メディアの形態はますます多様になり、グローバル化している。世界各国で政治家たちは宣伝的な言葉を駆使して、さまざまな恐怖心を煽っているようにみえる。今の日本は幸いにも軍政ではないが、「中国脅威論」「テロリズム脅威論」など、多様な「脅威論」がメディアで踊っている。軍隊が持つハードパワーは、住民に「恐怖」を与え続ける。それと同時に、ソフトパワーが政権の「魅力」をアピールし、軍隊のハードパワーを支援する。このような言説が持つ矛盾を見抜いていく必要がある。私たちは今もなお、軍隊の言論管理のレトリックに侵食され続けてはいないだろうか。

第二次世界大戦で疲弊したパリで一九四五年、国際連合の専門機関として設立されたユネスコは、このような戦争の悲劇を繰り返さないとの願いを込めて、ユネスコ憲章の前文で次のような理想を掲げた。「戦争は人の心の中で生まれるものだから、人の心の中に平和のとりでを築かなければならない」。この理念の背景にあったのは、これからはマス・コミュニケーション技術が発展し、世界をつなぐことができるので、世界中の人々が互いにコミュニケーションできる時代になる、という安易な期待感であった。

あれから八〇年が経過した今、確かにメディアは技術的に世界をつなぐことに成功した。ところが、その技術は、平和のとりでを築くことに貢献できてはいない。発信される情報には偏りが生まれ、むしろ、戦争を喚起する方向に向かっている。戦争の回避が目的であったはずの国際連合も、戦争を止めることができないでいる。しかし、だからこそ、第二次世界大戦が終結した直後の一九四五年に明文化された「平和のとりで」を築くという、当初の理念に立ち返るべきである。

米国の言論管理政策は、メディアの検閲という受動的なレベルに留まらなかった。国家がみずから新しいメディアをつくり、ニュース情報を積極的に発信することで、言論空間全体に影響力を及ぼそうとする、きわめて壮大な計画であった。その計画は、世界中の人々を「自分の色」に染めようとする文化帝国主義的な国家政策だったと言えるだろう。米国の軍隊が駐留する沖縄で、その計画は、短期的にみると、住民らの反発を招き、失敗した。しかし、長期的にみると、また違った評価ができるのではないか。その計画は、「親米派の育成」という意味で、日本のみならず、米国の「同盟国」を自認する多くの国に対して、それなりの効果があったようにもみえるのである。沖縄から日本をみると、日本の本当の姿がよくみえる、と言われる。言論が軍靴の音にもみ消されていく誤ちを繰り返してはならない。

注

――序　章　軍事植民地の言論

（1）林博史『沖縄戦と民衆』大月書店、二〇〇一年、五頁。
（2）『ウルマ新報』第四号。紙面は基本的に以下の縮刷版を参考にした。縮刷版『うるま新報』不二出版、一九九九年、第一巻、六頁。
（3）メディアの不在については、以下で指摘されている。福間良明『焦土の記憶：沖縄・広島・長崎に映る戦後』新曜社、二〇一一年、九二頁。吉本秀子『米国の沖縄占領と情報政策：軍事主義の矛盾とカモフラージュ』春風社、二〇一五年、二三一―二三八頁。
（4）M・アルヴァックス（小関藤一郎・訳）『集合的記憶』行路社、一九八九―一九五〇年、五二―五三頁。
（5）大田昌秀『沖縄戦下の米日心理作戦』岩波書店、二〇〇四年、二七五頁。
（6）川平成雄『沖縄　空白の一年：1945―1946』吉川弘文館、二〇一一年、六六頁。
（7）物資配給に関する軍の指令類に言及した研究に以下がある。川平成雄、前掲書、一四八頁。米国統治下の沖縄における法を包括的に研究した以下の本では軍法を部分的に取り上げている。宮里政玄（編著）『戦後沖縄の政治と法：1945―72年』東京大学出版会、一九七五年。
（8）川出摂『戦後琉球の公務員制度史：米軍統治下における「日本化」の諸相』東京大学出版会、二〇二二年、九五頁。
（9）萩原真美『占領下沖縄の学校教育：沖縄の社会科成立過程にみる教育制度・教科書・教育課程』六花出版、二〇二一年、一〇二―一〇四頁。
（10）米国との文化交流、留学については、以下が詳しい。小川忠『戦後米国の沖縄文化戦略：琉球大学とミシガン・ミッション』岩波書店、二〇一二年。溝口聡『アメリカ占領期の沖縄高等教育：文化冷戦時代の民主教育の光と影』吉田書店、二〇一九年。
（11）国際政治学の領域における先行研究として以下がある。宮里政玄『アメリカの対外政策決定過程』三一書房、一九八一年。ロバート・エルドリッヂ『沖縄問題の起源：戦後日米関係における沖縄1945-1952』名古屋大学出版会、二〇〇三年。我部政明『戦後日米関係と安全保障』吉川弘文館、二〇〇七年。コンペル・ラドミール『長い終戦：戦後初期の沖縄分離をめぐる行政過程』成文社、二〇二〇年。

(12) 琉球政府立法院事務局法制課『琉球法令集（布告布令編）』一九六一年版、一頁（沖縄県公文書館所蔵デジタル資料・資料コード：G00025318）

(13) 明田川融『日米行政協定の政治史：日米地位協定研究序説』法政大学出版局、一九九九年。

(14) 山本章子『米国と日米安保条約改定：沖縄・基地・同盟』吉田書店、二〇一七年、六六-七一頁。

(15) 川名晋史『基地の消長1968-1972：日本本土の米軍基地「撤退」政策』勁草書房、二〇二〇年。

(16) 沖縄返還に関する代表的研究として以下がある。河野康子『沖縄返還をめぐる政治と外交：日米関係史の文脈』東京大学出版会、一九九四年。中島琢磨『沖縄返還と日米安保体制』有斐閣、二〇一二年。成田千尋『沖縄返還と東アジア冷戦体制：琉球／沖縄の帰属・基地問題の変容』人文書院、二〇二〇年。

(17) 波多野澄雄『歴史としての日米安保条約：機密外交記録が明かす「密約」の虚実』岩波書店、二〇一〇年、二一七-二五四頁。

(18) 我部政明、前掲書、二〇九頁。

(19) 信夫隆司『米軍基地権と日米密約：奄美・小笠原・沖縄返還を通して』岩波書店、二〇一九年、二六八頁。

(20) 吉本秀子、前掲書、二六〇頁。

(21) 戦争や占領を心理戦・広報外交など情報の側面から捉えた研究として以下がある。有山輝雄『占領期メディア史研究：自由と統制・1945年』柏書房、一九九六年。大田昌秀『沖縄戦下の米日心理作戦』岩波書店、二〇〇四年。土屋由香『親米日本の構築：アメリカの対日情報・教育政策と日本占領』明石書店、二〇〇八年。貴志俊彦・土屋由香（編）『文化冷戦の時代：アメリカとアジア』国際書院、二〇〇九年。土屋礼子『対日宣伝ビラが語る太平洋戦争』吉川弘文館、二〇一一年。土屋由香・吉見俊哉（編）『占領する眼・占領する声：CIE／USIS映画とVOAラジオ』東京大学出版会、二〇一二年。吉本秀子『米国の沖縄占領と情報政策：軍事主義の矛盾とカモフラージュ』春風社、二〇一五年。

(22) ジョセフ・S・ナイ（山岡洋一・訳）『ソフトパワー：21世紀国際政治を制する見えざる力』日本経済新聞社、二〇〇四年、三〇-三一頁。

——第1章　象徴天皇の不在

（1）天皇の玉音放送については、竹山昭子「天皇報道とラジオ」貴志俊彦・川島真・孫安石（編）『増補改訂　戦争・ラジオ・記憶』勉誠出版、二〇一五年、一四八－一六四頁。玉音体験については、佐藤卓己『増補　八月十五日の神話：終戦記念日のメディア学』ちくま学芸文庫、二〇一四年、三二頁。
（2）吉本秀子『米国の沖縄占領と情報政策：軍事主義の矛盾とカモフラージュ』春風社、二〇一五年、二三三－二三六頁。
（3）ただし、「個人的」玉音体験はあった。たとえば、志喜屋議長と当間幹事は住民代表として米軍政府で玉音放送を聞いたとされる。嘉陽安春『沖縄民政府：一つの時代の軌跡』久米書房、一九八六年、一四－一七頁。瀬長亀次郎も米軍の病院で聞いたという。瀬長亀次郎『沖縄の心』新日本出版社、一九九一年、五五頁。これとは別に、離島では玉音放送を聞いた人もいた。
（4）新崎盛暉「解説・米軍占領下の『うるま新報』」縮刷版・『うるま新報』第一巻、不二出版、一九九九年、二頁。
（5）本稿の『ウルマ新報』分析は基本的に縮刷版・『うるま新報』（不二出版、一九九九年）に基づくが、同復刻版の初版では〈欠号〉とされ、その後に発見された第八号（九月一二日付）は沖縄県立図書館所蔵の原紙を参照した。その後、同号は不二出版・縮刷版にも掲載された。さらに、創刊号から第七号は同図書館蔵の大嶺薫コレクション（マイクロフィルム）を併せて参照した。また、『ウルマ新報』を引用する際には旧字体を現字体に改めている。
（6）中村政則『象徴天皇制への道：米国大使グルーとその周辺』岩波新書、一九八九年、一一七－一四六頁。
（7）Tenth Army Action Report, 11-V-5, RG407, Records of Adjutant General Office, Entry 427, File: 110.03, U.S. National Archives（hereafter, NA）.
（8）沖縄放送協会資料保存研究会（編）『沖縄放送協会史』非売品、一九八二年、一－二頁。
（9）高嶺朝光『新聞五十年』沖縄タイムス社、一九七三年、三〇二－三二五頁。一方、仲尾次政元（元『沖縄新報』関係者）の証言によると三月二八日か二九日の午後一一時頃に社屋から撤退したとされる。仲尾次に対する聞き取りは、真久田功『戦後沖縄の新聞人』沖縄タイムス社、一九九九年、二一－二二頁。
（10）福間良明『焦土の記憶：沖縄・広島・長崎に映る戦後』新曜社、二〇一一年、九二－九三頁。
（11）ワトキンス文書刊行委員会（編）『沖縄戦後初期占領資料（Paper of James T. Watkins IV）』緑林堂書店、一九九四年、一六頁。
（12）土屋礼子『対日宣伝ビラが語る太平洋戦争』吉川弘文館、二〇一一年、二〇一－二〇四頁。

(13) 琉球新報八十年史刊行委員会『琉球新報八十年史』琉球新報社、一九七三年、三〇頁。
(14) 島清『わが言動の書：沖縄への報告』沖縄情報社、一九七〇年、一九五－一九六頁。
(15) 新崎、前掲解説、二頁。
(16) 新崎、前掲解説、二頁。
(17) 島、前掲書、一九七頁。
(18) 島、前掲書、一九七頁。
(19) 久高唯澤（工務局長）の証言。前掲『琉球新報八十年史』三四頁。
(20) 竹前栄治・尾崎毅（訳）『米国陸海軍 軍政／民事マニュアル』みすず書房、一九九八＝一九四三年、一七－二三頁。
(21) 吉本、前掲書、三六三頁。政治指令の原本は以下にある。政治指令の第二〇項に皇国思想の禁止、第二一項に天皇に関する意見表明の禁止が指示されている。Political Directives for Military Government in the Japanese Outlaying Islands, JCS1231, RG218, Records of Joint Chiefs of Staff, Box 170, Folder: CCS 383.21, POA, Sec.1, NA.
(22) 中村、前掲書、一一七－一四六頁。
(23) Edward P. Lilly Collection, Box 50, File: Psychological Warfare - Pacific (4), p. 9, Dwight D. Eisenhower Presidential Library (hereafter, Lilly Memo).
(24) 吉田裕『昭和天皇の終戦史』岩波新書、一九九二年、一六三－一六四頁。
(25) 田中一彦『忘れられた人類学者（ジャパノロジスト）：エンブリー夫妻が見た〈日本の村〉』忘羊社、二〇一七年、二五三－二五八頁。
(26) Lilly Memo, p. 24.
(27) Personnel Order No. 10, 29 September 1945. 前掲『沖縄戦後初期占領資料』二六－二二一頁。
(28) Military Government Headquarters, 26 July 1945, From: Walter E. Base, Lt. USNR, Language Officer, To: Military Government Detachment Cos. 大嶺薫コレクション（マイクロフィルム）、沖縄県立図書館所蔵。
(29) 土屋礼子、前掲書、二〇一－二〇四頁。
(30) Lilly Memo, p. 27.
(31) History of Military Government operations on Okinawa, 1 July to 31 July 1945 (31 August 1945).『沖縄戦後初期占領資料』一一頁。

(32) 前掲の大嶺薫コレクションには、『ウルマ新報』創刊号〜七号と『琉球週報』一〜六号がある。
(33) 前掲『ウルマ新報』第二号に対する鏡文、大嶺薫コレクション。
(34) 島、前掲書、二〇〇頁。
(35) 鳥飼久美子『歴史をかえた誤訳』新潮社、一九九八年、二五－三五頁。
(36) Lilly Memo, p. 26.
(37) 前掲『沖縄戦後初期占領資料』一六－七九頁。
(38) 受信機は米海軍の機材を使ったが、受信は戦前、郵便局に務めていた通信士らがモールス信号をカタカナで受信したという記録がある。『琉球新報八十年史』二九頁。
(39) 大田昌秀『沖縄戦下の米日心理作戦』岩波書店、二〇〇四年、一五四－一五六頁。
(40) 対日占領政策における日本人再教育計画は、土屋由香『親米日本の構築：アメリカの対日情報・教育政策と日本占領』明石書店、二〇〇九年、五三－八八頁。
(41) 池宮城秀意『沖縄に生きて：沖縄ジャーナリストの記録』サイマル出版会、一九七〇年、二五二頁。
(42) 前掲『琉球新報八十年史』二八頁。
(43) 川平成雄はウルマ新報の発行を「米軍こそ沖縄の統治者であるとすることの表明」であると分析している。川平成雄『沖縄 空白の一年：１９４５－１９４６』吉川弘文館、二〇一一年、九九頁。
(44) 本章は、以下の論文をもとに大幅な加筆修正を加えたものである。吉本秀子「沖縄占領における象徴天皇の不在と九月二日の終戦詔書」『マス・コミュニケーション研究』九一号、二〇一七年、六五－七九頁。

——第2章　集合的記憶と記念日報道

(1) M・アルヴァックス（小関藤一郎・訳）『集合的記憶』行路社、一九八九＝一九六八年、五二頁。
(2) アルヴァックス、前掲書、九八頁。
(3) たとえば、Carey, James W., *Communication as Culture* (New York: Routledge, 1992), 65.
(4) Zelizer, Barbie, an excerpt from "Why Memory's Work on Journalism Does Not Reflect Journalism Work on Memory," reprinted in *The Collective Memory Reader*, 359.
(5) Dayan, Daniel and Katz, Elihu, an excerpt from Media Events: The Live Broadcasting of History, reprinted in

The Collective Memory Reader, 363.
(6) Hodgkin, Katharine and Radstone, Susannah, *Memory, History, Nation: Contested Past* (New Jersey: Transaction Publishers, 2003), 15.
(7) ジョン・W・ダワー（外岡秀俊・訳）『忘却のしかた、記憶のしかた：日本・アメリカ・戦争』岩波書店、二〇一三年、一三二頁。
(8) 佐藤卓己『増補 八月十五日の神話：終戦記念日のメディア学』ちくま学芸文庫、二〇一四年。
(9) 実際には六月二三日以降も戦争状態は継続、終結していなかった。
(10) たとえば、瀬長亀次郎は以下の回想録で、山の中に逃げていたが、米軍の野戦病院で玉音放送を聞いたと述べている。瀬長亀次郎『沖縄の心』新日本出版社、一九九一年、五五頁。
(11) 嘉陽安春『沖縄民政府：一つの時代の奇跡』久米書房、一九八六年、一四－一七頁。
(12) 嘉陽安春、二四〇頁。
(13) 辻村明・大田昌秀『沖縄の言論：新聞と放送』南方同胞援護会、一九六六年、一一九頁。
(14)『うるま新報』（一九四八年一月二日号）。
(15) 映画『八月十五夜の茶屋』に関する研究として以下がある。名嘉山リサ「消されたOKINANA - The Teahouse of August Moon 小説から映画への翻案過程における脱沖縄化」『沖縄工業専門学校紀要』第五号、二〇一一年。
(16) 琉球列島米国軍政本部特別布告第三五号「米琉親善の日」月刊沖縄社（編）『アメリカの沖縄統治関係法規総覧』第一巻、三九四頁。
(17) 吉本秀子『米国の沖縄占領と情報政策：軍事主義の矛盾とカモフラージュ』春風社、二〇一五年、二五六頁。
(18) 琉球政府公報、号外、第三二号（一九六一年七月二四日）。
(19) 沖縄県条例第四二号「沖縄県慰霊の日を定める条例」（一九七四年一〇月二一日）『沖縄県例規集』。
(20) Situation Report - Japan, Comments on Current Intelligence, R&A 3479-1, 9 January 1946. Interim Research and Intelligence Service, Research and Analysis Branch, Department of State, RG 407, Records of Adjutant General Office, Box 1667. National Archives College Park.
(21) Olick, Jeffrey K., To Usable Past to the Return of the Repressed, *The Hedgehog Review*, Summer 2007, 19-31.
(22) 本章は、二〇一六年七月三〇日、「Memory, Commemoration, Media」を大会テーマとして英国レスター大学で開催された国際メディア・コミュニケーション学会（International Association for Media and Communication Research）における発表内容をもとに書いた以下の論文を加筆修正した。吉本秀子「記憶と戦後占領政策―日本と沖縄における象徴天皇の存在と不在―」『山口県立大学学術情報』一〇号、二〇一七年。

――第3章　軍法と言論

（1）吉本秀子『米国の沖縄占領と情報政策：軍事主義の矛盾とカモフラージュ』春風社、二〇一五年、二六〇頁。そのほかに最近の沖縄占領期メディア研究として以下がある。大城由紀江「米国占領下の沖縄と親子ラジオ」貴志俊彦・川島真・孫安石（編）『増補改訂 戦争・ラジオ・記憶』勉誠出版、二〇一六年、二七〇―二九五頁。名嘉山リサ「一九七〇年前後のUSCARテレビ番組」『沖縄工業高専紀要』第一〇号、二〇一六年、四一―五三頁。

（2）月刊沖縄社（編）『アメリカの沖縄統治関係法規総覧』池宮商会、一九八三年（以下、『総覧』とする）。RG260, Records of United States Civil Administration of the Ryukyu Islands, Legal Affairs Department, National Archives, College Park (hereafter, USCAR-LAD).

（3）物資配給に関する軍の指令類に言及した研究に以下がある。川平成雄『沖縄 空白の一年：1945―1946』吉川弘文館、二〇一一年、一四八頁。米国統治下の沖縄における法を包括的に研究した以下の本では軍法を部分的に取り上げている。宮里政玄（編著）『戦後沖縄の政治と法：1945―72年』東京大学出版会、一九七五年。

（4）吉本、前掲書、第六章「米国の対外情報政策」。

（5）日本が陸軍省の担当する「占領地」となった経緯については本書第4章、米国政府内部での役割分担については、第5章で詳述する。

（6）沖縄占領だけでなく、日本占領でも米国は日本人に対する「再教育・方向付け政策」を実施した。日本人の再教育計画については以下が詳しい。土屋由香『親米日本の構築：アメリカの対日教育・情報政策と日本占領』明石書店、二〇〇九年。

（7）土屋礼子『対日宣伝ビラが語る太平洋戦争』吉川弘文館、二〇一一年、第七章「沖縄戦における対日宣伝ビラ」。大田昌秀『沖縄戦下の米日心理作戦』岩波書店、二〇〇四年。

（8）日本占領における民間情報教育局については以下を参照。土屋由香、前掲書。有山輝雄『占領期メディア史研究：自由と統制・1945年』柏書房、一九九六年。山本武利『GHQの検閲・諜報・宣伝工作』岩波現代全書、二〇二〇〇二年。谷川建司『アメリカ映画と占領政策』京都大学学術出版会、二〇〇二年。

（9）吉本、前掲書、二四二頁。なお、日本占領史における「民間情報教育局（CIE）」は、「Civil Information and Education Section」であるが、琉球列島米国民政府史料には、「Civil Information and Education Department」として登場する。これが、沖縄では「情報教育部」と日本語訳されている。

（10）我部政明『日米関係のなかの沖縄』三一書房、一九九六年、六〇頁。

（11）アーノルド・G・フィッシュ（宮里政玄・訳）『琉球列島の軍政一九四五－一九五〇（沖縄県史・資料編一四・現代二）』沖縄県教育委員会、二〇〇二年、二一－二二頁。

（12）ニミッツ布告をはじめとする米軍指令類の日本語版は、文語体で書かれている場合も多いが、本稿では、これを現代かなづかいで表記した。

（13）吉本、前掲書、一四一－一四二頁。

（14）Proclamation No. 2, RG260, USCAR-LAD, Box 39, Folder 4.

（15）米国は占領を「戦闘」段階と「駐留」段階の二段階と捉えていた。川平、前掲書、六五頁。

（16）たとえば、以下のような記述がある。「民衆の多くは、スパイなどの密告をもとに、米軍の直接の指示で行われる生活権の剥奪（職場からの追放や渡航拒否）におののいていた」。中野好夫・新崎盛暉『沖縄問題二十年』岩波新書、一九六五年、五四頁。

（17）前掲、布告二号（Proclamation No.2）米民政府法務局文書では「間諜」であるが、『総覧』では、「間諜」となっている。英語のスパイの訳であるため、「間諜」が、後に「間諜」と誤記されたものと考えられる。

（18）Proclamation No. 8, RG260, USCAR-LAD, Box 39, Folder 4.

（19）『総覧』和文編・第一巻、三六一頁。Proclamation No. 10, RG260, USCAR-LAD, Box 39, Folder 4.

（20）『総覧』和文編・第四巻、一九五頁。

（21）指令一五六号で認可されたのは二二日であるが（『総覧』和文編・第四巻、一三〇頁）、沖縄民政府が発足したのは、二四日である。以下を参照。沖縄民政府当時の軍司令及び一般文書五一一、一九四六年、諮詢委員会から沖縄民政府文書及びメモ、七九頁（沖縄県公文書館）。

（22）『総覧』和文編・第四巻、一二六－一三〇頁。

（23）『総覧』和文編・第四巻、三二一頁。同英文編・第三巻、六二一頁。

(24)『総覧』和文編・第四巻、六八頁。同英文編・第三巻、一六〇頁。
(25)『総覧』和文編・第四巻、一二七頁。同英文編・第三巻、三〇五頁。
(26)『総覧』和文編・第四巻、一三二頁。
(27) Winkler, Allan M., *The Politics of Propaganda: The Office of War Information 1942-1945* (New Haven: Yale University Press, 1978), p. 149.
(28) 戦時情報局スタッフだったエドワード・リリーの個人文書に保存されている議会記録によれば、米連邦議会は、一九四六年六月三〇日まで戦時情報局の予算を承認している。An act making appropriations for war agencies for the fiscal year ending June 30 and other purposes. Public Law 156, 79th Congress, 1st Session, pp. 6-7. Edward P. Lilly Papers, Box 46, Dwight D. Eisenhower Library.
(29)『総覧』和文編・第四巻、一四四頁、英文編・第三巻、三四一頁。
(30) 竹前栄治・尾崎毅（訳）『米国陸海軍 軍政／民事マニュアル』みすず書房、一九九八年、一八－一九頁。原本は、United States Army and Navy Manual of Military Government and Civil Affairs（FM 27-5, OPNAV 50E-3）.
(31) 当時の米連邦政府の会計年度は七月一日～翌年六月三〇日。
(32) フィッシュ、前掲書、六六－七一頁。
(33) Civil Affairs Activities in the Ryukyu Islands, Vol. 1, No. 1, p. 202, RG260, USCAR, Comptroller Department, Box 113.
(34)『総覧』和文編・第四巻、五一八頁。
(35) 水野剛也『「自由の国」の報道統制：大戦下の日系ジャーナリズム』吉川弘文館、二〇一四年、一二一－一二四頁。
(36)『総覧』和文編・第一巻、三九一頁。
(37)『総覧』和文編・第一巻、三九四頁。
(38) Tull, James N., The Ryukyu Islands, Japan's Oldest Colony-America's Newest: An Analysis of Policy and propaganda（MA Thesis, University of Chicago, 1953）, p. 64.
(39) 米国家安全保障局の対日政策文書一三（ＮＳＣ１３）によって、大統領行政府レベルで沖縄の分離が決定された。詳細は、宮里政玄『アメリカの対外政策決定過程』三一書房、一九八一年、二二一－二四六頁。
(40)『総覧』和文編・第一巻、三九四頁。
(41) このスピンドクターが誰だったか、また、その指令体系について詳細は不明である。だが、一九六〇年代から返還まで米民政府広報局にいたスタッフの証言によれば、米国はこれらの広報政策を「心理作戦」として捉えていた。吉本、前掲書、二九七頁。原資料は以下。Oral History Interview, p. 58. Alexander Liosnoff Papers, Hoover Institution, Stanford University.

(42) たとえば、日本占領に国務省代表で関わったウィリアム・シーボルトは、以下の著作で日本占領はおおむね成功だったと述べている。Sebald, William, *With MacArthur in Japan: A Personal History of the Occupation*, (New York: W.W. Norton & Company, 1965), p. 51. さらに、最近では、米国は第二次世界大戦後の日独占領を成功例として以下のとおり分析し、イラク戦後占領の参考としている。CRS Report for Congress, RL33331, U.S. Occupation Assistance: Iraq, Germany and Japan Compared (March 23, 2006).

(43) 本章の内容は以下の論文をもとに大幅に加筆修正したものである。吉本秀子「沖縄占領下における米国の言論文化管理政策―情報と教育に関する軍法の分析から―」『沖縄文化』五一巻二号、二〇一八年、一―二四頁。

――第4章　占領地の心理戦

(1) 第二次世界大戦の心理戦に関する研究として、土屋礼子『対日宣伝ビラが語る太平洋戦争』吉川弘文館、二〇一一年。加藤哲郎『象徴天皇制の起源：アメリカの心理戦「日本計画」』平凡社新書、二〇〇五年。大田昌秀『沖縄戦下の米日心理作戦』岩波書店、二〇〇四年などの研究がある。米国におけるＯＷＩに関する古典的研究として以下がある。Winkler, Alan M., *The Politics of Propaganda: The Office of War Information 1942-1945*, Yale University Press, 1978.

(2) ＵＳＩＡに関する代表的研究として以下がある。Cull, Nicholas J., *Cold War and the United States Information Agency: American Propaganda and Public Diplomacy, 1945-1989*, (Cambridge University Press, 2008).

(3) 有山輝雄『占領期メディア史研究：自由と統制・１９４５年』柏書房、一九九六年。

(4) 土屋由香・吉見俊哉編『占領する眼・占領する声：ＣＩＥ／ＵＳＩＳ映画とＶＯＡラジオ』東京大学出版会、二〇一二年。土屋由香『親米日本の構築：アメリカの対日情報・教育政策と日本占領』明石書店、二〇〇九年など。これらの日本占領史研究で扱われたラジオ放送・展示会・再教育プログラム等の事象は、占領下で体現された米国の情報活動の「部分」であると捉えることができる。

(5) 本稿で検討したエドワード・リリー文書の公開状況は二〇一六年八月現在のものである。

（6）リリー文書を引用してトルーマン期を扱った先行研究として以下がある。ただし、同書はリリー文書の包括的研究ではない。Corke, Sara-Jane, *U.S. Covert Operations and Cold War Strategy: Truman secret warfare and the CIA 1945-1953*, New York: Routledge, 2008.

（7）Scope and Contents, Finding Aid, Edward P. Lilly Papers 1928-1992. Dwight D. Eisenhower Presidential Library（hereafter, DDEL）.

（8）Oral History Interview, Edward P. Lilly, Harry S. Truman Presidential Library.

（9）Letter dated on February 21, 1951, from Edward P. Lilly, Ph.D. to Honorable Harry S. Truman, Edward P. Lilly Papers（hereafter, Lilly Papers）, Box 52, File: Truman, President Harry, DDEL.

（10）The Development of American Psychological Operations 1945-1951（hereafter, DAPO）, by Edward P. Lilly（1951/12/19）. CIA-RDP86B00269R000900020001-9. 同文書はＣＩＡ－ＦＯＩＡで公開された文書であるが、リリーが心理戦略委員会（ＰＳＢ）に提出したもので、トルーマン大統領図書館のＰＳＢ文書、アイゼンハワー大統領図書館所蔵のリリー文書にも、その草稿と思われる文書がある。リリー草稿では「Psychological Warfare（心理戦）」が用いられているが、「ＣＩＡ公開版」では、「Psychological Operations（心理作戦）」がタイトルに用いられている。一般に、陸軍省等の軍部では前者が用いられることが多かったが、ＵＳＩＡならびにＣＩＡ等の文官府では戦闘状態を示すwarfareを避ける傾向があった。

（11）DAPO, p. 17.

（12）From William Benton to Staff of the Office of International Information and Cultural Affairs and the Interim International Information Service（no date）attached to "Report on Proposed OIC Foreign Program and Organization" prepared by Elinor P. Reams（1945/11/01）. Lilly Papers, Box 52, File: State Department, International Information Program, DDEL.

（13）ブラッドフォード・スミスは一九四五年九月、ワシントンからＩＤＳ／ＧＨＱに派遣された。以下を参照。天川晃「ドン・ブラウンとジョン・マキ―ＧＨＱ文官の戦中と戦後―」横浜国際関係史研究会・横浜開港資料館（編）『ＧＨＱ情報課長ドン・ブラウンとその時代：昭和の日本とアメリカ』日本経済評論社、二〇〇九年、二一一頁。第二次世界大戦下でブラッドフォード・スミスはＯＷＩで日本語新聞等の検閲を担当していた。A letter from Ed Reischauer to Mr. Bradford Smith, 1943/4/27. RG 208, Records of Office of War Information, Entry 222, Box 1077,

National Archives College Park.

(14) 横浜国際関係史研究会・横浜開港資料館（編）『図説ドン・ブラウンと昭和の日本：コレクションで見る戦時・占領政策』有隣堂、二〇〇五年、七八頁。

(15) DAPO, p. 70.

(16) DAPO, p. 72.

(17) Document 26, Memorandum from <name not declassified> of the Office of Policy Coordination of the Central Intelligence Agency to Thomas A. Parrott of the Office of Policy Coordination (1950/10/10). FRUS-IC, p. 38.

(18) Psychological Wafare, History, Chapter III (hereafter, Lilly History Chapter III), p. 102. Lilly Papers, Box 59, DDEL.

(19) Note on U.S. Covert Actions, FRUS 1964-1968, Japan, Part II, pp. 31-32; Lowentharl, Mark M., *Intelligence: From Secrets to Policy*, CQ Press, 2009, pp. 169-170.

(20) Document 94, Memorandum of the Files, 1951/11/23. FRUS, The Intelligence Community 1950-1955 (hereafter, FRUS-IC), p. 216.

(21) DAPO, p. 18.

(22) DAPO, p. 26.

(23) Postwar Development of Psychological Warfare and Special Operations (hereafter, Army Psywar History), Enclosure A attached to the Memorandum for the Secretary of the Army, Subject: Army Organization for Psychological Warfare and Special Organizations. PSB Papers, Box 2, File: 040 Defense Department. Harry S. Truman Presidential Library.

(24) Army Psywar History, p. 13.

(25) Army Psywar History, pp. 3-6.

(26) Army Psywar History, pp. 11-12.

(27) Army Psywar History, pp. 12-13.

(28) Lilly History Chapter III, p. 62.

(29) Lilly History Chapter III, pp. 70-71.

（30）Lilly History Chapter III, p. 72.

（31）Document 94. Memorandum for the files. 1951/11/23. FRUS-IC, p. 215.

（32）Army Psywar History, Section 18, p. 15.

（33）Army Psywar History, Section 17-18, pp. 13-15.

（34）吉本秀子『米国の沖縄占領と情報政策：軍事主義の矛盾とカモフラージュ』春風社、二〇一五年、二四〇—二六〇頁。

（35）Army Psywar History, Section 20, p. 17.

（36）Army Psywar History, Section 22, p. 18.

（37）Lilly History Chapter III, pp. 78-79.

（38）Document 140. Memorandum From Director of Central Intelligence Smith to the Chairman of the Joint Chiefs of Staff（Bradley）, 1952/12/12. FRUS-IC, p. 382.

（39）沖縄タイムス社中部支社編集部『基地で働く：軍作業員の戦後』沖縄タイムス社、二〇一三年、二七九—三三九頁。

（40）Lilly History Chapter III, p. 88.

（41）有馬哲夫『日本テレビとＣＩＡ：発掘された「正力ファイル」』新潮社、二〇〇六年。吉田則昭『緒方竹虎とＣＩＡ：アメリカ公文書が語る保守政治家の実像』平凡社新書、二〇一二年など。

（42）本章の内容は以下の論文を加筆修正したものである。吉本秀子「エドワード・リリー文書でみる米国の対外情報活動の成立過程—ＯＷＩ解散からＵＳＩＡ設立までの〈空白の時期　一九四五年から一九五二年〉を中心に—」『インテリジェンス』一八号、二〇一八年、九〇—一〇二頁。

——第5章　米国の広報外交と沖縄

（1）本稿では「public diplomacy」の和訳として、一般的に使用される「広報外交」を用いる。ただし、軍部が「外交」という語を用いることに対する批判もあり、沖縄統治についても「外交」という枠組みで捉えられない部分もあるため、具体的活動を意味する場合には、「対外広報」という訳語を用いる。Public diplomacyとは、海外のオーディエンスに影響を与えようと試みる行為全般を指す。その定義については、Emily T. Metzgar, Public Diplomacy, Smith-Mundt and the American Public, *Communication Law and Policy*, 17:1（2012）, 67-101.

（2）宮里政玄『アメリカの対外政策決定過程』三一書房、一九八一年、二二一—二四六頁。

（3）ＵＳＣＡＲ年報など米国側の史料によれば、沖縄ＣＩＥは「Civil Information and Education Department」であるが、日本占領史研究では「ＣＩＥ」（英語）「民間情報教育局」（日本語）が一般的である。ただし、ＣＩＥが沖縄で発行した広報紙では「情報教育部・弘報課」（『琉球弘報』一九五一年三月号）、「民間情報教育部」（『琉球弘報』一九五三年二月一日号）などの日本語名が用いられている。日本占領における「CIE Section/SCAP」、朝鮮戦争期に捕虜教育プログラムを実施したＣＩＥ／ＵＮＣとの組織的つながりはよくわからない。ＣＩＥ／ＵＮＣについては、小林聡明「朝鮮戦争期における国連軍の捕虜教育プログラム」貴志俊彦・土屋由香（編著）『文化冷戦の時代：アジアとアメリカ』国際書院、二〇〇九年、一八七―二〇八頁。

（4）言論の自由の視点からスミス・ムント法を論じた米国の先行研究には以下がある。Uhm, Kiyul, The Cold War Communication Crisis: The Right to Know Movement, *Journalism and Mass Communication Quarterley*, 82:1 (Spring 2005), 131-147; Palmer, Allen W. and Carter, Edward L., The Smith-Mundt Act's Ban on Domestic Propaganda: An Analysis of the Cold War Statute Limiting Access to Public Diplomacy, *Communication Law and Policy*, 11: 1 (2010), 1-34; Walsh, Daniel C., The History of the U.S.Information and Educational and Three Arguments for the Termination of its Prohibition on Domestic Release of Information, *International Journal of Communication Law and Policy*, 14 (Summer 2011), 1-18.

（5）米国のプロパガンダの海外への影響を問題視した研究に以下がある。ただし、その実施過程は論じていない。ナンシー・スノー（福間良明・訳）『情報戦争：９・１１以降のアメリカにおけるプロパガンダ情報戦争』岩波書店、二〇〇四年、一五二頁。

（6）Cull, Nicholas J., *The Cold War and the United States Information Agency: American Propaganda and Public Diplomacy, 1945-1989* (Cambridge University Press, 2008).

（7）有山輝雄『占領期メディア史研究：自由と統制・１９４５年』柏書房、一九九六年、二五一―二五九頁。

（8）有馬哲夫『日本テレビとＣＩＡ：発掘された「正力ファイル」』新潮社、二〇〇六年、四一―八六頁。土屋由香・吉見俊哉・井川充雄「文化冷戦と戦後日本」土屋由香・吉見俊哉（編著）『占領する眼・占領する声：ＣＩＥ／ＵＳＩＳ映画とＶＯＡラジオ』東京大学出版会、二〇一二年、七―八頁。

（9）土屋由香『親米日本の構築：アメリカの対日情報・教育政策と日本占領』明石書店、二〇〇九年、一三八頁。

（10）Public Law 80-402, 62 STAT. 6 (January 27, 1948).

(11) Paulu, Burton (1953), The Smith-Mundt Act: A Legislative History, *Journalism Quarterly*, Summer 1953, 300-314; Metzgar, Emily T. (2012), Public Diplomacy, Smith-Mundt Act and the American Public, *Communication Law and policy* 17: 1, 67-101.

(12) Paulu, 301-302.

(13) Public Law 80-402, 62 STAT. 6 (January 27, 1948).

(14) 22 CFR 61. 1-2.

(15) Civil Affairs Activities in the Ryukyu Islands, Vol. 1, No. 1 (hereafter, CAA 1-1), RG260, Records of USCAR, Comptroller Department, Box 113, National Archives College Park, p. 202.

(16) Paulu, 300.

(17) 701項の原文は、Appropriation to carry out the purposes of this Act are hereby authorized, Sec. 701, Public Law 80-402, 62 STAT.11 (January 27, 1948).

(18) 渡辺靖『アメリカン・センター：アメリカの国際文化戦略』岩波書店、二〇〇八年、三七－三八頁。

(19) スミス・ムント法の全項目は以下を参照。吉本秀子「米国の対外広報政策とスミス・ムント法」マス・コミュニケーション学会二〇一五年春期発表会発表論文（http://mass-ronbun.seesaa.net）。

(20) 琉球大学の歴史については次の先行研究がある。小川忠『戦後米国の沖縄文化戦略：琉球大学とミシガン・ミッション』岩波書店、二〇一二年。山里勝己『琉大物語：１９４７－１９７２』琉球新報社、二〇一〇年。

(21) Lilly, Edward P., The Development of American Psychological Operations 1945-1951. Box 22, File: 314.7, PSB File, Harry S. Truman Library (hereafter, HSTL).

(22) Document 256, Department of State Brief Memorandum, Coordination of Foreign Information Measure (NSC4), Psychological Operation (NSC4-A), 1947/12/17. State Department (1996), *Foreign Relations of the United States 1945-1950, Emergence of Intelligence Community*, U.S. Government Printing Office.

(23) 原田健一「ＣＩＥ映画・スライドの日本的受容―「新潟」という事例から―」土屋由香・吉見俊哉（編著）『占領する眼・占領する声：ＣＩＥ／ＵＳＩＳ映画とＶＯＡラジオ』東京大学出版会、二〇一二年、二六六頁。

(24) 吉本秀子『米国の沖縄占領と情報政策：軍事主義の矛盾とカモフラージュ』春風社、二〇一五年、三四－三五頁。

(25) Hearings before the Subcommittee of the Committee on Appropriations, House of Representatives, 81st

Congress, 1st Sess., on the Foreign Aid Appropriation Bill for 1950, May 17, 1949, p. 814.

(26) Report on Study of Overseas Information Program of State Department and the Economic Cooperation Administration, 1951/10/07. PSB File, Box 2, File: 040, HSTL.

(27) 吉本、前掲書、二四〇―二四六頁。

(28) Bruno, Nicholas John (1988), *Major Imboden and Press Reform in Occupied Japan 1945-1952* (Ph.D. Dissertation, University of Maryland), pp. 179-181.

(29) 谷川建司『アメリカ映画と占領政策』京都大学学術出版会、二〇〇二年、二一四―二三六頁。山本武利『GHQの検閲・諜報・宣伝工作』岩波現代全書、二〇一三年、三一―三六頁。北村洋『占領とハリウッド：占領下日本の文化再建』名古屋大学出版会、二〇一四年、四六―四九頁。

(30) 吉本、前掲書、二八六―二八七頁。

(31) Hearings before the Subcommittee of the Committee on Appropriations, House of Representatives, 81st Congress, 1st Sess., on the Foreign Aid Appropriation Bill for 1950, May 17, 1949, pp. 809-810.

(32) National Military Establishment, Department of Army - Civil Functions, Government and Relief in Occupied Areas, Section I - Economic Cooperation, An act for making appropriations for foreign aid and other purposes (Foreign Aid Appropriation Act, 1948), 80th Congress, 2nd Sess., June 26, 1948 (62 STAT. 1057).

(33) CAA 1-1, op. cit., p. 198.

(34) 辻村明・大田昌秀『沖縄の言論：新聞と放送』南方同胞援護会、一九六六年、一三一―一三八頁。

(35) 辻村・大田、前掲書、三七頁。

(36) General Order Number 11, 1952/2/25. RG260, USCAR, Administration Office, Box 264, NACP.

(37) 門奈直樹『アメリカ占領時代沖縄言論統制史：言論の自由への闘い』雄山閣、一九九六年、七二頁。

(38) 吉本、前掲書、二三八―二四〇頁。

(39) 水野剛也『「自由の国」の報道統制：大戦下の日系ジャーナリズム』吉川弘文館、二〇一四年、一四九―一五〇頁。

(40) CAA 1-1, op. cit., p. 203.

(41) CAA 1-1, op. cit., p. 202.

(42) CAA 1-1, op. cit., pp. 189-199.

（43）平良辰雄『戦後の政界裏面史：平良辰雄回顧録』南報社、一九六三年、一四九－一五〇頁。
（44）一九五〇年一月一日『沖縄タイムス』七面。
（45）平良、前掲書、一五七－一五八頁。
（46）門奈、前掲書、六〇頁。
（47）藤田文子『アメリカ文化外交と日本：冷戦期の文化と人の交流』東京大学出版会、二〇一五年、二六六頁。松田武『戦後日本におけるアメリカのソフト・パワー：半永久的依存の起源』岩波書店、二〇〇八年、二四五頁。
（48）本章の内容は以下の論文を大幅に加筆修正したものである。吉本秀子「米国スミス・ムント法と沖縄ＣＩＥの情報教育プログラム」『マス・コミュニケーション研究』八八号、二〇一六年、一七七－一九四頁。

――第６章　冷戦を言葉で戦う

（１）たとえば、Shawn J. Parry-Giles, *The Rhetorical Presidency, Propaganda, and the Cold War, 1945-1955* (Westport, Conn.: Praeger, 2002). 大野直樹『冷戦下ＣＩＡのインテリジェンス：トルーマン政権の戦略策定過程』ミネルヴァ書房、二〇一二年など。
（２）たとえば、ＵＳＩＡ文書に対する代表的研究として以下がある。Nicholas J. Cull, *The Cold War and the United States Information Agency: American Propaganda and Public Diplomacy, 1945-1989* (Cambridge: Cambridge University Press, 2008).
（３）日本で、このような文化交流に焦点を当てた先行研究として以下がある。貴志俊彦・土屋由香（編）『文化冷戦の時代』国際書院、二〇〇九年。小川忠『戦後米国の沖縄文化戦略：琉球大学とミシガン・ミッション』岩波書店、二〇一二年。
（４）参謀本部指令が沖縄で一九六〇年代半ばまで有効だったことについては、吉本秀子『米国の沖縄占領と情報政策：軍事主義の矛盾とカモフラージュ』春風社、二〇一五年、三一一頁。
（５）このような省庁間調整は、米国が日本占領を開始した一九四五年に開始され、トルーマン政権期に確立した。詳細は第４章を参照。
（６）国務省と国防省の「対立」を指摘する研究として、ロバート・Ｄ・エルドリッヂ『沖縄問題の起源：戦後日米関係における沖縄１９４５－１９５２』名古屋大学出版会、二〇〇五年。

（7）沖縄問題がOCB報告書に登場することを指摘した先行研究として、河野康子『沖縄返還をめぐる政治と外交：日米関係史の文脈』東京大学出版会、一九九四年、一八八頁。国務省を中心とした省間調整の過程を検証した研究として、宮里政玄『日米関係と沖縄：1945‐1972』岩波書店、二〇〇〇年。国務省に軍部史料を加えた研究としては、我部政明『日米関係のなかの沖縄』三一書房、一九九四年。

（8）たとえば、冷戦の「文化的転回」について実証的に不確実であるという批判がある。増田実「新しい冷戦認識を求めて」益田実・池田亮・青野利彦・斎藤嘉臣（編著）『冷戦史を問いなおす：「冷戦」と「非冷戦」の境界』ミネルヴァ書房、二〇一五年、九頁。

（9）たとえば、池田慎太郎『独立完成への苦闘：1952‐1960』吉川弘文館、二〇一二年。

（10）情報政策には「広報」と「広聴」の両面があり、英語の「public affairs」には、その両面が含まれるが、日本語の「広報」は情報発信の側面しか含まれないため、本書では、情報発信と収集活動が含まれる場合には、情報政策という語を用いる。

（11）Test of Gen. Eisenhower's Foreign Policy Speech in San Francisco（The New York Times, 1952/10/09）; Osgood, Kenneth, *Total Cold War: Eisenhower's Secret Propaganda Battle of Home and Abroad*（University Press of Kansas, 2006）, 46-47.

（12）Psychological Warfare - History（hereafter, Lilly History）, Chapter V, pp. 23-28. Edward P. Lilly Papers, Box 59, File: Psychological Warfare - History, Dwight D. Eisenhower Library（hereafter, DDEL）.

（13）Lilly History, op. cit., Chapter III, DDEL.

（14）Lilly History, op. cit., Chapter V, p. 36, DDEL.

（15）国務長官優位の原則は、対外広報を強化するだけでなく、第二次世界大戦で発言力を増していた軍部の力を制限し、平時に戻す目的もあった。

（16）トルーマン政権期における心理戦に統一性が欠けていた問題はジョンズ・ホプキンス大学がまとめた以下の報告書で検証されている。William E. Dougherty & Morris A. Janowitz, *A Psychological Warfare Casebook*（Operations Research Office, Johns Hopkins University Press, 1958）.

（17）河野、前掲書、一八八頁。

（18）ロバート・D・エルドリッヂ『奄美返還と日米関係：戦後アメリカの奄美・沖縄占領とアジア戦略』南方新社、二〇〇三年、一七五頁。

（19）Document 657, Note by the Acting Executive Secretary（Gleason）to the National Security Council, Top Secret, NSC 125/6, United States Objectives and Courses of Action with respect to Japan, June 29, 1953. FRUS, China and Japan 1952-1954, Volume XIV, Part II.

（20）Memorandum for the Secretary of Defense, Subject: The Japanese Treaty Islands, James S. Lay, Jr., Executive Secretary, Executive Office of the President, National Security Council, June 26, 1953. White House Office, National Security Council Staff Papers（hereafter, WHONSC）, 1948-1961, Disaster File, DDEL（沖縄県公文書館収集資料、これ以降OPA、資料コード：0000073511）.

（21）Memorandum for the Executive Secretary, National Security Council, Subject: Directive for the U.S. Civil Administration for the Ryukyu Islands. 1953/11/10, Disaster File, DDEL（OPA: 0000073511）.

（22）アイゼンハワー政権期のNSC対日政策文書を扱った研究として、池田慎太郎『日米同盟の政治史：アリソン駐日大使と「1955年体制」の成立』国際書院、二〇〇四年。中島信吾『戦後日本の防衛政策：吉田路線をめぐる政治・外交・軍事』慶應義塾大学出版会、二〇〇六年。

（23）たとえば、トルーマン政権期からアイゼンハワー政権期を通して大統領行政府に勤務したエドワード・リリー（Edward P. Lilly）は、「心理戦（psychological warfare）」という語を常用している。しかし、「warfare」という語が平時の心理作戦を担当したCIA等の文官組織（civilian agencies）では好まれなかったようで、その代替語として公式文書では「心理作戦（psychological operations）」が用いられた。

（24）A Report to the National Security Council by the Acting Executive Secretary on United States Objectives and Courses of Action with respect to Japan, NSC 125/6, June 29, 1953, p. 2. Disaster File, DDEL（OPA: 0000073511）.

（25）日本の再軍備については、柴山太『日本再軍備への道：1945～1954年』ミネルヴァ書房、二〇一〇年。

（26）511/94/4-2852, Memorandum for Mr. John Allison, Subject: Terms of References, 1952/4/28. RG 59, Records of State Department, National Archives（hereafter, NA）.

（27）池田、二〇〇四年、二四五頁。楠綾子『吉田茂と安全保障政策の形成：日米の構想とその相互作用1943～1952年』ミネルヴァ書房、二〇〇九年、二八二頁。

（28）Chapter VI, op. cit., Lilly History, DDEL.

（29）アイゼンハワー政権期における対沖縄政策は、対日政策に対する付帯的要素として扱われ、これに伴う形で、沖縄に関する文書類は、対日政策文書に対する「付録（Annex）」あるいは「付帯的決議（Action）」として位置づけられている。

（30）Proposed Directive for United States Civil Administration of the Ryukyu Islands, 1953/11/17. WHO, OSANSA, 1952-1961, NSC, OOS, Box 3, DDEL.

（31）吉本、前掲書、二九七頁。Oral History Interview to Alexander Liosnoff, Alexander Liosnoff Collection, Box 1, p. 33. Hoover Institution, Stanford University.

（32）米民政府の設置目的は「民事活動（civil affairs activities）」をおこなうことであったが、その目的は米国の軍事作戦の「支援（support）」であるとされた。詳細は、吉本、前掲書、二二四頁。

（33）National Security Council Progress Report on United States Objectives and Courses of Action with respect to Japan by the Operations Coordinating Board, October 28, 1954, Disaster File, DDEL（OPA: 0000073512）.

（34）ダレス国務長官は、軍備管理交渉を「広報活動」「心理戦」と捉えていたという指摘がある。倉科一希『アイゼンハワー政権と西ドイツ：同盟政策としての東西軍備管理交渉』ミネルヴァ書房、二〇〇八年、九九頁。

（35）土屋由香「原子力平和利用USIS映画―核ある世界へのコンセンサス形成―」土屋由香・吉見俊哉（編）『占領する眼・占領する声：CIE／USIS映画とVOAラジオ』東京大学出版会、二〇一二年、四九頁。

（36）OPA: 0000073512, op. cit., p. 6.

（37）NSC 5516/1, National Security Council, U.S. Policy toward Japan, April 9, 1955, Disaster File, DDEL（OPA: 0000073513）.

（38）第五四節が国務省の権限拡大の根拠となったことは、宮里政玄がすでに指摘している。宮里、前掲書、一五六頁。

（39）Progress Report on U.S. Policy toward Japan（NSC 5516/1）, p. 18.

（40）Subject: Proposal for an NSC Policy Paper on the Ryukyus, From: S/P-Howard Furnas, To: S/P-Mr. Smith, February 6, 1958. RG 59, Lot File No. 61 D 69 Box 13-14, File: 20.2, NA.

（41）Project File No. JA5704, Project Title: Ryukyuan Media Habits, Country: Japan. Description of Study: Mass Media Habit Survey, July 1957. RG 306 Records of the U.S. Information Agency, Office of Research, Country Project Files, 1951-1964, Box 61, NA.

(42) Subject: Draft NSC Policy Paper on the Ryukyus, From FE-Mr. Robertson, To: The Secretary. RG 59, General Records of the Department of State, Subject Files Relating to the Ryukyu Islands 1952-1958, Box 14. File: R20.2, NA.

(43) ロバートソン書簡ならびに、中野好夫（編）『戦後資料沖縄』日本評論社、一九六九年、二四八－二六四頁。

(44) Subject: Draft NSC Policy Paper on the Ryukyus, op. cit., p. 1.

(45) 吉本、前掲書、二六九頁。

(46) Memorandum, Subject: Comments on Draft NSC Paper on the Ryukyus, From: DRF - Richard H. Lamb, To: FE/NA - Mr. James V. Martin, Jr.. Date: December 17, 1957, p.2. RG 59, General Records of the Department of State, Subject Files Relating the Ryukyu Islands 1952-1958, Box 14, File: R 202. NA.

(47) 日本人の再教育計画については、土屋由香『親米日本の構築：アメリカの対日情報・教育政策と日本占領』明石書店、二〇〇八年。

(48) この時期の米民政府の広報活動については、吉本、前掲書、二六七－三〇四頁。

(49) 米国が民主主義を宣伝した冷戦期の大戦略（Grand Strategy）については、Michael Cox, G. John Ikenberry and Takashi Inoguchi（eds.）, *American Democracy Promotion: Impulses, Strategies, and Impacts*（Oxford University Press, 2000）, 10-17.

(50) Draft, Problems and Issues Affecting the U.S. Civil Administration of the Ryukyu Islands, 1958/2/16, attached to Memorandum for the Operations Corrdinating Board.（OPA: 059-01586-00022-001-023）.

(51) 平良好利『戦後沖縄と米軍基地：「受容」と「拒絶」の狭間で１９４５～１９７２年』法政大学出版局、二〇一二年、一九九－二〇六頁。

(52) 土屋由香・奥田俊介・進藤翔太郎「資料紹介『スプラーグ委員会報告書』（一九六〇年一二月）抄訳と解説」『英文学評論』九一号、二〇一九年。Sprague Report, Conclusion and Recommencations of the President's Committee on Information Activities Abroad, December 1960, Richard Helms Collection, FOIA, CIA.

(53) From Mansfield D. Sprague to Honarable Karl Harr, Jr., July 7, 1960. Information Activities Aboard, WHO, OSANSA, OCB Subsub, Box 3, DDEL.

(54) アイゼンハワー政権が軍事費削減を断行したことについては、佐々木卓也『アイゼンハワー政権の封じ込め政策：

ソ連の脅威、ミサイル・ギャップ論争と東西交流』有斐閣、二〇〇八年、三九－四二頁。

(55) これ以降、沖縄問題は日米交渉で議論されるようになる一方、海兵隊の沖縄移転がおこなわれる。山本章子「一九五〇年代における海兵隊の沖縄移転」屋良朝博・川名晋史・齊藤孝祐・野添文彬・山本章子『沖縄と海兵隊：駐留の歴史的展開』旬報社、二〇一六年。さらに、本章が分析対象とした時期と異なるが、その後の長い日米交渉の過程については分厚い研究の蓄積がある。信夫隆司『若泉敬と日米密約：沖縄返還と繊維交渉をめぐる密使外交』日本評論社、二〇一二年。中島琢磨『沖縄返還と日米安保体制』有斐閣、二〇一二年。野添文彬『沖縄返還後の日米安保：米軍基地をめぐる相克』吉川弘文館、二〇一六年。

(56) 本章の内容は、以下の論文を加筆修正したものである。吉本秀子「米国防省管轄下の広報外交―アイゼンハワー大統領行政府の沖縄政策調整過程から―」『インテリジェンス』二一号、二〇二一年、一二〇－一三二頁。

――第7章　沖縄マス・メディア調査

(1) アイゼンハワー政権が対外情報政策に力を入れたことについては以下が詳しい。Osgood, Kenneth, *Total Cold War: Eisenhower's Secret Propaganda Battle at Home and Abroad* (Lawrence, Kansas: University Press of Kansas, 2006).

(2) Cull, Nicholas J., *The Cold War and the United States Information Agency: American Propaganda and Public Diplomacy, 1945-1989* (New York: Cambridge University Press, 2008).

(3) 日本でのＵＳＩＳの調査に関する先行研究として、土屋由香・吉見俊哉編『占領する眼・占領する声：ＣＩＥ／ＵＳＩＳ映画とＶＯＡラジオ』東京大学出版会、二〇一二年。

(4) 米統治下の体制については、吉本秀子『米国の沖縄占領と情報政策：軍事主義の矛盾とカモフラージュ』春風社、二〇一五年。

(5) Project File No. JA5704, Project Title: Ryukyuan Media Habits, Country: Japan. Description of Study: Mass Media Habit Survey, July 1957 (hereafter, 1957 Ryukyuan Media Habit Survey). RG 306 Records of the U.S. Information Agency, Office of Research, Country Project Files, 1951-1964 (Hereafter, Country Project Files), Box 61 (ARCID: 1065787), National Archives, College Park (hereafter, NA).

(6) Country Project Files, Box 58.

（7）Country Project Files, Box 66.
（8）Country Project Files, Box 63.
（9）NHK放送文化研究所『国民生活時間調査』（https://www.nhk.or.jp/bunken/research/yoron/index.html）。
（10）沖縄放送協会資料保存会（編）「戦後初のラジオ放送網調査」『沖縄放送協会史』非売品、一九八二年、一〇頁。
（11）1957 Ryukyuan Media Habit Survey（琉球におけるマス・メディア調査）第一部・ラジオ、一頁。
（12）HCRI-OPI, Subject: Mass Media Survey, Crescenzo F. Guida, March 4, 1958, United States Civil Administration of the Ryukyu Islands, Office of the High Commissioner, APO 331（Cover Letter to 1957 Ryukyuan Media Habit Survey）.
（13）USCAR広報局に設置目的および方針については、吉本、前掲書、二七七頁。
（14）たとえば、以下に英語版がある。Mass Media Research, The Ryukyus（Individual）, 1857 Sample Design. RG 260 Records of the United States Civil Administration of the Ryukyu Islands（hereafter USCAR）, Public Affair Department（hereafter, PAD）, Box 81, File 3, NA.
（15）HCRI-PAD, Subject: Forwarding of Public Opinion Poll to DA, From: D.R. White, CPT, AGC, Administrative Officer, To: Deputy Chief of Staff for Military Operations. USCAR, PAD, Box 93, File 4, NA.
（16）HICOMRY OKINAWA RYIS, DA, INFO: SECSTATE AMEMBASSY TOKYO JAPAN, FRANK S. TANABE, N.L., CONNER, Ch of Admin. USCAR, PAD, Box 5, File 10, NA.
（17）川手摂「戦後琉球の国勢調査―琉球政府の行政における『日本との連続性』の検証―」『都市問題』二〇一六年一〇月号、八九―一一〇頁。
（18）HCRI-PAD, GRI PIO Participation in Public Information Seminar in Japan, From: Mr. Tanabe To: DCA. USCAR, PAD, Box 12, File 1, NA.
（19）辻村明・大田昌秀『沖縄の言論：新聞と放送』南方同胞援護会、一九六六年、二五―三七頁。
（20）沖縄の放送史については以下が詳しい。宮城悦二郎『沖縄・戦後放送史』ひるぎ社、一九九四年。
（21）辻村・大田、前掲書、一四一頁。
（22）マス・メディア調査 琉球・個人（サンプル・デザイン）、一九五七年、社団法人 中央調査社。1957 Ryukyuan Media Habit Survey.

(23) 琉球におけるマス・メディア調査、第一部・ラジオ、二頁。1957 Ryukyuan Media Habit Survey.

(24) 大城由希江「米軍統治下の沖縄と親子ラジオ」貴志俊彦・川島真・孫安石（編著）『増補改訂 戦争・ラジオ・記憶』勉誠出版、二〇一五年、二七〇―二九五頁。

(25) 琉球におけるマス・メディア調査 第二部・映画、二―三頁。1957 Ryukyuan Media Habit Survey.

(26) 第二部 映画、五-六頁。1957 Ryukyuan Media Habit Survey.

(27) 第三部 新聞・雑誌・書籍、五頁。1957 Ryukyuan Media Habit Survey.

(28) 第三部 新聞・雑誌・書籍、六―七頁。1957 Ryukyuan Media Habit Survey.

(29) 第三部 新聞・雑誌・書籍、「新聞に対する意見」（頁番号なし）。1957 Ryukyuan Media Habit Survey.

(30) 第三部 新聞・雑誌・書籍、一五―一八頁。1957 Ryukyuan Media Habit Survey.

(31) 第三部 新聞・雑誌・書籍、一九―二二頁。1957 Ryukyuan Media Habit Survey.

(32) 吉本、前掲書、二七九―二八〇頁。

(33) Position Paper, USCAR Monthly Magazine KONNICHI-NO-KYUKYU, 27 August 1969. USCAR, PAD, Box 5, File 10. NA.

(34) 吉本、前掲書、二八八―二八九頁。

(35) 本章の内容は以下の論文を加筆修正したものである。吉本秀子「アメリカ合衆国の沖縄マス・メディア調査一九五七」『山口県立大学学術情報』一四号、二〇二一年、一一―二〇頁。

――第8章　地方選挙の情勢調査

(1) 大野直樹『冷戦下CIAのインテリジェンス：トルーマン政権の戦略策定過程』ミネルヴァ書房、二〇一二年、七三頁。

(2) インテリジェンスを「政策」と捉えた入門書に以下がある。Rowenthal, Mark M. *Intelligence: From Secrets to Policy* (CQ Press, 2009). 邦訳は、マーク・ローエンタール（茂田宏・監訳）『インテリジェンス：機密から政策へ』慶應義塾大学出版会、二〇一一年）。Herman, Michael, *Intelligence Power in Peace and War* (Cambridge University Press, 1996). 小谷賢『インテリジェンス：国家・組織は情報をいかに扱うべきか』ちくま学芸文庫、二〇一一年。

(3) たとえば、以下の論文で諜報は本質的に間違いを犯すものだと論じられている。Betts, Richard K., Analysis, War, and Decision: Why Intelligence Failures Are Inevitable, *World Politics* (31-1), 1978, pp. 61-89.

（4）山本武利『GHQの検閲・諜報・宣伝工作』岩波現在全書、二〇一三年、五七－五九頁。これ以外にも日本占領下でおこなわれた諜報を扱っている研究に以下がある。有馬哲夫『昭和史を動かしたアメリカ情報機関』平凡社新書、二〇〇九年。C・A・ウィロビー（延禎・監修）『GHQ 知られざる諜報戦：新版ウィロビー回顧録』山川出版社、二〇一一年。吉田則昭『緒方竹虎とCIA：アメリカ公文書が語る保守政治家の実像』平凡社新書、二〇一二年。

（5）吉本秀子『米国の沖縄占領と情報政策：軍事主義の矛盾とカモフラージュ』春風社、二〇一五年、七二－七九頁。

（6）吉本、前掲書、三〇五－三二七頁。

（7）吉本、前掲書、七七－七八頁。

（8）*Daily Report, Far East*, No. 162, 1965, Monday 23 August 1965, Foreign Broadcast Information Service（microfilm）.

（9）Weekly Intelligence Summary-Ryukyu Islands（WIS-RI）69-23（U）, RG 260, Records of USCAR, Administration Office, Box 63, Folder 10, National Archives College Park（hereafter, NA）.

（10）From DA to HICOMRY OKINAWA RYIS（Confidential）, 2527, 15 Oct. Ailes to Watson. RG 319, Records of Army Staff, Office of Chief of Civil Affairs Entry A1-1675, Box 1, NA.

（11）Staff Study on "Implications of Permitting Direct Election of Ryukyuan Chief Executive（U）," ODCSOPS/CA GA, Mr. Paul A. Neuland/50221/clc 13 November 1964. RG319 Records of Army Staff, Office of Chief of Civil Affairs, Entry A1-1675, Box 1, NA.

（12）Subject: Staff Study Re Popular Election of Chief Executive of the Government of the Ryukyu Islands（U）, To: Deputy Chief of Staff Military Operation, 12 March 1965, p. 11. RG319, Records of Army Staff, Office of Chief of Civil Affairs, Entry A1-1675, Box 2（hereafter, 1965 Election File）, NA.

（13）DA IN 584973, FM HICOMRY OKINAWA RYIS, TO AMEMBASSY TOKYO JAPAN, 19 MAR 1965. RG319, Records of Army Staff, Office of Chief of Civil Affairs, Entry A1-1675, Box 1, NA.

（14）Subject: Okinawa Election Task Force. No dated（Secret）.（op. cit., 1965 Election File）.

（15）U.S. Policy in the Ryukyu Islands, Memorandum of Conversation, Department of State, July 16, 1965. Document No. 00498, National Security Archives, George Washington University. なお、この文書の内容は、以下が詳しく紹介している。春名幹男『秘密のファイル：CIAの対日工作（下）』新潮文庫、二〇〇三年、三八二－三九二頁。

（16）HCRI-CA, 21 July 1965, To: Dear John, From: Gerald Warner, Civil Administrator（op. cit., 1965 Election File）.

（17）たとえば、沖縄の「民衆の多くは、スパイ（ＣＩＣなど）の密告をもとに、米国の直接の指示でおこなわれる生活権の剝奪（職場からの追放や渡航拒否）におののいていた」と以下に記されている。中野良夫・新崎盛輝『沖縄問題二十年』岩波書店、一九六五年、五四頁。

（18）Alphabetical Index of Leftist Organizations in Okinawa, Headquarters, 526th Counter Intelligence Corps Detachment, Fort Buckner, APO 331, July 1961. RG260, Records of USCAR, Public Affairs Dept., Box 1, File 1, NA.

（19）沖縄タイムス中部支社編集部『基地で働く：軍作業員の戦後』沖縄タイムス社、二〇一三年、三三四－三三九頁。
Abreviations, Foreign Relations of the United States, 1964-1969, Volume VVIX, Part 2, Japan.

（20）Document 263, Office of Special Operation directive No. 18/3, 1947/3/29, *Foreign Relation of the United States 1945-1950, Emergence of Intelligence Establishment.*

（21）From John Steadman to Gerald Warner, 6 April 1965（op. cit., 1965 Election File）.

（22）UPI A96, Naha, Okinawa, Nov., 15（UPI）,（op. cit., 1965 Election File）.

（23）Winkler, Alan M., *Politics of Propaganda: The Office of War Information 1942-1945*（New Haven, CT: Yale University Press, 1978）, p. 86

（24）Fact Sheet Redistricting, From Mr. Warner's Black Book for Washington Visit（24-27 May）, EMME/71267, 19 May 1965. RG319, Records of Army Staff, Office of Chief of Civil Affairs, Entry A1-1675, Box 2, 1965 Election File, NA.

（25）Fact Sheet, Japanese Election Assistance and Money, EMME/71267, 19 May 1965（op. cit., 1965 Election File）.

（26）HCRI-LO, Subject: Election Status Report, 10 Nov. 1965, POLSUM, District 2, Haneji, Yagaji, Iheya, Izena, SITUATION AS OF 0900, 7 November 1965（op. cit., 1965 Election File）.

（27）Document 1, Editorial Note, *Foreign Relations of the United States, 1964-1968 Volume XXIX, Part II, Japan.*

（28）Weiner, Tim, *Legacy of Ashes: History of the CIA*（Anchor Books, 2008）, p. 139.

（29）吉本、前掲書、二九七頁。

（30）Dougherty, William E. & Janowitz, Morris, *A Psychological Warfare Casebook*（Operations Research Office, John Hopkins University Press, 1958）, pp. 314-316.

（31）Herman, op. cit., p. 185.
（32）Betts, op. cit., p. 89.
（33）小谷、前掲書、二三〇頁。
（34）本章の内容は以下の論文を加筆修正したものである。吉本秀子「米国は占領下沖縄でどのように地域情報を収集したか——一九六五年琉球立法院選挙・情勢調査を例に」『インテリジェンス』一六号、二〇一六年、一〇五-一一八頁。

——終章　軍隊と言論

（1）沖縄返還における米民政府の解体過程については、以下で詳細を論じている。吉本秀子「沖縄返還にみる占領特権の制度化」歴史学研究会（編）『日本復帰五〇年：琉球沖縄史の現在地』東京大学出版会、二〇二四年、三-二八頁。
（2）高里鈴代『沖縄の女たち：女性の人権と基地・軍隊』明石書店、一九九六年、二三七-二四六頁。
（3）広島事件については、以下の書籍の第二部に詳細が紹介されている。藤目ゆき『女性史からみた岩国米軍基地：広島湾の軍事化と性暴力』ひろしま女性学研究所、二〇一〇年。
（4）スマート・ヤンキー・トリックと、日本の自発的隷属については以下に述べられている。松田武『自発的隷属の日米関係史：日米安保と戦後』岩波書店、二〇二二年、五七-五九頁。
（5）Howell, William G., *Power Without Persuasion: The Politics of Direct President Action* (Princeton University Press, 2003), 7.
（6）Howell, 17.
（7）Jeffrey K. Tulis, *The Rhetorical Presidency* (Princeton University Press, 2016), 182.
（8）米国の植民地的支配に抵抗した沖縄政治を論じた研究として、小松寛『日本復帰と反復帰：戦後沖縄ナショナリズムの展開』早稲田大学出版部、二〇一五年。
（9）O・A・ウエスタッド（佐々木雄太・監訳）『グローバル冷戦：第三世界への介入と現代世界の形成』名古屋大学出版会、二〇一〇年、四〇〇頁。Westad, Odd Arne, *The Global Cold War* (Cambridge University Press, 2007), 397.
（10）佐久田繁「あとがき」『アメリカの沖縄統治関係法規総覧・分野別索引』月刊沖縄社、一九八三年、三八頁。
（11）CRS Report for Congress, U.S. Occupation Assistance: Iraq, Germany and Japan Compared, (March 23, 2006). Congressional Research Service.

(12) たとえば、Wallin, Matthew, White Paper, Military Public Diplomacy: How the Military Influences Foreign Audiences (American Security Project, 2015).

あとがき

　本書は、米国占領下の沖縄で実施された言論管理政策を事例に、外国の軍隊が基地周辺の住民の言論をどのように規制するかについて論じたものである。前著『米国の沖縄占領と情報政策――軍事主義の矛盾とカモフラージュ』（春風社、二〇一五年）では、米国の沖縄占領に関する基本的な政策文書の分析を試みた。しかし、前著で当初は論じる予定だったのにもかかわらず、取り残してしまったのが、米国の言論管理に関するに部分であった。本書は、このような、前著で書ききれなかった言論管理政策の部分に改めて焦点をあてて、筆者が二〇一五年以降におこなった研究を書籍として刊行するものである。初出については章末の注で示したが、どの論文も大幅な加筆修正をおこなっている。序章と終章は書き下ろしである。

　ただし、本書は、沖縄で実施された米国の言論管理政策の全貌を明らかにするには至らなかった。その一部を明らかにしただけにとどまっている。筆者の力不足に起因するものが多いが、それ以外の原因として、言論管理政策に関する資料は、いまだ未公開のままになっている文書が多いことがある。公文書管理の先進国であるアメリカ合衆国では、前著で論じたような基本的な政策資料は、比較的オープンな形で閲覧できるようになっている。そのおかげで前著を書くことができた。しかし、言論管理政策に関する資料についていては、公開が限定されていた。これは、政府が実施する情報活動の裏側にあるプロセスが、そもそも文書としては残りにくい性質のものであるからだろう。公文書のみに依拠する研究には、おのずから限界があった。そこで、本書では、この不足の部分を、新聞の内容分析とメディア理論を援用することで説明しようと試みた。このようなアプローチが、うまく行ったか否かは、読者の判断に委ねたい。

研究の過程では、多くの方々からご支援をいただいた。まずは、論文の査読や研究発表等で助言をいただいた方、学会や研究会などでお世話になった方に感謝したい。山口県立大学の同僚からは、日々の雑談を含めて諸々の場面で助けられた。米国立公文書館、トルーマン大統領図書館、アイゼンハワー大統領図書館、スタンフォード大学フーバー研究所、沖縄県公文書館、沖縄県立図書館のスタッフにもお世話になった。なかでも、戦後八〇年間の地方新聞資料をすべて開架で閲覧できる沖縄県立図書館の郷土資料室は、大変ありがたい場所だった。そこは、本書で触れた「歴史を記録する」という新聞の社会的役割を実感できる場所であった。沖縄県は戦争で多くの記録を焼失したからこそ、地域の資料と文化を大切に保存しようとする意識が高いのだろう。公共図書館のあるべき姿を体現する、素晴らしいモデルケースである。

本書の刊行に至るまでの過程では、日本学術振興会ＪＳＰＳ科研費（課題番号16K03526, 22K01357）の助成を得た。最後に、出版にあたって、形式が不揃いの著者の原稿を的確に整理してくださった明石書店取締役編集部長の安田伸さんにお礼を申し上げる。本書が読者にとって少しでも読みやすい本になっているとしたら、安田さんのおかげである。わかりにくい部分が残っていれば、それはすべて著者の責任である。

二〇二三年八月、本書の原稿をまとめている途中で、母・千枝子が九三歳で永眠した。日本統治下の台湾で少女時代を過ごし、米軍の輸送船「リバティー号」で内地に引き揚げた後は、小学校教師として戦後教育に夢を抱いた女性の一人だった。ガリ版で問題用紙を手作りし、家で夜遅くまで答案を採点する、私はそんな母の背中を見て育った。学ぶことの喜びを教えてくれた母に本書を捧げる。

これまでお世話になったすべての方へ、ありがとう。

吉本　秀子

二〇二五年一月

〈わ行〉

事　項

〈アルファベット〉

〈あ行〉

索　引

人　名

〈あ行〉

〈か行〉

〈さ行〉

◎著者紹介

吉本 秀子（よしもと・ひでこ）
山口県立大学国際文化学部・教授、博士（政治学・早稲田大学）
主要著書：『米国の沖縄占領と情報政策：軍事主義の矛盾とカモフラージュ』春風社、2015年（沖縄タイムス社より第43回伊波普猷賞）。*U.S. Occupation of Okinawa: A Soft Power Theory Approach,* Kyoto University Press & Trans Pacific Press, 2019.「沖縄返還にみる占領特権の制度化」歴史学研究会編『日本復帰50年 琉球沖縄史の現在地』東京大学出版会、2024年。

軍隊と言論
米国占領下沖縄におけるメディア管理政策

2025 年 3 月 10 日　初版第 1 刷発行

著　者　吉本 秀子
発行者　大江 道雅
発行所　株式会社　明石書店
〒 101-0021
東京都千代田区外神田 6-9-5
TEL　03-5818-1171
FAX　03-5818-1174
https://www.akashi.co.jp/
振 替　00100-7-24505

装丁：金子 裕
組版：朝日メディアインターナショナル株式会社
印刷・製本：モリモト印刷株式会社

（定価はカバーに表示してあります）
ISBN978-4-7503-5880-2

日本社会とポジショナリティ
沖縄と日本との関係、多文化社会化、ジェンダーの領域からみえるもの　池田緑編著　◎4800円

学知の帝国主義　琉球人遺骨問題から考える近代日本のアジア認識
松島泰勝著　◎5800円

沖縄戦と琉球泡盛　百年古酒の誓い
上野敏彦著　◎2500円

世界の基地問題と沖縄
川名晋史編　◎2500円

歩く・知る・対話する琉球学　歴史・社会・文化を体験しよう
松島泰勝編著　◎2000円

残余の声を聴く　沖縄・韓国・パレスチナ
早尾貴紀、呉世宗、趙慶喜著　◎2600円

パレスチナ／イスラエルの〈いま〉を知るための24章
エリア・スタディーズ 206　鈴木啓之、児玉恵美編著　◎2000円

ガザの光　炎の中から届く声
リファアト・アルアライールほか著　ジハード・アブーサリーム、ジェニファー・ビング、マイケル・メリーマン＝ロッツェ監修　斎藤ラミスまや訳　早尾貴紀解説　◎2700円

和解学の試み　記憶・感情・価値
和解学叢書①＝原理・方法　浅野豊美編　◎4500円

想起する文化をめぐる記憶の軋轢　欧州・アジアのメディア比較と歴史的考察
和解学叢書⑥＝文化・記憶　浅野豊美編　◎4500円

地域から国民国家を問い直す
スコットランド、カタルーニャ、ウイグル、琉球・沖縄などを事例として
奥野良知編著　◎2600円

東アジアと朝鮮戦争七〇年
メディア・思想・日本　崔銀姫編著　◎4200円

東アジアのメディア・ジェンダー・カルチャー
交差する大衆文化のダイナミズム
佐野正人、妙木忍編著　◎6300円

沖縄と朝鮮のはざまで
朝鮮人の〈可視化／不可視化〉をめぐる歴史と語り
呉世宗著　◎4200円

沖縄と「満洲」　「満洲一般開拓団」の記録
沖縄女性史を考える会編　◎10000円

談論風発　琉球独立を考える
歴史・教育・法・アイデンティティ
前川喜平、松島泰勝編著　◎1800円

〈価格は本体価格です〉